Günther Maria Halmer

Fliegen kann jeder

Günther Maria Halmer

Fliegen kann jeder

Ansichten eines Widerborstigen

C. Bertelsmann

Der Verlag weist ausdrücklich darauf hin, dass im Text enthaltene externe Links vom Verlag nur bis zum Zeitpunkt der Buchveröffentlichung eingesehen werden konnten. Auf spätere Veränderungen hat der Verlag keinerlei Einfluss. Eine Haftung ist daher ausgeschlossen.

Verlagsgruppe Random House FSC® N001967

1. Auflage
© 2017 by C. Bertelsmann Verlag, München,
in der Verlagsgruppe Random House GmbH,
Neumarkter Straße 28, 81673 München
Umschlaggestaltung: Jorge Schmidt, München
Satz: Uhl + Massopust, Aalen
Druck und Bindung: GGP Media GmbH, Pößneck
Printed in Germany
ISBN 978-3-570-10261-9

www.cbertelsmann.de

Für Daniel und Dominik

Das Leben wird vorwärts gelebt
und rückwärts begriffen.

Søren Kierkegaard

Inhalt

Prolog 9

TEIL 1 13
Ins Leben gestolpert: 1943–1965

Leben muss wehtun, sonst ist es nicht richtig 15
Der rote Korsar 38
Schuld und Sühne 43
Wozu braucht man einen Beruf? – Teil 1 48
Wie ich den Krieg gewann 57
Wozu braucht man einen Beruf? – Teil 2 77
Paris und mein Entschluss auszuwandern 96

TEIL 2 107
Leben auf null – Kanada: 1965–1966

Montreal 109
Nordwärts 116
Bushed 134
Erkenntnis 154

TEIL 3   163
My way: 1966 bis heute

Heimkehr   165
Wahrhaftigkeit und die Sache mit dem R   183
Der Kotzbrocken und die ganz große Liebe   191
Helmut Dietl und die *Münchner Geschichten*   210
Neue Wege   227
Zwei Menschen, die ich nie vergessen werde   241
Der deutsche Lord   257
Indien und Gandhi   272
Auschwitz, Rudolf Höß und Meryl Streep   287
Peter der Große und die Sowjetunion   298
War and Remembrance und *Roncalli*   332
Wieder deutsches Fernsehen   345
Anwalt Abel und andere Rollen   354

Ein Rückblick   361

Schlusswort   367

Namensregister   369

Sachregister   375

Bildnachweis   383

Prolog

Es war ein grauer Tag im März 1967, da stand ich, schon vierundzwanzig Jahre alt, vor einem heruntergekommenen, vom Krieg gezeichneten Haus mitten im Herzen Münchens, nur einen Steinwurf von der Maximilianstraße entfernt, und war mir plötzlich nicht mehr sicher, was ich hier eigentlich wollte.
Mit weichen Knien und dem Herz in der Hose hielt ich vor dieser mit grauer Ölfarbe gestrichenen Tür inne. Das also war die berühmte Falckenberg-Schule.
Eine Schauspielschule, die nur ganz wenige Studenten aufnahm. Jedes Jahr bewerben sich hier vierhundert bis sechshundert junge Menschen, deren Traum es ist, auf einer Theaterbühne zu stehen, auf den Brettern, die die Welt bedeuten, und nur zwölf bis vierzehn Schüler werden angenommen. Heute war also ich zur Aufnahmeprüfung bestellt. Angst!!! Günter, mein loyaler Freund seit der vierten Klasse im Gymnasium, den ich gebeten hatte mitzukommen und mir den Rücken zu stärken, grinste. »Hic Rhodus, hic salta!« Du kannst jetzt nicht kneifen. Er hatte recht. Vor zwei Monaten hatte ich mich bei dieser Schule beworben. Ich wollte einen ernsthaften, unbestechlichen Test. War ich begabt für die Schauspielerei, oder war das wieder nur ein Spleen von mir, wie mein Vater und die Verwandten

glaubten. Ein Gottesurteil. Nur diese eine Prüfung würde ich machen, keine weitere, keine private Schauspielschule, nur diese eine, die schwerste. Hier sollte sich mein Schicksal entscheiden. Würde ich abgelehnt, wäre die Sache für mich erledigt. Ja oder nein, wohin ging mein weiterer Lebensweg? Ich fühlte mich wie ein Klippenspringer, dem kurz vor dem Sprung die Nerven versagen. Es gab kein Zurück.

Dieser Tag im März 1967 war für mein weiteres Leben entscheidend. Dieser Tag hat alles verändert, er war der Dreh- und Angelpunkt in meinem Leben. Immer wieder habe ich mich gefragt, wie mein weiteres Leben verlaufen wäre, wenn ich nicht diesen Beruf ergriffen hätte. Oder hat er mich ergriffen?

Später war es in meinem Freundeskreis eine Zeit lang üblich, dass am Stammtisch jeder einmal einen Vortrag über sich selbst halten sollte. Wir nannten das Ego-Vortrag. Man wollte genauer wissen, was die Freunde aus ihrem bisherigen Leben gemacht und welche Überlegungen sie dazu geführt hatten. Vergleiche mit dem eigenen Werdegang wurden angestellt. Die meisten Lebensläufe waren sich ähnlich, waren mehr oder weniger konsequent und geradlinig: Volksschule, Gymnasium, Abitur, Studium, Beruf, Heirat, Kinder. Auch diese schon wieder auf dem Gymnasium oder auf der Universität… Ganz genauso hatte sich mein Vater meine Karriere vorgestellt.

Nun also sollte auch ich über mein Leben, mein Ego plaudern. Man war neugierig: Warum wird man Schauspieler? Aus Eitelkeit? Will man im Rampenlicht stehen, sich bewundern lassen, sein überbordendes Ego exhibitionistisch zur Schau stellen? So einfach war es nicht. Doch was genau war meine Motivation? Sicher kein zu großes Selbstbewusstsein, eher das Gegenteil. Früher, als junger Mann, wollte ich immer ein anderer sein, in einer anderen Haut stecken. Das Wort »Ego« nahm ich dabei bewusst ernst und bewusst wörtlich.

Was aber war nun mein Ego, dieses Ich, worüber ich vor meinen Freunden sprechen sollte? Meine Persönlichkeit? Mein Charakter? Ich wurde nachdenklich. Hat eigentlich nicht jeder Mensch mehr als nur ein Ego? Vielleicht benützt er nur eines, sozusagen sein »Gebrauchsego«. Was aber wäre, wenn derselbe Mensch nicht in Bayern, sondern in Sizilien, in Moskau, in Paris oder London aufgewachsen wäre? Hätte er dann nicht einen anderen Beruf, einen anderen Geschmack, wäre womöglich südländischer, eleganter und leichter geworden oder aber auch viel härter, strenger? Hätte er nicht einen vollkommen anderen Charakter, wäre ein komplett anderer Mensch?

Aber nicht nur das. Auch Erfahrungen und Zufälle verändern das Leben. Der etwas ängstliche, schüchterne Nachbar, der jeden zweiten Tag den Rasen mäht, hätte unter anderen Voraussetzungen vielleicht ein Kriegsheld werden können oder der sympathische, ehrgeizige junge Doktor ein mordender Arzt in Auschwitz. Die Umstände formen das Ich.

Wer also wäre ich heute, wenn ich nicht Schauspieler geworden wäre? Wo wäre ich? Dies waren die Fragen, die ich mir während meines Ego-Vortrags stellte und damit meine Freunde verwirrte. Sie hatten Antworten und keine Fragen erwartet. Gibt es denn Antworten, ist nicht alles Zufall? Wenn ich mir meinen Lebensweg ansehe, dann sehe ich immer noch mehr Fragen als Antworten, und so erscheint es mir sinnvoller, diesen Fragen nachzugehen und zu versuchen, darin vielleicht so etwas wie einen roten Faden zu finden. Um vielleicht tatsächlich selbst etwas über mich und mein Leben zu begreifen.

Meinen Vortrag beendete ich schließlich mit der einzigen Antwort, die ich sicher weiß: Aus all diesen möglichen Egos, die ich im Laufe meines Lebens in mir entdeckt habe, habe ich einen Beruf gemacht. Mit jeder neuen Rolle kann ich in eines meiner unterschiedlichen Egos schlüpfen. Wer kann das schon?

TEIL 1

Ins Leben gestolpert

1943–1965

Leben muss wehtun,
sonst ist es nicht richtig

Bis zu dem Tag der Aufnahmeprüfung in der Falckenberg-Schule war mein Leben gepflastert gewesen mit Niederlagen, Absagen und nicht bestandenen Prüfungen. Erfolge konnte ich nicht vorweisen. Nur einmal war ich in der A-Jugend Stadtmeister von Rosenheim im Hundertmeterlauf geworden. Das stand sogar im *Rosenheimer Stadtanzeiger*. Ganz klein. Die Urkunde habe ich als Beweis aufgehoben.

Seit meiner Kindheit hatte ich eigentlich nur Probleme. Im Kindergarten konnte ich mich nicht anpassen, in der Volksschule musste ich immer wieder wegen Störung des Unterrichts aus dem Klassenzimmer, und im Gymnasium kannte ich vor allem den gelangweilten Gesichtsausdruck der Lehrer, wenn sie die Schulprüfungen zensiert zurückgaben.

»Halmer, Fünf.«

Was sonst.

Manchmal ein erstaunter Blick: »Halmer, Drei! Was war los, haben Sie abgeschrieben?«

Mein Mathematiklehrer, ein baumlanger, arroganter Mann mit buschigen Augenbrauen, der nur Akademiker auf Augenhöhe akzeptierte, rief manchmal im Unterricht: »Ich brauche jetzt einen Dummen, Halmer, kommen Sie an die Tafel.« Aus Rache machte ich dann aus diesem Gang zur Tafel eine Clownnummer, sodass die Klasse vor Vergnügen grölte. Aber dieses Gelächter machte mich nicht glücklich. Ich trug und ertrug es wie eine Narrenkappe. Ein trauriger Clown. Von außen betrachtet, wie man jetzt sagt, cool, aber wie es drinnen aussah, ging niemanden was an. Nicht die Lehrer und auch nicht meine Eltern.

»Der Halmer wieder!«, hieß es früher oft. Dieser Ausruf erfolgte immer in einem besonderen, scheinbar nur für mich reservierten Tonfall, irgendwo zwischen genervt und resigniert, und er war meist begleitet von einem vielsagenden Augenrollen. Ich fragte mich schon damals, was genau an meinem Charakter diese Reaktion hervorrufen mochte, und habe bis heute keine endgültige Antwort gefunden. Dabei habe ich immer Menschen beneidet, die mit sich und ihrem Leben konform sind, die Zufriedenen, die Authentischen, die im Bayerischen Fernsehen aus tiefster Überzeugung sagen: »I bin der Ludwig, und da bin i dahoam.« Mir war diese tiefe Verwurzelung mit der Heimat, dieses Sich-Wohlfühlen in seinem Leben nie gegeben. Ich war stets ein Skeptiker, ein Zweifelnder und ein Fragender. Geprägt von der Lust oder sogar dem Zwang zum Widerspruch, einem ewigen »Ja, aber«. Was jedoch machte mich zu diesem misstrauischen, widerborstigen, spröden Knochen, der ich bis heute bin?

Wenn ich versuchen soll, mein Wesen zu beschreiben, dann kommt mir ein Tannenbaum in den Sinn. Dicht und dunkelgrün, mit einem festen, etwas rauen Stamm. Immer ein bisschen zu ernst, auch wenn ein paar bunte Kugeln daran hängen. Mit Nadeln, die stechen. Keine Linde, unter deren Schatten man süße Träume träumt. Einen Tannenbaum kann man nur sehr schwer umarmen. Er bleibt allein, und wenn er sich doch mehr Nähe wünscht, wird er notwendigerweise enttäuscht werden. Oder enttäuschen. Ein Tannenbaum hat nicht nur Nadeln, er hat auch Wurzeln. Und dort muss ich ansetzen. Sie muss ich ausgraben in meinem Bemühen, Antworten zu finden. Also zurück. Weit zurück. Bis zum Anfang.

Mein Vater war ein Bauernsohn. Er stammte aus der Nähe von Sigmaringen und wuchs als jüngstes von sechs Kindern einer strenggläubigen Familie auf. Dort, im immer katholisch gebliebenen Teil von Schwaben, galt die Regel: *Schaffe und bete*. Als ich meine Großmutter zum ersten Mal besuchte, war ich vier, und ihre erste Frage an mich war: »Na, Büble, kannst du schon beten?« Spaß am Leben zu haben war nicht vorgesehen, und alles, was sich danach anhörte oder einfach nur »sinnlos« schön war, wie Musik, Tanz oder Kunst jenseits des Glaubens, war von vornherein suspekt. Leben muss wehtun, sonst ist es nicht richtig, und gegessen wird, was auf den Tisch kommt.

Meinem Vater war es nicht angenehm, an seine Herkunft erinnert zu werden. Er versuchte, alles Schwäbische, alles Bäurische in sich auszumerzen, trug elegante Hüte und goldene Uhren, sprach gewählt und mit gutem Ausdruck. Rein äußerlich hatte er nichts von einem schwäbischen Bauernbub an sich. Was ihm jedoch eingepflanzt worden war und was er, selbst wenn er gewollt hätte, nie losgeworden ist, ist eine rigorose, jedoch mitunter fast hilflos wirkende Härte, vor allem mir gegenüber, sowie der fromme Katholizismus seiner Familie, der ihm sicher nicht nur Zwang, sondern auch Halt war. Wenn der Papst in Rom auf dem Petersplatz seinen Segen *urbi et orbi* verkündete, kniete mein Vater überwältigt, mit feuchten Augen vor dem Fernsehgerät. Seine Erziehungsmethoden waren alttestamentarisch streng, so wie er es gelernt hatte. Körperliche Züchtigung war unverzichtbar, und neue, sanftere Erziehungsweisen lehnte er spöttisch als zu weich ab. Wie sollte man mit solchen »amerikanischen« Methoden aus einem Kind einen anständigen Menschen machen? Unmöglich. Einen Jugendlichen mit eigener Meinung konnte er nicht ernst nehmen. Woher willst du das wissen? Werde erst einmal so alt wie ich, dann erkennst du meine Weisheit.

Nun bin ich über siebzig Jahre alt, und noch immer warte ich auf die Erleuchtung, die mir mein Vater vorausgesagt hat. Zu meiner eigenen Überraschung entwickelte sich mit den Jahren jedoch ein gewisses Verständnis für meinen Vater, und das ist mehr, als ich lange für möglich gehalten hatte. Er war ein Produkt seiner Zeit. Gefangen in einem Leben, das er nicht gewollt hatte, aus Pflichtgefühl und religiöser Überzeugung gebunden an eine Frau, die er vermutlich nicht liebte, und schließlich auch noch gestraft mit einem Sohn, der seine Vorstellungen, was zu einem anständigen, erfolgreichen Leben gehört, partout nicht teilen wollte.

Es wurde in der Familie nie offen darüber gesprochen, aber ich habe aus manchen leise gemurmelten Gesprächen der Verwandten gehört, dass mein Vater ursprünglich Theologiestudent gewesen war. Wie damals üblich, durfte der jüngste Bub aus einer Bauernfamilie studieren, um Priester zu werden, damit die Familie einen Fürsprecher im Himmel hatte. Das Leben meines Vaters schlug jedoch einen für alle, wohl auch für ihn selbst, unerwarteten Haken. Auf Exerzitien in einem Kloster in Tirol lernte er meine Mutter kennen, eine äußerst warmherzige, liebevolle Frau, sieben

Jahre älter als er. Sie wurden ein Liebespaar, heirateten 1938, und die Familie meines Vaters verlor leider den erwarteten priesterlichen Fürsprecher im Himmel. In einem unserer seltenen vertrauten Gespräche erzählte mir mein Vater einmal, dass er an meiner Mutter ihre Güte, ihr großes Verständnis und ihr Mitgefühl für andere so geschätzt hat. Für einen jungen Mann, der aus einem so harten Leben kam wie er, verständlich, aber ob das für ewige Liebe reicht? Bis dass der Tod euch scheidet? Solche Fragen stellte man nicht. Ich kann also nur mutmaßen.

Die Ehe meiner Eltern blieb fünf Jahre kinderlos, bis meine Mutter mit siebenunddreißig Jahren, gegen den ausdrücklichen Rat der Ärzte, schließlich doch schwanger wurde. Man hatte ihr von einer Schwangerschaft dringend abgeraten, da ihre körperliche Konstitution sehr schwach war. Von ihrem achtzehnten Lebensjahr an hatte sie wegen Knochenmarktuberkulose zehn Jahre im Gipsbett und im Rollstuhl verbringen müssen. Eine Erstgeburt in diesem Alter war für sie daher ein doppeltes Risiko.

1943 war kein gutes Jahr, um Kinder zur Welt zu bringen. Der Zweite Weltkrieg tobte an allen Fronten, und in der Schlacht um Stalingrad verbluteten, verhungerten und erfroren Tausende von russischen und deutschen Soldaten. Am 31. Januar ergab sich General Friedrich Paulus, gegen Hitlers Willen, der russischen Übermacht. Am 2. Februar kapitulierte auch die 6. Armee. 90 000 deutsche Soldaten wurden gefangen genommen und nach Sibirien verschleppt. Am 18. Februar hielt Reichspropagandaminister Goebbels seine berüchtigte Sportpalastrede, die mit der Frage endete: Wollt ihr den totalen Krieg? Tausende von Frauen und Männern schrien hysterisch wie unter Hypnose: Jaaaaaaaa! Nur vier Tage später, am 22. Februar, wurden Sophie und Hans Scholl in München hingerichtet. In den Konzentrationslagern verloren Millionen von unschuldigen Menschen, Frauen, Männer, Kinder und Greise, unter unfassbar grausamen, demütigenden Bedingungen ihr Leben. In diesem für Deutschland und die ganze Menschheit so schwarzen Jahr, an einem kalten 5. Januar wurde ich in Rosenheim geboren. In einer dunklen Zeit, in der ein Menschenleben nichts bedeutete. Die Bedingungen waren also nicht die besten. Und dennoch: Meine Eltern waren glücklich.

An den Krieg habe ich nur wenige Erinnerungen. Einzig die Bombennächte stehen mir noch vor Augen, in denen wir in einem dunklen, engen Bunker hockten, eng zusammengepfercht mit vielen fremden, nach Schweiß und Angst riechenden Menschen. Meine Mutter erzählte mir später, dass ich immer wieder voller Panik »Bitte Entwarnung!« gerufen habe. Der Gedanke, dass dieser Ausruf zum Wortschatz eines kaum zweijährigen Knirpses gehört hat, sagt doch mehr darüber aus, was Krieg bedeutet, als vieles, was man sonst erzählen könnte. Meine Mutter blieb von da an bei Fliegeralarm in der Wohnung und versteckte sich mit mir todesmutig unter dem Schreibtisch. Auch dafür gilt ihr meine ewige Liebe.

Wir wohnten in der Frühlingstraße 36 in Rosenheim, in einer großen Altbauwohnung im ersten Stock, zusammen mit meinen Großeltern, den Eltern meiner Mutter. Ich erinnere mich an einen langen, fensterlosen Gang mit vielen Türen. Die rechte Seite ging zur Straße hinaus. Im Schlafzimmer meiner Großeltern brannte auf dem Nachttisch vor dem Foto eines mir unbekannten Mannes in Uniform immer eine Kerze. Es war mein Onkel Karl, der Bruder meiner Mutter, der im Krieg in Rumänien vermisst wurde. Die ständige aufgeregte Hoffnung, er würde unter den vielen Kriegsgefangenen sein, die nach dem Krieg nach Hause kamen, ist mir noch sehr deutlich in Erinnerung. Bis an ihr Lebensende hegten sie diese Hoffnung, aber er kam nie wieder zurück. Dann folgten ein Gästezimmer, das später mein Zimmer wurde, und das Schlafzimmer meiner Eltern mit einem leidenden Jesus Christus am Kreuz über ihrem Ehebett, daneben das kleine Büro meines Vaters. Dorthin zog er sich mit den Jahren immer mehr zurück. Auf der anderen Seite des Flurs waren die Zimmer zum Hof. Neben der Haustür gab es eine Toilette, viele Jahre ohne Wasserspülung, deshalb musste ständig ein voller Wasserkrug bereitstehen. Dann die dunkle, nach Äpfeln, Marmelade und alten Kartoffeln riechende Speisekammer und die Wohnküche, in der jeden Tag der Herd mit Kohle geschürt wurde, sowie ein kleines Wohnzimmer mit einem grünen Kachelofen, der als einziger Ofen im Winter beheizt wurde. Ein Bad gab es nicht, so etwas hatten nur die großen Bürgerhäuser. Jeden Samstag wurde daher in der Küche heißes Wasser auf dem Herd erhitzt und in eine Zinkbadewanne geschüttet, und dann badete die ganze Familie nacheinander darin. Das machte mir als Kind großen Spaß.

Ich mochte unsere Wohnung, sie war spannend und aufregend mit ihren vielen Zimmern und dunklen Ecken, und von den Fenstern aus gab es immer etwas zu sehen, ein bisschen wie im Kino. Die Frühlingstraße führte nahe an der Loretowiese vorbei, auf der jedes Jahr Ende August das Rosenheimer Herbstfest stattfand. All die wunderbaren Gerüche von gebrannten Mandeln, gegrillten Schweinswürsteln, Steckerlfisch und Zuckerwatte wehten zusammen mit der Blasmusik aus den Bierzelten in unsere Wohnung. Mein Vater verabscheute dieses Fest. Natürlich. Dieses sinnlose

Saufen und Fressen, und vielleicht sogar noch Schlimmeres, das konnte er nicht gutheißen. Meine Mutter aber warf manch sehnsuchtsvollen Blick hinüber, und deshalb besorgte ich ihr von dort zu ihrer Freude oft Schweinswürstel mit Kraut. War das Fest am Abend zu Ende, wurde es erst richtig spannend. Tragödien spielten sich jede Nacht vor unseren Fenstern ab. Ab halb zwölf – man konnte die Uhr danach stellen – wurden wir von lautem Lärm aus dem Schlaf gerissen. Unten auf der Straße begannen dann wilde Schlägereien von Betrunkenen, meist begleitet vom hysterischen Kreischen ihrer Partnerinnen. Noch heute ist mir jenes hässliche Geräusch, das Klatschen von bloßen Fäusten ins Gesicht, im Ohr. Für mich als kleinen Jungen war das ein abstoßendes, aber auch aufregendes Straßentheater. Die rücksichtslose Brutalität der Männer, die noch auf die am Boden Liegenden eintraten, und das hilflose Weinen der Frauen übten eine merkwürdige Faszination auf mich aus. Ohne es zu wissen, spürte ich etwas vom archaischen Sinn dieser Schlägereien zwischen den Betrunkenen: vom Kampf um das Weib.

Noch eine ähnliche Episode verbindet mich mit dieser Straße. Viele Jahre später, ich war gerade aus Kanada zurückgekommen, schlief ich wieder in meinem früheren Zimmer. Von meinem ersparten Geld hatte ich mir mein erstes Auto gekauft. Einen VW Cabrio. Blau mit dunkelgrauem Stoffdach und hellgrauen Kunstledersitzen und, als Höhepunkt, Weißwandreifen. Mit diesem Auto fuhr ich jeden Morgen nach München in die Falckenberg-Schule. Was für ein Hochgefühl, wenn ich mit offenem Verdeck und lautem Rock 'n' Roll im Radio durch die Innenstadt fuhr, mit coolem Blick, die Zigarette im Mundwinkel, an den tuschelnden Mädchen vorbei. Ich, der zukünftige Filmstar. Eines Nachts wurde ich von lauten Männerstimmen aus dem Schlaf gerissen. Benommen ging ich an das Fenster und war sofort hellwach: Sah ich richtig? Um mein Auto standen acht junge Männer mit langen Federn auf ihren Hüten, offensichtlich gerade aus der Bundeswehr entlassen, und pinkelten es unter grölendem Gelächter von oben bis unten an. Ich konnte es nicht fassen. Mein schönes Auto, geschändet von einer Horde betrunkener Barbaren. In dieser Nacht schlief ich erst spät wieder ein. Und mein Auto parkte ich von jener Nacht an in einer ruhigeren Straße.

Der Blick aus den Fenstern zum Hof war im Übrigen nicht weniger spannend als der auf die Frühlingstraße. In dem gemeinsamen Hinterhof mehrerer Mietshäuser gab es eine Menge Kinder. Selbst abends, wenn es dämmrig wurde, durften manche dort noch spielen. Ich nicht. Ich musste Hausaufgaben machen. Zusatzaufgaben, die mein Vater mir auftrug und jeden Abend streng kontrollierte. Immer hörte ich dabei die Rufe: »Günther, komm runter, spielen!«, und jedes Mal schaute ich von der lateinischen Grammatik auf und lief ans Fenster, um hinunterzusehen. Ich erinnere mich an die Traudl, die Sieglinde, den Herbert, den Klaus, den Peter, den Toni, die Renate, den Manni und die Friedel. Manche waren ein oder drei Jahre älter als ich. Zwei der Mädchen bekamen sogar schon einen Busen. Grund genug, nachts unruhig zu werden. So manches Geheimnis des anderen Geschlechts konnten wir bei Doktorspielen im dämmrigen Keller lüften.

Es gab noch mehr Geheimnisse dieser Art. In der Parterrewohnung unter uns wohnten zwei Schwestern. Vielleicht Ende zwanzig, für mich kleinen Jungen waren sie jedenfalls schon sehr alt. Fast jeden Abend kamen amerikanische

GIs ins Haus und verschwanden ohne Umschweife in der Wohnung der beiden. Wenn ich meine Mutter fragte, was die Männer da machten, bekam sie immer einen merkwürdig verschämten, aber auch wissenden Gesichtsausdruck. Eine Antwort auf meine Frage erhielt ich jedoch nicht. Ich fühlte, das war auch so ein Geheimnis der Erwachsenen. Erst sehr viel später habe ich begriffen.

Meine Mutter war nachgiebig, weich und gütig, Wutausbrüche waren ihr fremd. Sie war eine früh gealterte Frau, die sich nichts aus ihrem Aussehen machte. Wenn sie sich, was ganz selten war, das Gesicht eincremte, konnte man später die weißen Überreste der Creme in ihrem Gesicht finden. In den Spiegel schaute sie nie. Sie war der uneitelste Mensch, der mir je begegnet ist. Den ganzen Tag über trug sie, zu meiner Verlegenheit – ich hätte lieber eine schicke Mutter gehabt – eine Hausschürze. Sie hatte sich in der Frühlingstraße 36 eine ganz eigene, enge, aber sichere Welt geschaffen. Nie ging sie aus dem Haus, selbst die Friseuse kam zu uns in die Wohnung, Schuhe oder neue Kleider wurden von den Verkäufern ins Haus gebracht. Alle paar Wochen kam der mit der Familie seit Jahrzehnten befreundete Hausarzt, Dr. Maier. Ein seriöser Mann mit tiefer, Vertrauen einflößender Stimme, Glatze und weißem Vollbart. Vor der Außenwelt hatte sie eine unerklärliche Angst. Aus der großelterlichen Wohnung wäre sie niemals ausgezogen.

Meine Mutter hatte ein großes Herz für andere, und oft musste ich das Essen, das sie für Bedürftige aus der Nachbarschaft gekocht hatte, im Blechgeschirr an den Türen irgendwelcher heruntergekommener Wohnungen abgeben und das leere Geschirr später wieder abholen. Mir gefiel diese Aufgabe. Während ich an der Türschwelle wartete, bis mir das Geschirr zurückgegeben wurde, sog jener Teil von mir, den von jeher alles Menschliche, alles Schöne und Hässliche gleichermaßen faszinierte, jedes armselige Detail dieser Wohnungen und der Menschen darin, jeden Geruch und jedes Geräusch in sich auf. Gleichzeitig wuchsen in mir aber auch das Bewusstsein der großen sozialen Unterschiede in jener Zeit und tiefes Mitleid gegenüber denjenigen, denen das Leben so übel mitgespielt hatte.

Ihr Bubi, wie meine Mutter mich immer nannte, war ihr ganzer Stolz. In meiner jugendlichen Egozentrik nahm ich das als selbstverständlich hin. Wie wichtig ihre Güte und Herzenswärme tatsächlich für mich waren, habe ich erst begriffen, als sie mit sechsundsechzig Jahren überraschend starb. Erst an ihrem Grab wurde mir klar, wie viel sie für mich getan hatte und wie viel Halt sie mir in meiner turbulenten Jugend trotz allem gegeben hatte. Ich bin dankbar dafür, dass sie mich noch als erfolgreichen jungen Schauspieler auf der Bühne des Residenztheaters und der Münchner Kammerspiele erleben durfte. Es fühlte sich wie eine Art Wiedergutmachung für all die Sorgen an, die ich ihr bereitet hatte. Die *Münchner Geschichten* hat sie leider nicht mehr erlebt. Schade, weil gerade die Figur des Tscharlie und dessen Liebe zu seiner Oma sehr viel mit ihr zu tun hatten.

Auch wenn meine Mutter kaum aus dem Haus ging, war sie doch alles andere als einsam und in sich gekehrt. Vermutlich, weil sie selbst so lange krank gewesen war, übte sie eine große Anziehungskraft auf sämtliche Kranken, Bedürftigen und mehr oder weniger seltsamen Zeitgenossen der Umgebung aus; sie liefen ihr praktisch zu und versammelten sich an den Nachmittagen regelmäßig bei uns im kleinen Wohnzimmer bei Kaffee und Kuchen. Da gab es die taube Bettl, eine üppige Frau mit wulstigen Lippen, um die siebzig, mit lupendicken Brillengläsern, starkem Bartwuchs und einer überlauten Aussprache. Sie war fast taub, ein Hörgerät gab es nicht oder war zu teuer, und man musste ihr im Gespräch ins Ohr schreien. Und sie schrie zurück. Ganz harmlose Plaudereien klangen dadurch wie wutentbranntes Gebrüll. Dann war da noch Herr H., der Sitzriese, ebenfalls ein täglicher Gast. Immer genau um vierzehn Uhr läutete er bei uns. Er war sehr klein, sein überbordendes Selbstbewusstsein machte jedoch seine mangelnde Körpergröße wieder wett. Ebenso zuverlässig, wie er jeden Tag läutete, erzählte er der geduldig lauschenden Frauenrunde mit lauter Stimme jedes Mal, dass er ein Sitzriese sei. Diesen Ausdruck habe ich zum ersten Mal von ihm gehört. Eigentlich, so behauptete er, sei er vom Oberkörper her eins vierundachtzig, aber wegen seiner kurzen Beine, mit denen er auf dem Stuhl sitzend baumeln konnte wie ein Kind, war er leider nur eins sechzig. Herr H. hatte einen – im Verhältnis zu seinem übrigen Körper – unverhältnismäßig großen Kopf und schielte mit beiden Augen nach außen, sodass ich nie wusste, ob er mich nun ansah oder nicht. Ebenfalls jeden Tag verkündete er lautstark und alle anderen Gespräche ignorierend, dass er trotz seiner geringen Größe bei der Waffen-SS aufgenommen worden war. Allerdings erst einen Monat vor Kriegsende. Er war Junggeselle. Kein Wunder, meinten die Frauen. Von Beruf war Herr H. Tapezierer gewesen, kein sehr guter, wie meine Oma im kleinen Kreis flüsternd anmerkte. Ich kleiner Bub war fasziniert von ihm.

Neben Herrn H. und der tauben Bettl tauchte manchmal auch die fromme Therese auf. Sie hatte eine Art Tick, deshalb auch der Spitzname: Jeden Tag besuchte sie alle Messen, die in den verschiedenen Kirchen Rosenheims gelesen wurden. Ständig traf man sie in der Stadt, wenn sie auf ihrem Fahrrad zügig von einem Gotteshaus zum anderen strampelte. Tagtäglich im frommen Stress. Sie grüßte freundlich winkend vom Rad und trat dann heftig in die Pedale, um nicht den Rosenkranz in der Nikolauskirche zu versäumen.

Und dann war da noch Frau N. Sie war höchstens einen Meter zweiundfünfzig groß und somit noch kleiner als unser Sitzriese, Herr H. Wie die taube Bettl war sie stark kurzsichtig. Als ehemalige Schauspielerin auf einer Wanderbühne – schon seit vierzig Jahren außer Dienst – hatte sie noch immer den Stil und die Würde einer Diva. Ihre Zigaretten rauchte sie mit silberner Spitze, den kleinen Finger abgespreizt. Ungefragt half Frau N. meiner Mutter im Haushalt und zerschlug dabei durch ihre Kurzsichtigkeit viel Geschirr. Trotzdem blieb sie immer Dame. Das Geld, das ihr meine Mutter heimlich zusteckte, brauchte sie zwar notwendig, offiziell aber nahm sie es nie zur Kenntnis. Sie wusste von nichts und half unserer Familie aus reiner Freundschaft. Meine gutmütige Mutter spielte diese Komödie mit und bedankte sich immer ausgesprochen höflich für die selbstlose Hilfe.

Während meine Mutter und Großmutter mit all diesen Besuchern im Wohnzimmer saßen und Kaffee tranken, hockte ich am Boden und spielte. Vor allem aber hörte ich zu. Während ich mit meinem blauen Plastiktankwagen aus einem Carepaket zwischen den Füßen der Erwachsenen herumfuhr, lauschte ich gespannt ihren Gesprächen, auch wenn ich davon wohl nicht einmal die Hälfte verstand. Dieses freundliche Gemurmel, das immer wieder von Gelächter unterbrochen wurde, das überlaute Lachen von Herrn H., das Baumeln seiner kurzen Beine, das Knarzen der Stühle und das leise Klirren der Löffel in den Kaffeetassen bildeten den warmen und wohlig geborgenen Hintergrund meiner frühen Kindheit.

Beendet wurden diese gemütlichen Nachmittage jeden Tag um 17.30 Uhr von einem Geräusch, an das ich mich bis heute genau erinnere. Sobald die dunkle, drohende Standuhr mit ihrem Westminster-Glockenklang fünfmal schlug, verabschiedeten sich die Gäste, und meine Oma zog sich in ihr Zimmer zurück. Und so waren um halb sechs nur noch meine Mutter und ich da. Und das Geräusch. Ein hartes, wütendes Knirschen, Metall auf Metall, der Schlüssel meines Vaters drehte sich im Schloss. Er kam vom Büro nach Hause und mit ihm die schlechte Laune.

Mein Vater hatte Glück gehabt, er musste während des Krieges nicht an die Front, sondern war beim Wehrbezirkskommando in München unabkömmlich. Nach dem Krieg fing er noch mal in München zu studieren an. Gleich im Anschluss an das Jurastudium wurde er Prokurist bei den Aschaffenburger Zellstoffwerken in Raubling. Auf einen Doktortitel musste er wegen seiner Familie verzichten. Er musste Geld verdienen. Jeden Morgen fuhr er in den ersten Nachkriegsjahren mit dem Bus, später mit dem Motorroller und dann dank des wirtschaftlichen Aufschwungs mit dem Mercedes ins Büro, um am Abend pünktlich um 17.30 Uhr wieder zurück nach Hause zu kommen, mit seiner Aktentasche, den sorgfältig gebügelten Hosen und polierten Schuhen. Das Geräusch des Schlüssels klang noch nach, als schon die Haustür aufgerissen wurde. Mit scharfem Schritt trat er in die Küche, ein schneller Griff drehte kommentarlos das Radio aus. Kein Grüß Gott, kein Lächeln. Nur ein streng tadelnder Blick. Bedrückende Stille statt freundlicher Musik.

Wenn ich heute an den Vater meiner Kindheit zurückdenke, meine ich noch immer, seine unterdrückte, im Inneren hart zusammengeballte Wut zu spüren, die er mit sich herumtrug wie einen glühenden Stein. Oft genug wurde ich das Ventil dieser Wut, und es setzte Ohrfeigen, ohne dass wirklich klar gewesen wäre, warum. Eine falsche Antwort, ein fallen gelassener Suppenlöffel. Man musste auf der Hut sein, denn es war nicht vorherzusehen, wann es wieder so weit sein würde. Ich verstand als kleines Kind den Grund für diese schlechte Stimmung natürlich nicht, und auch heute kann ich nur Vermutungen anstellen. War er unzufrieden damit, wie sein Leben verlaufen war? Dass er keinen Doktortitel hatte? Gut möglich, dass er mit seinem Pflichtgefühl haderte, das ihn in eine Ehe getrieben hatte, während er eigentlich Priester hätte werden sollen.

Ich habe nie wirklich eine Erklärung für den Zorn meines Vaters auf mich und die Welt erhalten. Auf meine späteren Fragen und Vorwürfe, warum diese vielen Schläge, diese Härte hätten sein müssen, hat mir mein Vater nie eine Antwort gegeben. Er zuckte nur mit den Schultern und meinte: »Du warst ein Teufel. Wie hätte ich dich denn bändigen sollen?« Wieder eine Frage. Und keine Antwort. In den Augen meiner Mutter war ich der liebe Bubi, der nichts falsch machen konnte, in denen meines Vaters dagegen ein Teufel, der gebändigt werden musste. Was davon ist die Wahrheit? Eines weiß ich: Ein Teufel bin ich nicht.

Neben meiner sanftmütigen Mutter bildete auch ihre Familie einen gewissen Ausgleich zur Strenge meines Vaters. Zuerst natürlich bis zu meinem dreizehnten Lebensjahr meine beiden Großeltern. Meine Oma starb vier Jahre nach Opas Tod mit dreiundachtzig Jahren zu Hause in meinen Armen. Wie auch meine Mutter hat sie immer an mich geglaubt, gleichgültig, was ich anstellte, sie war ein sicherer Boden für mein Selbstbewusstsein, ein ständiger Trost, jeden Tag. Dieser Kontrast zwischen meiner Mutter und meiner Großmutter einerseits und meinem Vater anderseits hat mich in dem Glauben bestärkt, dass Väter, wenn sie »Erziehung« sagen, eigentlich »Unterdrückung« meinen, zumindest bei ihren Söhnen. Vätern traue ich nicht. Aus diesem Misstrauen heraus, auch mir selbst gegenüber, habe ich die Erziehung unserer Söhne zum Großteil meiner Frau überlassen. Wenn ich mal aus irgendeinem Grund zornig werden wollte, erinnerte ich mich an meinen Vater und verstummte. Aber einen Fehler habe ich ganz bestimmt vermieden: meinen Söhnen ehrgeizig vorzuschreiben, welchen Beruf sie ergreifen sollen. Und noch heute fühle ich mich in der Nähe von Frauen wohl und meide die Ansammlung von Männern.

Meine Mutter war das jüngste von sechs Kindern. Sie hatte noch vier Brüder und eine ältere Schwester. Um meine Tante Georgine, die eine weitere sehr wichtige Person in meinem Leben war, gab es ein Geheimnis, von dem keiner in der Familie sprach und worüber auch später nur in gedämpftem Ton geflüstert wurde. Als ich älter wurde, fiel mir auf, dass meine Tante Georgine meiner Mutter und ihren Brüdern kein bisschen ähnlich sah. Sie war im Gegensatz zum Rest der Familie klein und dick und hatte ganz andere Gesichtszüge. Außerdem sprach sie oft von einer Reise nach Australien, wo sie als Jugendliche mehrere Monate verbracht hatte. Das klang nun sehr abenteuerlich für die damalige Zeit. Warum Australien?, wollte ich wissen. Keiner gab mir eine klare Antwort. Hinter diesem Familiengeheimnis lag ein Drama, das mir erst später offenbart wurde: Meine so fromme, keusche Oma, die jeden Morgen in die Kirche ging, war mit siebzehn Jahren von einem Münchner Medizinstudenten schwanger geworden. Damals, um 1890 herum, eine furchtbare Sünde und Schande. Meine Großmutter stammte aus einer guten Familie, der Vater war Bankier, und, worauf sie immer besonders stolz war, sie hatten einen französischen Namen, Vadé. Umso schwerer wog der Sündenfall mit dem Medizinstudenten. Beide wurden von ihren Eltern sowie der prüden Münchner Gesellschaft der damaligen Zeit geächtet und verstoßen. Der Medizinstudent wanderte nach Australien aus, wurde dort Arzt und gründete eine Familie. Und meiner Großmutter blieb keine Wahl, als den nächstbesten Mann zu heiraten, der sie trotz der Schande eines unehelichen Kindes zur Frau nehmen wollte. Das war mein nachlässiger, schlampiger Großvater, ein Bauernsohn, der immer eine schwarze Nase wegen seines Schnupftabaks hatte. Ein Bahnoberinspektor. So wurde auch meine Oma immer genannt: Frau Bahnoberinspektor.

Tante Georgine war für die damalige Zeit erstaunlich unangepasst. Sie wohnte in München und arbeitete bei der Stadt, während ihr Mann, ein arbeitsloser Schneider und, zum Ärger meines strenggläubigen, konservativen Vaters, ein Atheist und Kommunist, den Haushalt führte. Außerdem hatte sie eine zahme Ratte mit dem Namen Fritzi. Ich liebte meine Tante. Und das nicht nur wegen Fritzi. Wenn sie uns in Rosenheim besuchte, las sie mir unermüdlich Gedichte und Theaterstücke vor. *Die Räuber, Maria Stuart, Wilhelm Tell, Kabale und Liebe,* selbst den *Faust* hat sie mir als Kind vorgelesen und erklärt. Seitdem weiß ich, was »des Pudels Kern« ist. Manchmal musste sie pausieren, weil ihre Stimme heiser wurde, aber ich drängte sie immer wieder zum Weiterlesen. Das waren unglaublich spannende Geschichten, und noch heute kenne ich seit dieser Zeit viele Balladen von Schiller und von Goethe auswendig. *Der Taucher, Die Bürgschaft, Der Ring des Polykrates, Der Handschuh, Die Glocke, Die Kraniche des Ibykus, Der Zauberlehrling, Der Erlkönig...*

Alle diese Klassiker hat sie mir nicht nur vorgelesen, sondern auch vorgespielt. Mit all meiner kindlichen Inbrunst verachtete ich den intriganten Sekretär Wurm in *Kabale und Liebe*, hatte Angst vor dem arroganten Gessler in *Wilhelm Tell*, der von den stolzen Schweizern verlangte, dass man seinen Hut auf einer Lanze grüßen musste, und lachte über die gelben Strümpfe des eitlen Malvolio in *Was ihr wollt* von William Shakespeare. Auch die griechischen Sagen und die Götterwelt auf dem Olymp mit Zeus und Athene hat mir Tante Georgine erklärt. Ich war begeistert. Genau wie Herkules hätte auch ich mich selbstverständlich für ein beschwerliches, aber ruhmreiches Leben entschieden. Natürlich war es wichtiger, den Nemeischen Löwen zu töten, statt bequem daheim auf dem Sofa zu sitzen. Ich war unsterblich verliebt in die schöne Helena, kämpfte todesmutig mit Achill im Trojanischen Krieg gegen Hektor, umkreiste in goldener Rüstung auf dem Kampfwagen die Stadt, schob das riesige hölzerne Trojanische Pferd trotz Kassandras Warnung durch das geöffnete Stadttor, litt mit Odysseus auf seiner zehnjährigen Irrfahrt und freute mich, wie er die Freier seiner treuen Frau Penelope, die zwanzig Jahre auf ihn gewartet hatte, besiegte. Ich bin sicher, dass mein späterer Wunsch, Schauspieler zu werden, ganz stark von ihr beeinflusst wurde.

Meinen frühen Drang, vor einem Publikum zu spielen, konnte ich als Ministrant im Kapuzinerkloster ausleben. Der Altar war meine Bühne, die Gläubigen waren die Zuschauer. Die lateinischen Gebete lernte ich ganz leicht und konnte sie im Schlaf herunterschnurren. Auf diese Weise machte mir Latein sehr viel mehr Spaß als im Unterricht. Schon in der Sakristei vor der Messe wurde um das schönste Messgewand gestritten und um die alles entscheidende Frage: Wer durfte rechter Ministrant sein, wer musste links stehen?

Der rechte hatte mehr zu tun, er war wichtiger, und deshalb war diese Aufgabe begehrter. Er durfte das Messbuch von rechts nach links tragen, er durfte Wein und Wasser in den Kelch gießen und hatte damit eindeutig die bessere Rolle. Sozusagen die Hauptrolle, neben dem Priester. Doch damit nicht genug. Der Höhepunkt einer Ministrantenkarriere entspann sich um die Frage, wer das Weihrauchfass schwingen durfte. Auch gab es unterschiedlich interessante Einsätze. Maiandachten waren besonders beliebt. Da waren viele junge Mädchen, und man war so etwas wie ein kleiner Star. Zumindest glaubte ich das. Beim Austeilen der heiligen Kommunion – damals wurde die Hostie den Kirchgängern vom Priester auf die Zunge gelegt – musste ich ein goldenes Tablett unter das Kinn der Gläubigen halten, damit nicht einmal ein Krümel der verwandelten Hostie auf den schnöden Boden fallen konnte. Ich fand es im höchsten Maße faszinierend, dabei in all die verschiedenen geöffneten Münder zu schauen. Sicher habe ich mehr gerötete Mandeln, belegte Zungen und schlechte Zähne gesehen als alle Rosenheimer Zahn- und Hals-Nasen-Ohren-Ärzte zusammen. Die alten Damen aber waren meine wohlwollenden Kritikerinnen. Nach der Frühmesse kamen sie immer zu meiner Oma, der Frau Bahnoberinspektor, und berichteten ihr von ihrem Enkel. Dabei lobten sie meinen frommen Gesichtsausdruck und die deutliche Aussprache der lateinischen Gebete in den höchsten Tönen. Bei Beerdigungen bekam ich immer einen Obolus extra, weil ich in meinem schwarzen Ministrantenkostüm so besonders ernst und würdevoll ausgesehen habe, voll Trauer und Anteilnahme... Schon damals alles Theater.

Ich vermute, mein Vater sah in mir wohl die Möglichkeit, Dinge nachzuholen, die er in seinem eigenen Leben versäumt hatte. Wie die meisten Männer seiner Generation hatte er sehr klare Vorstellungen davon, was ein ehrbares, achtenswertes Leben war. Dazu gehörte auch die Frage, wem man besonderen Respekt entgegenzubringen hatte. Ich lernte dies, indem ich sah, auf welche Weise und vor wem auf der Straße der Hut gezogen wurde. Am allertiefsten zog man den Hut vor promovierten Akademikern, und solche waren für meinen Vater der Gipfel eines erfolgreichen Lebens. Eines Lebens, das er für mich vorgesehen hatte. Nach dem Krieg hatte mein Vater selbst noch erfolgreich Jura studiert, es war ihm also etwas gelungen, was in der damaligen Zeit keineswegs selbstverständlich war: Er hatte seine ärmliche, enge schwäbische Bauernhofherkunft so weit wie nur irgend möglich hinter sich gelassen. Nun wollte er aus seinem Sohn, der alle Möglichkeiten, die er in seiner Schulzeit schmerzlich vermisste, einfach so vor sich liegen hatte, das machen, was für ihn, den Vater, die Erfüllung seiner Träume darstellte: einen Juristen mit Prädikatsexamen und Promotion. Kurz gesagt, einen Mann, vor dem man den Hut zog. Ganz tief.

In der Rückschau lässt sich das leicht kritisieren. Dabei war er sicher nicht der Einzige, der sich wünschte, sein Sohn sollte es einmal besser haben als er. Die meisten Eltern dieser Generation dachten so. Verständlich nach dieser Zeit voller Armut, wo man nach dem Krieg hamstern ging, um Essen für die Familie zu beschaffen. Heute weiß ich, auch seine Erziehungsmethoden waren die Mittel seiner Zeit. Damals, kurz nach dem Krieg, als ganz Deutschland noch in Trümmern lag, begann man erst mühsam, den Schrecken zu verdauen und sich langsam wieder aufzurichten. Und dabei gab es noch keinen neuen Gesellschaftsentwurf, der die Naziideologie ersetzte. So bestanden die gesellschaftlichen Werte der Vorkriegszeit und deren konservative Anschauungen einfach weiter. Das schlug sich natürlich auch in der Erziehung nieder. In der Schule galten noch immer wilhelminische Grundsätze wie Disziplin und unbedingter Gehorsam als oberstes Gebot. Körperliche Züchtigung war an der Tagesordnung. Schläge mit dem Rohrstock auf die Handflächen wurden *Tatzen* genannt, man erhielt sie zum Beispiel, wenn man beim Schwätzen im Unterricht erwischt wurde oder beim Schreiben auf der Schiefertafel mit dem Griffel quietschte. Wenn alles nichts half, wurde einem auch gelegentlich der Hintern versohlt. Ich brachte es oft auf sechs bis sieben Tatzen am Tag, und meine Eltern mussten einmal eine vorwurfsvolle Mitteilung des Lehrers unterschreiben, auf der stand: »Günther grölt manchmal!« Kann sein, dass sich schon damals meine Lust, aufzufallen und gegen Autoritäten zu kämpfen, gezeigt hat. Ich weiß es nicht.

Als ich in die vierte Klasse Volksschule kam, rückte der Zeitpunkt näher, an dem ich in das humanistische Gymnasium überwechseln sollte. Nun übernahm mein Vater die schulische Erziehung. Aus einem mir bis heute nicht ersichtlichen Grund hatte er den Ehrgeiz, dass ich die erste Klasse des Gymnasiums überspringen und gleich in die zweite Klasse eintreten sollte. Damit wurde es für mich richtig ungemütlich, und meine an sich recht unbeschwerte Kindheit war mit einem Schlag zu Ende. Schon vorab, noch in der Volksschule, gab es jeden Tag zusätzliche Hausaufgaben in Latein, auch in den Ferien. Mein Vater ließ mich Kapitel vom Deutschen ins Lateinische übersetzen, und wenn er abends nach Hause kam und das Ergebnis nicht zu seiner Zufriedenheit ausfiel, setzte es Ohrfeigen. Mit meiner lateinischen Grammatik im Zimmer eingesperrt, hörte ich unten im Hof meine Freunde lachen und spielen. Seit dieser Zeit habe ich eine starke Aversion dagegen, in einem Zimmer zu lernen. Die Texte meiner Filmrollen lerne ich daher vorwiegend beim Spazierengehen in der freien Natur. Mein Lateinwissen reichte dann aber doch nicht für das Überspringen einer Jahrgangsstufe, und ich kam ganz regulär in die erste Klasse des humanistischen Gymnasiums Rosenheim. Schon am ersten Schultag fiel ich unangenehm auf, weil ich eine kleine Rauferei mit einem Mitschüler wegen eines Bankplatzes hatte. Er hatte sich einfach auf meinen schon lange mit meiner Mappe reservierten Platz gesetzt. Als der Professor das Zimmer betrat, lagen wir beide auf dem Boden, und ich hatte den Klassenkameraden gerade im Schwitzkasten. So nannten wir einen festen Armgriff um den Hals des Gegners. Nach etwa zehn Sekunden fragte man den Kontrahenten: »Gibst du auf? Wenn der andere Ja sagte, hatte man gewonnen. Der Klassenleiter trennte uns und fragte streng nach meinem Namen: Halmer! Er schrieb ihn in sein kleines schwarzes Büchlein. Dann wurde ich nach ganz vorne in die erste Bank beordert. Er wollte mich im Auge behalten. Nur mich. Warum nur mich? Der andere hatte doch angefangen! Ich fühlte mich unschuldig schuldig. Dieses Gefühl sollte mein Trauma werden.

Der sinnlose Ehrgeiz meines Vaters hatte fatale Folgen. Anfangs langweilte ich mich im Lateinunterricht, ich wusste ja schon alles und drängte mich mit meinem Wissen auf, störte den Unterricht. Später, als die Klasse meinen Wissensstand erreicht hatte und es weiter voranging, verlor ich den Anschluss und wurde sehr schnell immer schlechter. In der vierten Klasse des Gymnasiums fiel ich durch. Der Unterrichtsstoff langweilte mich, und mein Interesse galt ausschließlich den Eigenarten und Spleens der Lehrer. Desinteressiert und nur von Ferne hörte ich die einschläfernden Worte der Lehrer an mir vorüberrauschen und gab mir keine Mühe, etwas davon zu behalten. Zum Gaudium der Klasse aber konnte ich dafür die Eigenarten und die Sprache jedes Professors perfekt imitieren. Leider war das kein Unterrichtsfach. Die Schulnoten waren entsprechend. In seiner Not schickte mich mein Vater in den großen Ferien zu seinem älteren Bruder, der in Kappel den Bauernhof der Eltern übernommen hatte. Es war ein letzter, verzweifelter Versuch. Er hoffte, dass ich dort am eigenen Leib spüren lernte, wie schwer und anstrengend, ja schmerzhaft körperliche Arbeit sei und wie leicht dagegen das Erlernen von lateinischen und griechischen Vokabeln. Trotz Schwielen an den Händen und Stallgeruch – es nützte nichts. Irgendwann musste ich das Gymnasium verlassen. An dem Tag, an dem das auch meinem Vater klar wurde, weinte er vor Verzweiflung. Er tat mir schrecklich leid.

Ein Teil von mir hat mit ihm geweint, wegen meines Versagens, meines Scheiterns, der nicht erfüllten Erwartungen. Schuldgefühle. Es gibt doch nichts Traurigeres, als wenn die Eltern wegen ihres Kindes weinen. Ich wollte doch dazugehören, es den Eltern recht machen. Der andere Teil von mir aber war erleichtert, diesem Anspruch, diesem Druck und diesem falschen Ehrgeiz entkommen zu sein. Das war nicht meine Vorstellung von meinem Leben. Ich hatte anderes vor, aber hatte keine Ahnung, was.

Der rote Korsar

Im Laufe der Fünfzigerjahre machte sich das Wirtschaftswunder bemerkbar. Mein Vater fuhr statt eines Fahrrads mit Hilfsmotor einen Roller. Eine italienische Lambretta. Später dann einen schwarzen Mercedes. Eigentlich war es eine Zeit des Aufschwungs, des optimistisch in die Zukunft Schauens. Man fuhr in den Urlaub nach Italien. Conny Froboess sang im Radio »Eine Reise in den Süden ist für andre schick und fein...«, aber für mich war es die Zeit, die ich heute als die quälendste meines Lebens betrachte. Meine Zeit auf dem Gymnasium, eingekeilt zwischen Hammer und Amboss. In der Schule mit schlechten Noten von den Lehrern getadelt und verspottet, zu Hause von Schlägen bedroht. Dazu, als ob das nicht genug wäre, meine Pubertät. Und die war heftig. Besonders litt ich unter meiner immer schon als zu groß empfundenen Nase, die im Verhältnis zu meinem schmalen Gesicht immer größer wurde. Mit allen Mitteln versuchte ich von diesem Makel abzulenken. Ich fing an, mich auffällig zu kleiden und zu frisieren, legte mir ein übertrieben lässiges Benehmen zu und brachte durch Kaspereien und Faxen meine Mitschüler ständig zum Lachen. Ich wurde der Klassenclown, der Feind und Schrecken der Lehrer. Man begann, die anderen vor mir zu warnen. Eltern verboten ihren Töchtern den Umgang mit mir.

Wenn ich Klassenbilder aus dieser Zeit sehe, wundert mich das nicht. Es war die Zeit, in der der Ausruf der Lehrer »der Halmer« diesen besonderen Tonfall erhielt. Meine Noten wurden schlechter und schlechter. Verweise und Mitteilungen wurden nach Hause geschickt, manche fing ich ab und fälschte die Unterschrift meines Vaters. Permanent hatte ich deswegen ein Schuldgefühl und ständige Angst vor Entdeckung. Viel früher, als es mein Vater auch nur ahnte, wusste ich, dass ich längst auf der Versagerspur war und niemals das Abitur schaffen würde. Doch ich konnte nicht anders. Ich konnte nur »der Halmer« sein. Noch Jahre später bekam ich automatisch ein schlechtes Gewissen, wenn jemand mich mit meinem Nachnamen rief.

Es war die Zeit, in der ich mich von der Realität zu entfernen begann. Eine Zeit der Lügen, der Ausreden, des schlechten Gewissens und der Verzweiflung. Der Teil von mir, der sich wünschte, anerkannt und geliebt zu werden, zog sich zurück, und ich begann, in eine andere Welt abzudriften. Auf eine Art und Weise, die mir heute noch ein Rätsel ist und die wohl nur ein Psychologe erklären kann. Ich fing an, manisch ins Kino zu gehen. Jeden Tag, oft sogar zweimal, wenn es die Kinozeiten zuließen. Damals hatte Rosenheim viele Kinos. Es gab den klotzigen Filmpalast mit seinen blauen Samtsesseln, das pompöse, goldfarbene Capitol mit sogar zwei Häusern, das Prinzregentenkino – jetzt ein Supermarkt –, die schummrigen Kaiserlichtspiele mit einer Loge für Liebespaare, den modernen Zentralpalast, das schmuddelige Roxy und die Kammerlichtspiele mit weinrotem Samtvorhang. Ich kannte sie alle, und ihre Spielpläne wusste ich auswendig. Immer wenn das Licht erlosch und der Gong dreimal ertönte, tauchte ich in meine Traumwelt ab. Heute bin ich mir sicher: Wenn ich damals Zugang zu Drogen gehabt hätte, wäre ich absolut gefährdet gewesen. Zum Glück war meine Droge vergleichsweise harmlos. Ich verschlang alles: Wildwestfilme mit schweigsamen Revolverhelden und wilden Indianern, Kriegsfilme, in denen gut aussehende amerikanische GIs dicke deutsche Soldaten und hochmütige Generäle mit Monokel besiegten – ich hielt natürlich zu den Amerikanern –, Historienfilme, Liebesfilme, Horrorfilme; in den Film *Dracula* ging ich mehrmals, mit verschiedenen Mädchen, die sich, wenn Christopher Lee aus dem Sarg stieg, furchtsam an mich schmiegten. Das war schön.

Wahllos schaute ich alles an, was das Kinoprogramm hergab, und wurde mit Sicherheit der größte Kinokenner Deutschlands. Immer wieder erfand ich Gründe, um meiner gutgläubigen Oma oder Mutter das Geld für die Kinokarten zu entlocken. Meine Vorbilder waren Elvis Presley, Burt Lancaster, John Wayne, Steve McQueen, Eddie Constantine, Jean Gabin, Errol Flynn, Clark Gable, Tony Curtis, Horst Buchholz, O. W. Fischer und viele andere. Ich trieb neuntausend Rinder über den Red River, bewunderte Horst Buchholz in dem Film *Die Halbstarken* und segelte als der »rote Korsar« durch die Karibik. So wie der kühne Piratenkapitän wollte ich auch sein. Mutig und frei und heldenhaft. Im Vergleich dazu waren unsere Lehrer armselige Wichte, die man nicht ernst nehmen konnte. Als ich in der vierten Klasse Gymnasium zum ersten Mal durchfiel und mich die Lehrer in der neuen Klasse als Repetenten – so nannte man die Durchgefallenen – outeten, versank ich nur noch mehr in dieser künstlichen Filmwelt voller Helden, weit, weit weg vom Rosenheimer Kleinstadtmief.

Doch wenn sich dann nach dem Film die Türen öffneten, erwachte ich wie aus einem Traum, und die Wirklichkeit lachte mir höhnisch ins Gesicht: Da war sie wieder, die Kleinstadt, und ich wurde wieder ein jämmerliches Würstchen, voller Komplexe, mit schlechten Schulnoten, verstrickt in Lügen und Halbwahrheiten und in ständiger Angst vor der Wahrheit, die mich ja irgendwann doch einholen würde. Es war eine Lügenwelt, die ich mir da aufgebaut hatte, und ich wusste es. Die schlimmsten Momente waren, wenn mein Vater zu den Lehrern ins Gymnasium ging und zu erwarten war, dass er dort die trostlose Wahrheit über mich erfuhr. Ich saß zu Hause, und von Minute zu Minute steigerte sich meine Angst. Was würden die Lehrer alles über mich erzählen? Wenn er dann nach Hause kam, gramgebeugt und blass, und mich zur Bestrafung in sein Büro schickte, fühlte ich mich elend. Ich litt mit meinem Vater, der mit diesem Sohn gestraft war. Da war er dann doch wieder, dieser vergebliche Wunsch: So gerne hätte ich ihn glücklich gemacht. Stolz auf mich. Doch ich konnte es nicht.

Viele Jahre später, schon in den Achtzigerjahren, habe ich einen Film von Woody Allen gesehen, *The Purple Rose of Cairo*, in dem es um eine junge Frau geht, gespielt von Mia Farrow, die von ihrem rohen, primitiven Mann unterdrückt wird. Um der Wirklichkeit zu entfliehen, geht sie jeden Tag in denselben Film und verliebt sich schließlich in den schönen Hauptdarsteller. Irgendwann tritt der Held aus der Leinwand, und sie werden ein Liebespaar.

Genau wie Mia Farrow in diesem Film fühlte ich mich damals. Ich konnte die Wirklichkeit nicht ertragen und lebte mein Leben als einer dieser Filmhelden. Sie waren meine Freunde. Sie waren schön, sie waren stark, und die Frauen liebten sie. Genau so wollte ich sein. So und nicht anders. Jahrelang quälte mich diese unerfüllbare Sehnsucht. Erst als ich das Gymnasium verlassen musste und mein Vater resigniert seinen Ehrgeiz mit mir aufgab, wurden die Kinobesuche weniger, und ich fand langsam in die Realität zurück. Doch noch heute habe ich den Wunsch, das Haus von Elvis Presley in Memphis zu besuchen. Erst dann werde ich diese Zeit ganz abgeschlossen haben.

Schuld und Sühne

Ich versuche, den roten Faden meiner Spurensuche genau dort wiederaufzunehmen, an der Stelle, wo ich von der Schule flog, nach der zehnten Klasse, das Abitur in unerreichbarer Ferne. Doch dieser rote Faden erweist sich als widerspenstig. Er will mich nicht einfach so vergessen lassen. Die Erinnerung führt mich zurück in die Jahre nach dem Krieg, in jene Zeit, in der ich vielleicht zum ersten Mal ganz leise begriffen habe, dass es noch eine andere Welt gab. Nicht die graue, armselige Welt der deutschen Bevölkerung mit ihren mausgrauen Regenmänteln, den sogenannten Kleppermänteln, sondern eine großartige, reiche, selbstbewusste, bunte Welt. Und diese Welt hatte einen Namen: Amerika!

Was für eine aufgeregte Neugier und Vorfreude, wenn die Carepakete, die wir von Bekannten aus Amerika bekamen, wie ein Gruß aus einer anderen, wunderbaren Welt in unserer Wohnküche standen. Diese großen, schweren, hellbraunen Kartons, geheimnisvoll mit stählernen Bändern umwickelt, holten wir immer im Kirchenamt St. Nikolaus ab. Die ganze Familie stand dabei, wenn mein Vater die Bänder mit einer Zange öffnete. Ein Gefühl wie Weihnachten. Es roch wunderbar und aromatisch nach Bohnenkaffee, nach Schokolade, Corned Beef, Trockenmilch, und manchmal war auch Spielzeug dabei. Ich erinnere mich an einen blauen Tanklastzug aus Plastik, den man kippen konnte und der lange Jahre mein Lieblingsspielzeug war.

Aus dieser Zeit stammt natürlich die große Bewunderung meiner Generation für Amerika. Alles, was aus den USA kam, war schön und roch gut. Überhaupt prägten die amerikanischen Soldaten unser städtisches Leben. Und unsere kindliche Fantasie. Für uns Kinder waren sie Helden. Sie wirkten im Vergleich zu den deutschen Erwachsenen wie starke, gutmütige Botschafter aus einer besseren Welt. So sahen Sieger aus. Es schien, als hätten sie alles im Überfluss. Die roten Pall-Mall-Zigarettenpackungen, den so wunderbar riechenden Chewinggum, Nylonstrümpfe für die Frauen. Es imponierte uns, wenn sie mit ihren offenen Jeeps – die Beine lässig angewinkelt, mit einer Zigarette oder Kaugummi im Mund, mit enger heller Uniform, die Mütze tief im Gesicht – durch die Stadt fuhren, immer fremde, aufregende Musik im Radio. Für uns Kinder hatten sie oft Kaugummi oder Schokolade dabei. Sie waren locker und entspannt und sehr selbstbewusst, hießen Jack, Billy, Johnny oder Charlie und schienen immer gute Laune zu haben. Selbst Frauen saßen mit rot lackierten Fingernägeln und Sonnenbrille am Steuer dieser riesigen, glänzenden Autos. Manche von ihnen trugen sogar Hosen! Hosentragende Frauen, die noch dazu Auto fahren konnten, so etwas hatte man bei uns vorher noch nie gesehen. Mein Vater schüttelte immer wieder fassungslos den Kopf. Frauen, die Auto fuhren, und GIs, die Kinderwagen schoben. Ein Mann mit Kinderwagen!! Unglaublich. Auch ihre Sprache klang wunderbar, überlegen, so viel schöner als unser kehliges Deutsch. Die Deutschen wirkten dagegen grau und verloren, wie ausgehöhlt. Ihre Gesichter wie abgenagt. Sie waren dünn, blass, niedergeschlagen, schlecht angezogen, resigniert, devot und hoben die weggeworfenen Zigarettenstummel der US-Soldaten auf. Männer auf Krücken mit nur einem Bein oder einem Arm oder blind, gehörten zum üblichen Straßenbild. Wenn wir in der Volksschule den Beruf des Vaters angeben sollten, sagte die Hälfte der Schüler: gefallen, verschollen oder in Gefangenschaft. Für uns Kinder war das ganz normal, genauso wie die zerbombten Hausruinen auf unserem Weg zur Schule. Im Sommer immer barfuß mit kurzer Lederhose. Ein schönes, befreiendes Gefühl. In der Unterrichtspause gab es die sogenannte Schulspeisung. Dafür hatten wir ein eigenes Blechgeschirr dabei, das im Laufe der Monate unangenehm zu riechen begann. Meistens gab es Milch oder Kakao und eine Scheibe dunkles Schwarzbrot.

Es fiel in diese Zeit, ich war vielleicht acht oder neun Jahre alt, als ich zusammen mit etwa achtzig anderen Kindern zu einem Zeltlager der Amerikaner am Simssee bei Rosenheim eingeladen wurde. Diese *Youth Camps* waren Teil der *Reeducation-* beziehungsweise *Reorientation*-Pläne der amerikanischen Besatzungsmacht, womit den Deutschen nach zwölf Jahren Nazidiktatur die Demokratie und der *American Way of Life* nähergebracht werden sollten. Auf Deutsch »Umerziehung«. Ein Zeltlager war damals etwas vollkommen Neues für mich. Wir schliefen in zwanzig Meter langen, olivgrünen Militärzelten. Jeden Morgen und Abend wurden wir zusammengerufen und sahen zu, wie die amerikanische Flagge mit einem feierlichen Trompetensolo gehisst beziehungsweise wieder eingezogen wurde. Tagsüber machten wir Spiele und unternahmen Wanderungen, sahen amerikanische Filme auf einer großen Leinwand im Freien und bekamen Unterricht in Demokratie.

Das Beste von allem aber war das Essen. Zum Frühstück gab es für uns, die wir nur dunkles Brot, Marmelade und Malzkaffee kannten, Cornflakes mit Milch und Toast aus Weißbrot, sogar Rühreier mit Speck, so viel man wollte. Zum Mittagessen standen wir mit glänzenden Edelstahltabletts in langen Reihen an und aßen zum ersten Mal in unserem Leben grüne Erbsen, Steak mit Pommes frites und Ketchup, Früchtekompott und echte Orangen. Dazu tranken wir eine dunkelbraune, sehr süße Limonade, die Coca-Cola hieß. Solche Köstlichkeiten hatten wir noch nie gesehen oder gar gegessen, und das war noch ein Grund mehr, Amerika zu lieben. Das Paradies.

Doch leider blieb von diesen Wochen im Zeltlager, die eigentlich eine fröhliche, sorglose Zeit hätten sein sollen, für mich vor allem eine einzige, traumatische Erinnerung übrig. Noch heute kann ich nicht am Strandbad des Simssees spazieren gehen, ohne an dieses für mich so beschämende Erlebnis zurückzudenken.

Eines Morgens kam es zu einem Streit mit meinem Zeltnachbarn, der es lustig fand, mein sorgfältig gemachtes Bett zu zerwühlen, und ich nahm ihn in den Schwitzkasten. Mein Gegner hatte sich noch nicht ergeben, da trennte uns der Jugendleiter und meldete uns beide bei der Campleitung. Aber nur ich wurde vor das »Lagergericht« gestellt und musste mich vor allen versammelten Kameraden rechtfertigen. Es war ein richtiges Gerichtsverfahren. Der Leiter des Lagers, ein sehr runder, kleiner Amerikaner mit Hornbrille, spielte den Richter. Ich fühlte mich im Recht, war mir keiner Schuld bewusst und hatte schon damals das unbestimmte Gefühl, als Sündenbock herhalten zu müssen. Man wollte ein Exempel statuieren: Du darfst keine Selbstjustiz üben. Ich glaube, ich wurde mit zwei Tagen Zeltdienst bestraft, doch allein, dass ich im Mittelpunkt eines für mich kleinen Buben tief beschämenden Schauprozesses war, habe ich bis heute nicht vergessen.

Warum aber fällt es mir gerade jetzt ein? Warum führt mich meine Erinnerung so überaus eigensinnig und stur an genau diese Stelle in meiner Kindheit zurück? Aus der Distanz betrachtet, könnte man meinen, das sei doch kein so tiefgehendes Erlebnis gewesen. Aber wenn ich mich nach so langer Zeit, als alter Mann, noch so genau daran erinnere, an jede Einzelheit, sogar den Leiter des Zeltlagers würde ich sofort wiedererkennen, dann muss das doch in meinem Leben eine sehr, sehr wichtige Erfahrung gewesen sein. Eine der ersten Narben von vielen späteren auf meiner Seele.

Für uns Kinder nach dem Krieg war Amerika so etwas wie das gelobte Land. Eine völlig andere, eine leuchtende, hoffnungsvolle Welt. Eine Traumwelt. Es liegt in der Natur von Kindern, dass sie unkritisch sind, begeisterungsfähig, offen und vor allem arglos. Das Erlebnis im Zeltlager jedoch hat mir meine Arglosigkeit ausgetrieben. Ich musste für etwas büßen, wofür ich nichts konnte, war Teil einer Erziehungsmaßnahme für andere. Es hat in mir ein Schuldgefühl und eine tiefe Beschämung hinterlassen, ohne dass ich weiß, warum. Ich bin überzeugt, dass dieses Erlebnis den Grundstein für meine spätere Skepsis gegenüber dem Leben an sich und allen Autoritäten gelegt hat. Gleichzeitig war es aber wohl auch der Auslöser für die Sehnsucht nach Wahrhaftigkeit und Authentizität, die mich zeit meines Lebens nie mehr losgelassen hat.

Wozu braucht man einen Beruf?
Teil 1

Ich war also vom Gymnasium geflogen, hatte danach noch mit Ach und Krach die dritte Klasse der Handelsschule geschafft. Wegen meiner sechs Klassen Gymnasium, eigentlich sogar sieben, genügte gottlob ein Jahr, und ich hatte so immerhin die Mittlere Reife in der Tasche. Was konnte man damit werden? Beamter zum Beispiel, da konnte man es sogar bis zum Amtmann bringen. Oder Bankangestellter. Auch das sei eine angesehene, ehrbare Stellung, meinte mein Vater. Er hatte noch immer nicht begriffen, wer ich war.

Dennoch, es wurde Zeit, sich für einen Beruf zu entscheiden. An die Uni durfte ich ja nun nicht mehr; Anwalt – der eigentliche Wunschberuf meines Vaters –, das war endgültig vorbei. Und so vereinbarte er für mich mit einem ihm bekannten Abteilungsleiter einer Rosenheimer Bank einen Vorstellungstermin. Na gut, das konnte ich mir ja mal anschauen...

»Lausbub, miserabliger!« Der glühende Zigarettenstummel, den ich, lässig wie Belmondo, hatte wegschnippen wollen, flog haarscharf am Gesicht eines alten Mannes vorbei. Der alte Mann, mindestens schon fünfzig, ging hastig weiter.

»Entschuldigung!«, rief ich hinterher, doch er hörte mich nicht mehr.

Seit zwanzig Minuten stand ich nun schon vor der Bank in der Rosenheimer Innenstadt und beobachtete die Bankkunden, wie sie ein und aus gingen. Um vierzehn Uhr sollte ich mein Bewerbungsgespräch haben. Ich konnte mir nicht vorstellen, jemals hier zu arbeiten. Das war keine Arroganz; ich spürte, dass dieser Beruf nichts mit mir zu tun hatte. Konnte ich mit diesen Menschen etwas anfangen, waren sie mir vertraut? Das war für mich immer ein wichtiges Kriterium. Interessierten mich die Menschen oder nicht?

Es war fünf vor zwei. Ich musste hinein, wenigstens pünktlich wollte ich sein.

Im Schaufenster überprüfte ich noch mal mein Aussehen: ein weißes Unterhemd und eine weinrote Glitzerjacke, so wie sie James Dean in dem berühmten Film *Denn sie wissen nicht, was sie tun* trug. Meine war allerdings nicht ganz so schick, nicht so glitzernd. Sie war vom Kaufhaus Senft am Maximiliansplatz in Rosenheim. Dazu eine hautenge Bluejeans, die wie eine Strumpfhose passte und für die ich einige Minuten brauchte, um sie anzuziehen. Das Ausziehen dauerte noch länger. Meistens musste mir meine Mutter helfen. Ich lag mit dem Rücken auf dem Boden, wie ein hilfloser Käfer, und meine Mutter zog mit angestrengtem Gesichtsausdruck an den Hosenbeinen. Dann noch sehr spitze schwarze Schuhe, die waren jetzt groß in Mode. Manch ein Erwachsener meinte ironisch, dafür bräuchte ich einen Waffenschein. Aus der hinteren Gesäßtasche holte ich meinen Kamm und restaurierte meine Elvistolle. Nur noch den Jackenkragen aufgestellt, dann war ich fertig zum Gespräch. Ich ging durch die Schalterhalle der Bank. Sicher würde ich für Aufsehen sorgen. Besonders bei den jungen Frauen. So war ich es gewöhnt. Erwartungsvoll blickte ich mich um. Aber niemand interessierte sich für mich, anscheinend hatten alle zu tun. Schreibmaschinengeklapper war zu hören, junge Männer mit korrekten Scheiteln und kurzen Haaren, mit Jackett und Krawatte beugten sich über Akten oder telefonierten. Ordentliche junge Menschen, gelehrig, gehorsam und strebsam. Eigenschaften, die ich nie haben wollte. An den Schaltern Frauen im Kostüm mit Dauerwellen, unzerstörbar wie kleine Stahlhelme, im freundlichen Gespräch mit älteren Kunden. Ich war ein Fremdkörper in diesem Raum, das spürte ich deutlich. Jemand hinter einem Schalter wurde auf mich aufmerksam. Er flüsterte mit einem Bankangestellten und zeigte mit den Augen unauffällig auf mich. Na endlich. Ich machte also doch Eindruck. Misstrauisch, fast ängstlich kam der junge Mann auf mich zu.

»Kann ich Ihnen irgendwie helfen?«

»Ja, ich bin mit dem Filialleiter verabredet, seinen Namen habe ich jetzt vergessen, aber ich habe einen Termin.«

»Ach, das ist was anderes«, lachte er erleichtert auf. »Mein Kollege und ich befürchteten schon, Sie wollten die Bank überfallen...« Er kicherte verschämt.

Fand ich nicht lustig. Was für ein Würstel!, dachte ich. Er wurde wieder ernst. »Warten Sie einen Moment, ich schaue, ob Herr Döberl Zeit für Sie hat. Wie war Ihr Name?«

»Halmer!«

»Wie?«

»H a l m e r!!!«

Nach längerer Zeit kam er aus einem Zimmer hinter den Schaltern, schon wieder so ein amüsiertes Grinsen auf seinem Gesicht. Was, bitte, war so verdammt komisch?

»Der Herr Döberl erwartet Sie.«

Sehr wohl fühlte ich mich nicht, aber diese Unsicherheit verbarg ich hinter einem lässigen, schleppenden Gang. Ich fühlte die Blicke in meinem Rücken. Dieser alberne Verdacht von wegen Banküberfall hatte sich wohl schnell herumgesprochen.

Herr Döberl war etwa fünfundvierzig. Nicht so groß wie ich. Eher klein. Schütteres Haar. Grünliches Jackett, orange Krawatte mit blauen Punkten. Na ja, nicht mein Geschmack. Ich wurde sicherer.

Er musterte mich etwas irritiert und fixierte sekundenlang meine Frisur. So was wie mich kannte er offenbar noch nicht. Er brauchte eine ganze Weile, um sich zu fangen.

»Tja«, murmelte er etwas unschlüssig und bot mir einen Platz an.

Mein Selbstvertrauen wuchs. Das war auch nur wieder so ein Würstel.

»Ihr Herr Vater hat mir viel von Ihnen erzählt«, begann er freundlich. »Ich kenne ihn ja vom Katholischen Männerbund, Sie sehen ihm gar nicht ähnlich ...«

(Ja, klar, mein Vater hatte eine Glatze.)

»Sie wollen also Bankkaufmann werden?«

Ich nickte zögernd. So genau wusste ich das noch nicht.

»Darf ich rauchen?«, fragte ich stattdessen. Es war mir wichtig, dass er gleich wusste, dass ich kein Duckmäuser war, so wie die jungen Männer da draußen.

»Bitte, wenn Sie müssen.« Er stellte einen Aschenbecher vor mich hin und öffnete das Fenster. Straßenlärm drang herein. Aus einer blauen Gitanes-Schachtel klopfte ich mir lässig eine Zigarette. Die schmeckte scheußlich, aber sie war nicht so spießig wie eine Marlboro oder eine HB... Ich feuchtete sie vorher noch mit den Lippen an, das hatte ich mir von Alain Delon abgeschaut in dem Film *Vier im roten Kreis*.

Der Filialleiter hüstelte leicht. »Herr Halmer, es ist schön, dass Sie hier bei uns arbeiten wollen, aber Sie wissen ja, es gibt da gewisse Bedingungen der Bank, die ich einhalten muss. Ich weiß von Ihrem Vater, dass Sie die Mittlere Reife erlangt haben, in der Handelsschule, und vorher am humanistischen Gymnasium waren und da sechs Klassen besucht haben. Nun, Griechisch und Latein brauchen Sie bei uns sicher nicht, aber eine gewisse Bildung erwarten wir auch von unseren Mitarbeitern.«

»Logisch ist die wichtig«, stimmte ich ihm zu und drückte meine Zigarette im Aschenbecher aus. Sie hatte ihre Schuldigkeit getan und schmeckte wie Holzkohle. Eine kleine Pause entstand. Herr Döberl schloss wieder das Fenster.

Er räusperte sich. »Kann ich vielleicht Ihre Noten sehen? Es genügt das Abschlusszeugnis von der Handelsschule.«

»Klar.« Das Zeugnis hatte ich natürlich dabei, zusammengefaltet in der linken Gesäßtasche, während die rechte für den Kamm reserviert war. Langsam stand ich auf und reichte ihm das Zeugnis. Es war etwas zerknittert. Mit spitzen Fingern nahm er es, faltete es auseinander, strich es glatt und begann zu lesen. Sein Gesicht bekam einen gelangweilten Ausdruck, und mit einem mitleidigen Lächeln, mit dem er sonst wahrscheinlich alte Witwen mit ihren kleinen Sparguthaben beriet, meinte er gedehnt: »Maschinenschreiben 3, Stenografie 3, Kaufmännisches Rechnen 3, Buchführung 4... Es haben sich schon viele Leute mit besseren Zeugnissen bei uns beworben, Herr Halmer.« Er machte eine lange Pause und starrte unschlüssig auf das Zeugnis. »Eigentlich würde ich Ihrem Herrn Vater sehr gerne helfen, aber...« Die Pause dauerte an, dann gab er sich einen Ruck. »Vielleicht erklären Sie mir erst einmal, warum Sie unbedingt Bankkaufmann werden wollen.«

Herr Döberl schaute mich erwartungsvoll an. Er wollte

mir ganz offensichtlich helfen, wollte mir eine Brücke bauen. Ich tat so, als würde ich nachdenken, und sah mich dabei um. Sein Büro war vielleicht zwanzig Quadratmeter groß, heller Schreibtisch, Buche, durchsichtig lackiert; dieses Holz mochte ich noch nie. Es erinnerte mich an die Schule. Es roch auch so, wie die Lehrerzimmer in den Schulen, nach Ordentlichkeit, Sauberkeit und Enge. Auf dem Schreibtisch stand das Bild einer Frau mittleren Alters mit der üblichen Stahlhelmfrisur. Aus einem weiteren Rahmen lachte ein langweiliges Mädchen mit Zöpfen etwas künstlich in die Kamera, es sah dem Papa ähnlich. Das arme Kind. An der rechten Hand trug Herr Döberl einen Ehering. Natürlich war er verheiratet, was sonst? An der linken Hand, am Mittelfinger, ein Siegelring mit blauem Stein. Siegelringe fand ich spießig – und dann noch am Mittelfinger. Was wollte ich hier? In meinem Kopf schwärmte Elvis Presley von Acapulco, Freddy Quinn sang:»Kommt ein weißes Schiff aus Hongkong, hab ich Sehnsucht nach der Ferne.« Und im Radio spielten sie immer wieder:»Mit siebzehn hat man noch Träume« und»Mit siebzehn fängt das Leben erst an«...

Ich war siebzehneinhalb. Sollte mein Leben so anfangen? Sollten das etwa meine Träume sein? Ich zuckte mit den Schultern:»Ich weiß es nicht, ich bin mir nicht ganz sicher.« In meinem Innersten wusste ich es natürlich. Hier? Nie!

Das brave, wohlwollende Gesicht von Herrn Döberl verschloss sich. Er stand auf und gab mir die Hand:»Ja, Herr Halmer, dann wünsche ich Ihnen noch viel Erfolg auf Ihrem weiteren Lebensweg. Ich hoffe, Sie finden das Richtige. Grüßen Sie Ihren Herrn Vater von mir.« Das war's, eine Entscheidung fürs Leben in zehn Minuten.

Souverän schlenderte ich erneut durch den Kassenraum. Lässig zog ich meinen Kamm heraus und kämmte mir provozierend langsam meine Elvisfrisur. Den Bankangestellten, die mir amüsiert nachschauten, drohte ich grinsend mit einem angedeuteten Revolver. Von wegen Banküberfall, ihr Pflaumen!

Draußen auf der Straße tobte das Kleinstadtleben. Ich steckte mir eine Zigarette an und ließ sie wieder lässig im Mundwinkel baumeln, fühlte mich wie Jean-Paul Belmondo in dem Film *Außer Atem*, in dem er mit Jean Seberg die Champs-Élysées entlangschlendert und sie ihn so verliebt anschaut. Ein hübsches Mädchen ging vorbei. War das meine Jean Seberg? Ich lächelte sie an. Das berühmte Lächeln von Elvis, nur mit einem Mundwinkel. Sie lächelte zurück. Na also, das Leben hatte mehr zu bieten als ein Zwanzig-Quadratmeter-Büro und einen lackierten Buchenholzschreibtisch. Ich war wieder der King.

Die Stimmung zu Hause war am Boden.

»Was willst du eigentlich? Was willst du werden? Du hast nicht mehr so viele Möglichkeiten...«

Die Stimme meines Vaters klang verzweifelt. Er hatte ja recht. Was immer ich anfing, endete in einem Desaster. Vom Gymnasium geflogen, mit Mühe die sogenannte Mittlere Reife an der Handelsschule erreicht, auch da hatte es ständig Probleme mit den Lehrern gegeben, alles Kleingeister in meinen Augen. Die Prüfung zum Finanzangestellten danach hatte ich zwar sogar bestanden, aber als 103. von 180 Bewerbern. Nicht angenommen, Gott sei Dank, und nun dieses sinnlose Gespräch mit dem Filialleiter der Bank. Niemand konnte mich brauchen, niemand konnte mit mir etwas anfangen. Ich war ratlos und unglücklich. Ja, was wollte ich denn? Keine Ahnung. Ich wusste nur, was ich nicht wollte.

Nämlich so leben wie alle hier, die mir als Vorbilder genannt wurden, Mitschüler am Gymnasium mit guten Noten, aber Schleimer und Jasager in meinen Augen. Nach denen sollte ich mich richten?

Es herrschte Eiszeit. Ich versuchte, meinem Vater aus dem Weg zu gehen. Wir redeten tagelang kein Wort miteinander. In meinem Zimmer hörte ich, wie er meiner Mutter Vorwürfe machte, dass sie immer zu gutmütig gewesen sei und seine Erziehung unterlaufen habe. Außerdem seien das die Gene aus ihrer Verwandtschaft. »Irgendwann wird er auf der Straße landen oder, schlimmer noch, im Gefängnis.«

Er meinte mich.

Die vielen sogenannten vernünftigen Erwachsenen aus dem Bekanntenkreis meiner Eltern erklärten mir, dass das Leben kein Zuckerschlecken sei und man in den sauren Apfel beißen müsse. Auch sie hätten sich das Leben in der Jugend anders vorgestellt. Man könne nicht alles haben, was man wolle. Das Leben sei eben kein Film. All das hörte ich mir an und glaubte ihnen kein Wort. Nein, die waren für mich keine Vorbilder, die waren sogar das Gegenteil davon. Sie waren so, weil sie sich nichts zutrauten. Weil sie nicht mehr forderten vom Leben. Weil sie Duckmäuser waren. Und nun erklärten sie ihre Feigheit und ihre Durchschnittlichkeit zur Tugend. Nie, nie, nie wollte ich so werden wie sie. Aber was konnte ich denn? Ein schlechtes Zeugnis, Mittlere Reife, kein Abitur, offenbar keine Begabung zu irgendetwas, höchstens zum Klassenclown.

Und doch flüsterte mir eine leise Stimme beständig zu, dass es noch ein anderes Leben gebe, ich müsse es nur finden. Meine Mutter, die sich wegen mir so viel Tadel und Vorwürfe anhören musste, tat mir in dieser Zeit am meisten leid. Wenn wir allein waren, versprach ich ihr, dass ich eines Tages noch ganz groß herauskommen würde. Ich wusste zwar nicht, wie, aber in ihren Augen sah ich Hoffnung aufkeimen und wusste, dass sie mir glaubte.

Wie ich den Krieg gewann

Vorerst sah es jedoch noch nicht danach aus. Das Gymnasium war inzwischen auch für meine Freunde zu Ende. Sie hatten das Abitur hinter sich und feierten überschwänglich die freien, sorglosen Ferientage, und ich feierte mit. Jeden Abend trafen wir uns im Café Papagei, dem angesagtesten Tanzcafé von Rosenheim. Es gab dort regelmäßig Livemusik, und der wildeste und unermüdlichste Tänzer war ich. Bei Songs von Little Richard, Elvis, Fats Domino, bei Liedern wie »Viva Las Vegas«, »Blue Suede Shoes« und »Rock Around the Clock« bewies ich meinen Tanzpartnerinnen mein Temperament und meine Ausdauer. Dann, meist nach drei schnellen, rockigen Songs, hauchte die italienische Musikband zwei oder drei langsame, romantische Schmachtfetzen ins Mikro, Lieder mit viel *amore*, bei denen man die Mädchen eng tanzend seine Männlichkeit spüren lassen konnte. Unermüdlich, fast ohne Pause, schweißgebadet, wirbelte ich Nacht für Nacht auf der Tanzfläche herum, um zu verdrängen, dass ich eigentlich gar nicht mehr dazugehörte, dass meine Freunde rosige Aussichten hatten, dass sie bald an der Uni studieren würden, Ärzte und Rechtsanwälte würden... und ich? Was war meine Zukunft?

Ich wollte es nicht wissen.
Ich tanzte. Und tanzte und tanzte.

Ich war fast achtzehn, es war Sommer, und ich sang im Duett mit Peter Kraus: »Wenn Teenager träumen, es küsst sie ein Mann, das ist für sie schöner als der schönste Roman, wawawawawa...«

Peter Kraus sang im Radio, ich in meinem Zimmer, noch immer in der Frühlingstraße in unserer Altbauwohnung ohne Bad. Ich spielte Luftgitarre, beim Zwischenspiel wechselte ich zum Luftsaxofon und übernahm auch mal kurz das Schlagzeugsolo. Im Spiegel sah ich toll aus. Das weiße Hemd weit aufgeknöpft, violetter Schal, die Haare fielen mir tief ins Gesicht, Schweiß glänzte attraktiv auf meiner Stirn. Genau wie bei Elvis in dem Film *Gold aus heißer Kehle*. Fünfmal hatte ich diesen Film gesehen. Elvis spielte einen jungen Kraftfahrer, einen Niemand, der zufällig entdeckt und zum Superstar wird. Ich schlug wieder wilde Akkorde auf meiner Luftgitarre. Zu Hunderten, nein, zu Tausenden kreischten die Mädchen und fielen in Ohnmacht. Ja! Das war meine Welt! Ich spürte das. Ich sang hingebungsvoll, besser als Peter Kraus selbst: »Viel schöner als Kino und heiße Musik, denn Teenager träumen so gerne vom Glüüüüüüüück...«

Die Tür wurde aufgerissen, mein Vater stürzte ins Zimmer. Das angenehme Dämmerlicht, das mich im Spiegel so gut aussehen und meine viel zu große Nase klein erscheinen ließ, wurde plötzlich von einer brutal hellen Hundert-Watt-Deckenlampe zerstört. Mein Vater zog den Stecker des Radios aus der Steckdose. Eine hässliche Stille entstand. Meine rosarote Traumwelt zerplatzte wie ein Luftballon. Die vielen kreischenden Bewunderinnen verschwanden mit der Musik im Nirwana, und die unerträgliche Wirklichkeit hatte mich wieder. Das Zimmer, Sekunden zuvor noch voll von romantischen, einfachen Harmonien, war nun angefüllt mit

Aggression. Da stand mein Vater vor mir, klein und lächerlich im rot-weiß gestreiften Schlafanzug, barfuß, mit Glatze und Hornbrille, blass vor Zorn und Verachtung, gemischt mit Ratlosigkeit und Verzweiflung. Das Bild einer Gesellschaft, zu der ich nie gehören wollte. Nie, nie, nie. Aber was denn dann? Mein enges Zimmer mit den alten, dunkelbraunen, düsteren Möbeln meiner Großeltern, die noch aus der Zeit um die Jahrhundertwende stammten, erinnerten mich in dem unerbittlichen Licht der Hundert-Watt-Deckenlampe erbarmungslos daran, dass ich nicht auf einer Bühne stand und von vielen Teenagern gefeiert und geliebt wurde, sondern nur ein alberner Träumer war, dessen Fantasien man mit dem Lichtschalter ausknipsen konnte. Im alten Spiegelschrank gerade noch ein Superstar, im grellen Lampenlicht ein Verlierer mit einem lächerlichen violetten Schal um den Hals.

Mein Vater wirkte fast verzweifelt entschlossen. »So«, sagte er, »du hast nun lange genug den Playboy gespielt, ich habe keine Lust mehr, das zu finanzieren. So geht es nicht weiter. Und da du dich nicht entschließen kannst, einen Beruf zu ergreifen, und du dem lieben Herrgott mit deinem Nichtstun nur die Tage stiehlst, habe ich eine Entscheidung getroffen. Du wirst im Januar achtzehn Jahre alt, dann kannst du dich freiwillig bei der Bundeswehr melden, zu deinem Pflichtjahr, das du sowieso ableisten musst. Dann hast du ein Jahr Zeit nachzudenken, was du aus deinem Leben machen willst.« Zuerst war ich erschrocken. Ich hatte keine Lust. Bundeswehr, da musste ich ja meine Freunde verlassen, die Kneipen, die Musik, all die Rosenheimer Mädchen. Spontan dachte ich: Niemals!!... Doch dann leuchtete mir ein, dass es vielleicht auch etwas Gutes hatte. Die Wehrpflicht musste jeder junge Mann ableisten, auch Abiturienten, das war keine Schande, und in diesen zwölf Monaten würde ich Zeit haben, über mich und meine Zukunft nachzudenken. Mein Vater war erleichtert, als ich zustimmte. Sein Sohn wurde endlich vernünftig. Außerdem, so dachte ich heimlich, war ja Elvis Presley auch Soldat gewesen, und die Mädchen waren verrückt nach ihm.

Die Fahrt von Rosenheim nach Landsberg dauerte fast zwei Stunden. Meine Eltern brachten mich mit dem Auto zum Fliegerhorst, wo ich mich bis Mittag zur dreimonatigen Grundausbildung melden sollte. Ich saß im Fond des Wagens. Wir waren alle sehr schweigsam. Nur das eintönige Nageln des Dieselmotors unseres Mercedes war zu hören. Zum ersten Mal in meinem Leben sollte ich für längere Zeit von zu Hause fortgehen. Jeder von uns spürte, dass das ein Einschnitt in unserem Familienleben war. Trotz aller Probleme, Spannungen und den vielen Disputen mit meinem Vater war ich ja immer zu Hause gewesen, und nun wussten wir, diese Zeit war endgültig zu Ende. Meine Mutter war sehr traurig, dass ihr »Bubi« – so nannte sie mich immer noch – nun aus dem elterlichen Nest flog. Bei meinem Vater dagegen konnte man die Erleichterung förmlich spüren. Er hoffte, dass ich »in der Schule der Nation« nun endlich zum Manne reifen würde.

Auch ich hatte das Gefühl, dass ein neuer Abschnitt in meinem Leben auf dem Weg zum Erwachsenwerden gekommen war. Eine tiefe Wehmut trieb mir fast die Tränen in die Augen. Mein Zimmer mit den dunkelbraunen Möbeln, das mir nie gefallen hatte, fehlte mir jetzt schon, das Treppenhaus mit den alten Holzstufen, die immer nach Bohnerwachs rochen und die ich früher für ein bisschen Taschengeld fürs Kino oft mit einer Wurzelbürste gewienert hatte, die Haustür, die ich immer mit einem lässigen Hüftschwung aufgestoßen hatte, nur weil ich die Hände nicht aus den Hosentaschen nehmen wollte, ja selbst die Toilette, in die unsere sparsame alte Hausbesitzerin erst vor ein paar Jahren eine Wasserspülung hatte einbauen lassen – ich spürte, dass mir all das fehlen würde. Im Sommer kamen immer die Schwalben durch das offene Oberlichtfenster hereingeflogen und bauten ihr Nest auf der alten Blechlampe an der Decke. Ich freute mich jedes Mal, wenn die jungen Vögel schlüpften und nach ein paar Wochen die ersten Flugversuche starteten, und war traurig, wenn einer davon abstürzte. Ich würde die Rosenheimer Innenstadt mit ihren Arkaden vermissen, unter denen ich – die Mädchen aus den Augenwinkeln stets im Blick – wie ein Hahn herumstolziert war. Meine Freunde, mit denen ich so viel gelacht und getratscht habe. Selbst Menschen, die ich nicht mochte, würden mir fehlen. Es hatte so gutgetan, sich über diese Deppen lustig zu machen. Vor allem aber hatte ich mich sicher gefühlt in dieser mir so vertrauten Umgebung. Ich kannte meine Rolle. Nun würde ich neuen Menschen begegnen, denen ich fremd und gleichgültig war, und ich würde eine neue Rolle spielen müssen.

Aber ich hoffte auch, dass es vielleicht eine Chance war. Niemand hatte eine feste Meinung von mir, kein Vorurteil beeinflusste sie. Ich war nicht mehr länger »der Halmer«, der Repetent, der Schulabbrecher, sondern ein noch vollkommen unbeschriebenes Blatt. Ein neues Kapitel in meinem Leben wurde aufgeschlagen, und das wollte ich nutzen.

Am Eingang vor dem Fliegerhorst sagte ich meinen Eltern Lebewohl. Wir hatten alle drei feuchte Augen. Mein Vater sah mich ernst an: Mach uns keine Schande! Ich nickte, dann drehte ich mich um und ging zum Schlagbaum.

Der Weg durch den Fliegerhorst zu meiner Kompanie war aufregend neu. Lange zweistöckige Gebäude, in Reih und Glied, weiß mit roten Dächern, davor asphaltierte Exerzierplätze, auf denen Soldaten von Unteroffizieren gedrillt wurden. Eine Truppe von Rekruten mit Tarnanzügen marschierte mit stampfenden Schritten vorbei. Sie sangen vom Westerwald, in dem es immer so kalt ist. Stolze Offiziere mit Fliegerspangen an der Brust grüßten beim Vorbeigehen zackig ihre Vorgesetzten. Meine Stimmung hob sich mit jedem Schritt. Ja, so sahen Helden aus. So wollte ich auch werden. Nein, kein Pilot natürlich, das konnte ich gar nicht ohne Abitur, aber wenigstens so gut aussehen wie sie, mit ihrer blauen Uniform mit den gelben Spiegeln am Revers, das wollte ich. Nur deshalb hatte ich ja die Luftwaffe gewählt. Vielleicht verwechselten mich ja die Mädchen in Landsberg mit einem Piloten. Im Hintergrund sah ich sie dann, ganz nah, vor den großen Hallen, die Düsenjäger, die eigentlichen Stars des Fliegerhorstes. In olivgrüner Tarnfarbe gestrichen, standen sie scheinbar harmlos herum. Während ich näher kam, erwachten sie einer nach dem anderen mit furchterregendem Brüllen zum Leben, steuerten auf die Rollbahn zu, um dann in Sekundenschnelle auf Tempo zu kommen und abzuheben. Kilometerweit konnte man ihr Fauchen hören, sah man das Feuer in den Düsen. Sie zogen steil in die Höhe und verschwanden in den Wolken, und ich starrte zu ihnen hinauf, ehrfürchtig, auch ein bisschen ängstlich. Sie erinnerten mich an wütende Drachen, und drinnen saßen ihre Bändiger, die furchtlosen Siegfrieds.

Unzählige Male hatte ich in Kriegsfilmen die lässigen Helden bewundert, wenn sie Loopings drehten oder im Sturzflug auf die Erde zuschossen. Ja, so wollte ich auch sein. So großartig. Auch wenn ich kein Pilot werden konnte, war ich doch Teil dieser Truppe, ich trug die gleiche Uniform. Ich war schon jetzt stolz darauf.

Angekommen in dem Gebäude, in dem meine Kompanie stationiert war, meldete ich mich beim Unteroffizier vom Dienst. Der Soldat, ungefähr fünfundzwanzig Jahre alt, schaute auf eine Liste.

»Stube 105«, sagte er. Beim Hinausgehen rief er mir nach: »Halmer, heute Nachmittag Friseur, klar?«

»Okay, mach ich!«, rief ich zurück.

»Halmer!«, schrie er mir nach, »kommen Sie zurück.«

Ich kehrte um.

»Wir sind hier nicht in Amerika, das heißt nicht ›okay‹, das heißt ›jawohl, Herr Unteroffizier‹.«

Ich stutzte, mir kam die Situation irgendwie bekannt vor. Dann wusste ich es: Es war wie in dem Film *08/15*, dort gab es auch so eine Szene. Genau die gleiche, wenn ich mich richtig erinnerte. Ich musste lachen.

»Was ist daran so komisch, Flieger Halmer?«

Ich musste noch mehr grinsen. Der Unteroffizier stand auf, seine Augen wurden schmal, und er kam ganz nah an mein Gesicht heran. Er hatte Pickel.

»Halmer«, sagte er ganz leise, und es sollte wohl gefährlich klingen, »wir werden noch viel Spaß miteinander haben.«

Was sollte ich machen? Ich fand die Situation einfach komisch. »Jawohl, Herr Unteroffizier«, gab ich noch immer lachend zurück. Das konnte doch nicht wahr sein, das war doch sicher alles nur ein Witz.

»Hauen Sie ab! Wir sehen uns wieder, da können Sie Gift drauf nehmen.«

Ich grüßte zackig, genau so, wie ich es bei den Soldaten vorher auf dem Kasernenhof beobachtet hatte. Aber ich glaube, der Unteroffizier fühlte sich nicht ernst genommen.

In meinem Zimmer hatten sich meine drei Stubenkameraden inzwischen schon eingerichtet. Wir beobachteten uns gegenseitig. Sie waren sicher drei oder vier Jahre älter als ich. Schon Männer. Der eine war Speditionskaufmann in München-Giesing, der andere Bankangestellter in Schrobenhausen. Die leisteten wie ich ihre Wehrpflicht ab. Der Dritte, noch etwas älter, war ein Freiwilliger, ehrgeizig; er wollte unbedingt Berufsoffizier werden. Alle drei hatten sie feste Freundinnen, die sie am Wochenende besuchten. Also geregelten Geschlechtsverkehr. Hatte ich nicht. Neid und Respekt kamen in mir hoch. Am Nachmittag gingen wir alle wie befohlen zum Haareschneiden. Die Routine, mit denen die Friseure die Rekruten vor mir von gut aussehenden jungen Männern in langweilige Durchschnittstypen verwandelten, beobachtete ich mit Misstrauen. Hügellandschaften unterschiedlicher Haare lagen am Boden herum. Ich erklärte meinem Friseur, der schon leicht ungeduldig mit seinem Schneideapparat bereitstand, ganz genau, wie ich meinen Haarschnitt wollte. An den Ohren nicht zu kurz, hinten etwas länger und an den Seiten nur ganz wenig wegnehmen.

Er hörte mir ruhig zu, sagte: »Ja, so machen wir das«, und dann schnitt er meine Haare auf halbe Streichholzlänge, genau so wie bei allen anderen vor mir. Als ich mich im Spiegel sah, war ich zuerst fassungslos, aber später auf der Bude mit meinen Zimmergenossen fanden wir das alles sehr lustig, weil wir uns plötzlich so ähnlich sahen. Wie Brüder.

Am nächsten Tag Kleiderausgabe. Blaue Ausgehuniform, ja genau, exakt wie ein Pilot. Ausgehmütze knapp bis über die Augen gezogen. Wo war der Spiegel? Sah scharf aus. Genau wie Elvis Presley. Kampfanzug, Arbeitsanzug, Mütze, Stiefel, Knobelbecher, Koppel, Gewehr, Stahlhelm, toll, wie ein amerikanischer GI. Kostüme wie im Film. Alles aufregend. Dann begann die Ausbildung. Wie prophezeit, begegnete mir der Unteroffizier vom ersten Tag wieder. Er war unser Ausbilder. Exerzierplatz. Zweite Kompanie stillgestanden! Augen links, Augen rechts, Augen geradeaus, links um, im Gleichschritt, marsch, Gewehr abnehmen, das klingt ja, wie wenn eine Kuh aufs Trommelfell scheißt, Gewehr über! Halmer, Sie Träne! Wieder fand ich das alles sehr komisch. Genau so hatte ich es oft in den Militärfilmen gesehen! Sie konnten das doch nicht ernst meinen? Formalausbildung nannte man das. Dann Kampfausbildung, mit Stahlhelm, Gewehr und Sturmgepäck, im Laufschritt marsch, Tiefflieger von links, hundertzwanzig Mann ab ins Gelände, Deckung, im Laufschritt, weiter, Tiefflieger von rechts, Deckung, ab ins Gelände, direkt in die Hundescheiße, pfui Teufel! Flieger Halmer, wenn Sie tot sind, ist Ihnen die Scheiße egal, im Laufschritt, marsch. Atomblitz! Alles wegwerfen, auch das Gewehr, und flach auf den Boden legen... Was für eine sinnlose Übung, im Ernstfall wären wir längst alle geschmolzen, mit oder ohne Helm und Gewehr. Auf, marsch, marsch, weiter im Laufschritt, ein Lied, drei, vier, oh, du schöner Westerwald. Es war ein erhebendes Gefühl, wenn hundertzwanzig junge Männer, aus voller Kehle singend, im Gleichschritt marschierten, und zweihundertvierzig Stiefel den Asphalt der Straße erzittern ließen. Jedes Mal bekam ich eine Gänsehaut. Ein aufregendes und abwechslungsreiches Abenteuerspiel war das für mich, wie bei den Pfadfindern, nur realistischer, mit Stahlhelm und echten Gewehren. Ja, ich würde ein guter Soldat sein, das spürte ich.

Es kam anders. Eines Nachts, hundertzwanzig Mann lagen im Tiefschlaf, ermattet von einer langen Übung am Tag davor, ertönte plötzlich schrilles Pfeifen in den Gängen. Gebrüll. »Alles heraustreten, im Kampfanzug!«

Was ist los? Aufstehen! Wo sind wir? Ist Krieg? Wo ist mein Kampfanzug? Stiefel, Stahlhelm, Rucksack, Gewehr aufnehmen.

»Zack, zack, das geht schneller, nicht so tranig, ihr Schlafmützen!«, hallte es durch die Gänge. Poltern an den Türen.

Noch im Halbschlaf fiel mir ein, dass mein Gewehr gestern kaputtgegangen war, als ich mich bei der Atomblitzübung in Deckung werfen musste. Der Verschluss klemmte. Eigentlich wollte ich es abgeben, aber die Waffenkammer war geschlossen. Und so kam ich auf die pfiffige Idee, das Gewehr auf dem anstrengenden Marsch lieber ganz wegzulassen, um mich nicht mit nutzlosem Ballast zu beschweren. Ich stellte es zurück in den Spind.

Wir wurden in kleine Gruppen eingeteilt und sollten irgendwo in Wald und Feld mit Kompass und Karte in stockdunkler Nacht unser Ziel finden. Der Führer meiner Gruppe war mein ehrgeiziger Zimmergenosse, der unbedingt Offizier werden wollte. Er drängte sich geradezu nach vorne. Mir war das egal, für mich war das alles noch immer wie ein Film, reines Abenteuer. Wir marschierten los, alles war bestens, leichtfüßig hielt ich mit der Gruppe mit. Um sechs Uhr morgens waren wir zurück. Müde, aber glücklich. Wir erreichten immerhin Platz drei in der Gruppenwertung. Dann Schuhe putzen, Kleidung reinigen, und gleich nach dem Frühstück, unausgeschlafen, wieder umziehen in Blauzeug: Formalausbildung.

»Flieger Halmer, wo haben Sie Ihr Gewehr?«

»Das habe ich zum Reparieren abgegeben, Herr Unteroffizier.«

Ich gebe zu, das war eine Lüge, aber nur eine ganz kleine, gleich nachher wollte ich es wirklich in die Waffenkammer bringen.

»Dann machen Sie ohne Gewehr mit, Sie Pfeife! Kompanie stillgestanden! Augen geradeaus. Gewehr über! Gewehr abnehmen!«

Ich führte alle Befehle pantomimisch perfekt aus, und meine Kameraden konnten das Lachen kaum zurückhalten. Dann kam ein Gefreiter aus dem Kaserneneingang auf uns zu, der kleine Schleimscheißer aus der Schreibstube. Der war so ein Übereifriger, den mochte ich nicht. Offensichtlich hatte er eine wichtige Botschaft, denn er kam im Laufschritt auf uns zugerannt und flüsterte dem Unteroffizier etwas ins Ohr. Hundertzwanzig Mann in Dreierreihen warteten in Habachtstellung, alle Augenpaare auf die beiden gerichtet. Irgendetwas war im Busch. Der Ausbilder kam auf mich zu.

»Flieger Halmer, Sie sollen zum Kommandanten kommen. Sofort. Zack, zack.«

Ich trabte los. Ein unangenehm vertrautes Gefühl kroch in meinem Magen hoch. Das gleiche schlechte Gewissen, das ich immer im Gymnasium hatte, wenn ich zum Rektor bestellt wurde. Doch eigentlich war ich mir keiner Schuld bewusst, und so trat ich in das Büro des Kommandanten ein und grüßte zackig: »Flieger Halmer meldet sich zur Stelle.«

Drei Männer standen dort mit sehr ernsten Gesichtern. Der Kommandant, unser Zugführer, ein junger Leutnant, und schließlich mein Stubenkamerad, der unbedingt Offizier werden wollte. Der Leutnant hatte ein Gewehr in der Hand. Es war meines. Das flaue Gefühl in meinem Magen ballte sich zur Gewissheit zusammen. Ich steckte also wieder einmal in Schwierigkeiten.

»Flieger Halmer, kennen Sie das Gewehr?«

»Ja, das ist ein M1-Gewehr.«

»Es ist vor allen Dingen Ihr Gewehr, und wissen Sie, wo

wir es gefunden haben?« Ich warf meinem Zimmerkameraden einen Blick zu. Dieser Judas hatte mich verraten. Wortreich versuchte ich zu erklären, warum und wieso ich es im Spind zurückgelassen hatte, aber es war sinnlos, sie wollten es gar nicht wissen. Sie sagten etwas von mangelndem Kameradschaftsgeist und schickten mich wieder zurück zur Formalausbildung, diesmal mit Gewehr. Die nächsten Tage waren quälend. Welche Strafe würde ich bekommen?

Zwei Tage später dann, wir hatten gerade Sport, kam überraschend der Befehl: Kompanie zurück in die Kaserne, umziehen in Blauzeug und heraustreten auf den Exerzierplatz. Das stand nicht auf dem Dienstplan. Was war los? Hundertzwanzig Mann waren neugierig und verwundert. Kompanie stillgestanden, Augen geradeaus! In Reih und Glied standen wir da und warteten. Die Spannung wuchs, dann traten der Hauptmann und der Leutnant auf, bedeutungsvoll wie Schauspieler auf einer Bühne. Im Film werden solche Szenen immer mit einem leisen Trommelwirbel untermalt.

»Flieger Halmer, treten Sie zehn Schritte vor.«

Ich verstand. Diese Show galt mir. Einen Augenblick lang fühlte ich mich wie der Hauptdarsteller in einem der vielen Kriegsfilme, die ich gesehen hatte, und es machte mich fast ein bisschen stolz. Meistens wurde der Delinquent dann allerdings zum Tode verurteilt. Der Hauptmann, mit einer Stimme, dröhnend vor Gerechtigkeit, las das Urteil: »Flieger Halmer wird mit einem strengen Verweis bestraft, weil er... bla, bla, bla...« Das hier war kein Film. Es war eine verlogene Show. Und ich konnte nicht mehr zuhören. Sie wollten ein Exempel statuieren: So geht es jedem, der aus der Reihe tanzt! Dieses harmlose Vergehen war doch kein Grund, mich so vorzuführen. Eine Rüge hätte es doch auch getan. Ich war wieder einmal das geeignete Opfer. Ich stand stocksteif vor Scham. Alle Augen waren auf mich gerichtet, sogar aus den Fenstern der umliegenden Häuser schauten die Soldaten zu. Der Exerzierplatz, meine schweigenden Kameraden, die dröhnende Stimme des Kommandanten rückten in weite Ferne, und plötzlich war ich wieder der kleine, unbedarfte Bub im Zeltlager der Amerikaner. Ich stand wieder vor dem Lagergericht und wusste nicht, wie mir geschah. Warum immer ich?

An diesem Tag bekam das unbeschriebene Blatt, das ich hatte sein wollen, den ersten hässlichen Fleck, und es war der gleiche Fleck wie immer: Ich war wieder »der Halmer« und bekannt wie ein seltsamer, bunter Vogel. Zumindest bildete ich mir das ein.

Leider sollte es auch nicht der einzige Fleck bleiben. Im Gegenteil. Es war erst der Anfang. Die nächsten Wochen versuchte ich, nicht aufzufallen Ich hatte den besten Willen. Ich sang laut die Marschlieder, war bei den Schießübungen einer der Besten und warf mich bei »Tiefflieger« besonders tapfer ins Gelände. Alles schien vergessen. Bis zu dem Tag, als meine Stiefel nicht glänzend genug waren und ich deswegen fürs Wochenende zur Feuerwache eingeteilt wurde, was einem Stubenarrest gleichkam. Man durfte nicht nach Hause fahren und, schlimmer noch, sein Zimmer nicht verlassen, außer zur heiligen Messe. Ausgerechnet mein Ausbilder, der mich von Anfang an nicht leiden konnte, hatte mir diese Strafe aufgebrummt. Ich empfand das als schwachsinnig und als Schikane. Wieso sollte ausgerechnet an diesem Wochenende ein Feuer ausbrechen, und wie, bitte, sollte ich es kontrollieren, wenn ich mein Zimmer nicht verlassen durfte? Also meldete ich mich am Sonntagvormittag zur Messe ab, ging aber in die Kantine und spielte am Flipperautomaten. Mein spezieller Freund, der Unteroffizier, hatte das geahnt, er hielt mich wohl nicht für so fromm, spionierte mir nach und meldete diese Gehorsamsverweigerung schnellstens dem Kommandanten. Und da ich ja schon als ein böser Bube bekannt war, wurde ich als hartnäckiger Wiederholungstäter mit acht Tagen verschärfter Ausgangssperre bestraft. Ich war erkannt als Querulant. Als ich nach der dreimonatigen Grundausbildung zum Fliegerhorst Erding versetzt wurde, hatte ich also schon zwei hässliche Disziplinarstrafen in meinen Papieren, und meine romantischen Gefühle für die Bundeswehr waren endgültig erloschen.

Als ausgebildeter Soldat kam ich im Fliegerhorst Erding an. Ich kannte alle Dienstgrade vom Gefreiten bis zum General, wusste, wie man vorschriftsmäßig die Vorgesetzten grüßt, wie man das Gewehr abnimmt, wie man strammsteht, dass man bei Tieffliegerangriffen in Deckung geht, sich bei einem Atomblitz flach auf den Boden legt und alles Eisen von sich wirft. Ich konnte unter der Gasmaske singen, und ich kannte viele Marschlieder, vom Heideröslein bis zum kalten Westerwald. Ich war ein guter Schütze und konnte ein Maschinengewehr in dreißig Sekunden zusammenbauen. Auch körperlich war ich voll auf der Höhe. Kurzum, ich war bereit, unser Vaterland zu verteidigen. Leider wurden alle diese Fähigkeiten hier im Fliegerhorst nicht gefordert. Man steckte mich, wahrscheinlich wegen der Handelsschule und der Mittleren Reife, in ein Großraumbüro mit fünfunddreißig zivilen Angestellten innerhalb des Fliegerhorstes. Neonlicht auch bei Sonnenschein. Hell gebeizte Schreibtische, nicht mehr als einen Meter voneinander entfernt, ähnlich wie in der Schule und wie der Schreibtisch des Filialleiters Döberl in der Rosenheimer Bank. Jeden Morgen wenn ich das Büro betrat, überfiel mich augenblicklich eine bleierne Müdigkeit. Meine Aufgabe: Lochkarten nach dem Alphabet ordnen. Eine Arbeit, so sinnlos, wie ein Loch zu graben und wieder zuzuschütten. Noch heute überkommt mich der unwiderstehliche Drang zu gähnen, wenn ich nur daran denke. Vielleicht habe ich zu viel gegähnt oder ein paar Lochkarten falsch einsortiert, es dauerte jedenfalls nicht lange, und man verzichtete auf meine Dienste. Ich wurde wie ein Schwarzer Peter zu einer anderen Dienststelle weitergereicht. Diese Einheit war gerade neu zusammengestellt worden und nannte sich Luftumschlagszug. Ihre Aufgabe sollte es sein, Transportflugzeuge zu beladen. Wir waren ein bunter Haufen von Individualisten, und ich hatte den starken Verdacht, dass jeder, der in seiner vorigen Einheit für disziplinlos und unverbesserlich gehalten wurde, zu unserer Truppe abkommandiert worden war. Eine negative Eliteeinheit sozusagen. Das fand ich recht interessant. Am Anfang war es auch ganz lustig. Wir waren sechzehn Soldaten auf einer Bude, und ich lernte die unterschiedlichsten Typen aus allen sozialen Schichten kennen. Eine Fundgrube für Charakterstudien, mein heimliches Hobby und eine nicht unwichtige Erfahrung für mich als egozentrisches Einzelkind. Aber mit den Wochen nervten doch die rüden Gewohnheiten von manchen Kameraden. Penisse nach Größe vermessen, Fürze anzünden, betrunken nachts Kameraden im Tiefschlaf zum Pinkeln aufwecken waren noch die harmloseren Späße. Einmal allerdings wurde es aufregend. Es war im Oktober 1962. Alle Soldaten der Bundeswehr waren in Alarmbereitschaft. Wir durften die Kaserne nicht mehr verlassen. Ein russisches Schiff, beladen mit Raketen, war auf dem Weg nach Kuba, und Präsident Kennedy drohte, dieses Schiff zu versenken, wenn es nicht umkehrte. Es war die

Kubakrise. Amerikanische Bomber stiegen auf. Ein dritter Weltkrieg stand bevor. Wie würde Chruschtschow reagieren? Gespanntes Abwarten. Aufgeregte Diskussionen unter den Soldaten. Was ist, wenn die DDR uns angreift, schießen wir dann auf unsere Brüder? Zum Glück zog die Sowjetunion nach langen Verhandlungen das Schiff zurück, und die Welt beruhigte sich wieder. Es war wieder Alltag.

Wir waren die Truppe auf dem Abstellgleis. Ursprünglich gegründet, um Flugzeuge zu beladen, hat kein Einziger von unserer Einheit je eine Transportmaschine von innen gesehen. Wir hatten nichts zu tun, wurden verwaltet und sollten aber gehorchen. Jeden Morgen um acht Uhr traten wir zum Dienst an, spielten Soldaten – stillgestanden, Augen geradeaus, abzählen, »Flieger Halmer zum Dienst angetreten« – und gingen dann in einen Aufenthaltsraum, saßen herum und langweilten uns. Schlechter Ausgangspunkt für einen wie mich, der noch heute Aggressionen bekommt, wenn er eine als sinnlos empfundene Anweisung befolgen soll. Warum soll ich das tun? Darum. Oder schlimmer noch: Weil ich es sage. Bei solchen Ansagen schwillt mir der Kamm. Sofort und unwiderruflich.

Aus Langeweile erfanden wir einen Wettbewerb. Wer sich am schlauesten vom Dienst drücken konnte oder sich clever Sonderurlaub erschlich, wurde zum »Durchblicker« der Woche oder des Monats gekürt. Diesen Titel habe ich oft gewonnen. Wahrscheinlich zu oft. Irgendwann fiel auf, dass Flieger Halmer selten zum Dienst erschien, und man hatte ein strenges Auge auf mich. Das führte dann zu vierzehn Tagen verschärfter Ausgangssperre und später zu fünf Tagen Arrest. Ich war ohne Urlaubsschein am Wochenende nach Hause gefahren. Ich hielt es einfach nicht aus in dieser Welt der verlorenen Zeit, der Massenschlafsäle, der unangenehmen Gemeinschaftsduschen, der langen, in grüner Ölfarbe gestrichenen Gänge und des Gehorchenmüssens wie ein Hund. Ich galt nun als ein Unverbesserlicher, den man auf Vordermann bringen musste.

Ich hingegen dachte mir, ist der Ruf erst ruiniert, dann lebt sich's gänzlich ungeniert, und wehrte mich von da an gegen die Armee und ihre absurden Dienstvorschriften durch ständige Eulenspiegeleien. Es machte mir großen Spaß, den Trottel zu spielen: die Mütze zerknittert, viel zu tief ins Gesicht gezogen, lange Haare, die Jacke offen, das Hemd lässig aus der Hose. Ich sah nicht ein, warum ich so korrekt und zugeknöpft wie alle anderen sein musste. Warum durfte ich nicht eine individuelle Note in meine Uniform bringen? Uniformiert, dieses Wort konnte ich ohnehin nicht ausstehen. Was war der tiefere Sinn dahinter? Zersetzte man mit ein bisschen Individualität etwa die Wehrkraft der Bundeswehr? Offenbar. Den Soldaten musste die Individualität ausgetrieben werden, sie sollten zu funktionierenden Robotern ohne eigenen Willen gemacht werden. Immer wieder wurde ich von Unteroffizieren oder pflichtbewussten Leutnants, die mir im Fliegerhorst begegneten, zurückgerufen: »Flieger, kommen Sie her! Wie sehen Sie denn aus? Ziehen Sie sich gefälligst vorschriftsmäßig an! Stehen Sie still!« Dann erstarrte ich immer zu einer lächerlichen Karikatur eines Soldaten, mit hochgezogenen Schultern und die Hand zum übertriebenen Gruß an der Mütze. Manchmal konnte ich das Lachen nicht mehr zurückhalten, wenn ich die perplexen Mienen der Offiziere sah, und prustete lauthals los. In ihren Gesichtern spiegelte sich Irritation: Ist der wirklich so ein Trottel, oder nimmt der mich hoch? Meistens sagten sie dann: »Hauen Sie bloß ab, Mann!«

Sehr gerne, nichts lieber als das.

Nicht nur ich zählte die Tage bis zur Entlassung: Jeden Morgen schnitten wir von einem Maßband für jeden vergangenen Tag einen Zentimeter ab. Doch die Tage wollten einfach nicht weniger werden. Im Gegenteil: Sie wurden mehr! Denn zu meinem maßlosen Entsetzen wurde während meiner Dienstzeit die Dauer des Wehrdienstes zunächst auf fünfzehn Monate und schließlich sogar auf achtzehn Monate erhöht. Statt der ursprünglichen zwölf Monate verbrachte ich also achtzehn Monate bei der Bundeswehr! Als mir kurz vor Ende meiner Dienstzeit dann aus formalen Gründen der Wochenendurlaub gesperrt wurde, wieder nur eine Schikane, fuhr ich trotzdem nach Hause. Dafür wurde ich wegen »Fahnenfluchtgefahr« noch einmal mit Arrest bestraft. Allerdings nicht mit fünf, sondern mit vierzehn Tagen.

Kurz vor dem Ende der Militärzeit, in der schon alle Kameraden lautstark ihre baldige neue Freiheit feierten, saß ich in einer Zelle, sieben Quadratmeter groß, mit dunklem Linoleumboden, einem vergitterten kleinen Fenster hoch oben an der Zellendecke und einer schweren grünen Stahltür mit Guckloch gegenüber. Es roch nach Bohnerwachs. Am Morgen wurde das Bett aus der Zelle geholt, und ich durfte den ganzen Tag bis abends acht Uhr nur auf dem Stuhl sitzen. Wenn ich auf die Toilette wollte, musste ich meinem Bewacher läuten. Es waren trübe und sehr lange Tage. Manchmal hörte ich draußen an der Zellentüre Stimmen und spürte, dass ich durch das Guckloch beobachtet wurde, wie ein seltenes Tier. Mein Vater feierte seinen fünfzigsten Geburtstag, und ich gratulierte ihm mit einem Glückwunschtelegramm aus Zelle fünf. Vielleicht hat er ja gelacht. Hatte er nicht immer prophezeit, dass ich einmal an einem solchen Ort landen würde?

Nach ein paar Tagen aber packte mich wieder meine Lust am Widerstand. Ich las die Wehrbeschwerdeordnung gründlich durch, ich hatte ja Zeit, und fand viele wunderbare Gründe, mich zu beschweren. Sei es, dass das Essen nicht pünktlich um zwölf Uhr da war, sei es, dass es lauwarm war oder dass mein Bett zu spät am Abend gebracht wurde. Sehr häufig fiel mir ein, dass ich Magenprobleme hatte und dringend auf die Toilette oder auch zum Arzt musste. Jeden Tag stand mir um vierzehn Uhr eine Stunde Freigang auf dem mit Stacheldraht vergitterten Hof zu. Die nützte ich auch bei strömendem Regen bis zur letzten Sekunde aus. Meinen Bewachern wurde es nie langweilig, dafür sorgte ich. Am Sonntag ging ich in die Kirche zum Hochamt und betete sehr lange, das war mein Recht. Der arme Kamerad, der mich bewachen musste, wurde sauer. Er habe keine Lust mehr, er sei nicht mein Butler. Das war wiederum ein Grund für mich, einen langen Beschwerdebrief an meinen Hauptmann zu schreiben. Man verwehre mir meine religiöse Versenkung. Der arme Mann musste dann immer bis zu einem bestimmten Termin diese Briefe beantworten und genau begründen, weshalb er die Beschwerde ablehnte, so stand es in der Wehrbeschwerdeordnung. Eines Tages, nach vielen Beschwerdebriefen – selbst an den Wehrbeauftragten in Bonn habe ich geschrieben –, kam der Hauptmann zu mir in die Zelle und bat mich dringend, diese Briefe einzustellen, er habe noch anderes und Wichtigeres zu tun. Sein Gang nach Canossa und ein kleiner Triumph für mich. Schließlich gingen auch diese Tage vorbei, und das Ende meiner Dienstzeit stand unmittelbar bevor. Meine Vorgesetzten atmeten auf. Ich verabschiedete mich von niemandem, auch nicht von meinen Zimmerkollegen, die mit albernen Hüten und sehr viel Alkohol und

Gegröle ihre Entlassung feierten. Ganz alleine gab ich in der Kleiderkammer meine blaue Luftwaffenuniform, den Arbeitsanzug, den Kampfanzug, Stahlhelm, Knobelbecher und Gewehr ab. Ich durfte wieder ich selbst sein. Es war wie eine Häutung. Dann ging ich still und in Gedanken zum Schlagbaum am Kaserneneingang. Kein Blick zurück. Keine sentimentalen Gefühle. Eher wie ein Entlassener aus dem Gefängnis. Achtzehn Monate zuvor war ich als optimistischer junger Mann durch den Schlagbaum der Kaserne in Landsberg gegangen, und nun verließ ich, nicht einmal zum Gefreiten befördert, mit hochgeschlagenem Mantelkragen, vorbei an meiner Arrestzelle am Kaserneneingang, diese merkwürdige Welt mit zwiespältigen Gefühlen. Hatte sie mir was gebracht? War ich zum Mann geworden, wie mein Vater gehofft hatte? Ich weiß es nicht. Gehorchen habe ich jedenfalls nicht gelernt. Bis heute nicht.

Wozu braucht man einen Beruf?
Teil 2

Natürlich habe ich in diesen Monaten beim Militär immer wieder darüber nachgedacht, welchen Beruf ich ergreifen sollte. Berufssoldat, das war es wohl eher nicht ... Aber was dann? Mir fiel nichts ein. Wieder zurück in Rosenheim, war ich fast jeden Abend mit meinen Freunden unterwegs. Die waren gut drauf, wussten, was sie studieren wollten. Die Glücklichen. Ich versuchte – wieder einmal –, dieses Problem zu verdrängen, hoffte insgeheim immer noch, dass mir eines Tages ein Licht aufgehen würde. Mein Vater saß mir im Nacken. Jeden Tag lag er mir in den Ohren, was ich denn nun vorhätte. Ich wusste es doch nicht. Warum quälte er mich ständig mit diesen Fragen? Das schlechte Gewissen und die unbestimmte Angst vor der Zukunft, vor dem endgültigen Versagen plagten mich wie ein andauernder Kopfschmerz. Gerne hätte ich meinem Vater eine Lösung präsentiert. Doch ich war ratlos.

Was willst du mal werden? Diese Frage hörte man ja schon als Sechsjähriger ständig von den Erwachsenen. Meistens erwartete man dann von dem kleinen Buben einen Berufswunsch wie Lokomotivführer oder Feuerwehrmann. Diesen Wunsch hatte ich nie. In meiner Kindheit war ich Cowboy oder Indianer, Ritter oder Seeräuber. Und wenn ich so zurückblicke, dann hatte ich diese Welt auch als junger Mann noch nicht verlassen. Noch immer träumte ich von einer Welt, in der ich etwas ganz anderes sein durfte, nicht so etwas »Normales«. Bankangestellte und andere, sogenannte »anständige« Berufe kamen in dieser meiner Welt nicht vor. Eigentlich wollte ich noch immer Cowboy, Indianer, Ritter, Seeräuber sein...

Irgendjemand gab mir den Tipp, mich beim Arbeitsamt zu melden, da gebe es einen Berufsberater. Ein Hoffnungsschimmer. Offensichtlich gab es noch andere Menschen, die keine Ahnung hatten, welchen Beruf sie ergreifen sollten. Überhaupt, fragte ich mich immer wieder, warum musste man überhaupt einen Beruf haben? War das ein Naturgesetz? Zum Broterwerb, hieß es dann, um seine zukünftige Familie zu ernähren und in der Gesellschaft einen Platz zu finden. Aber reiche Erben wie Gunter Sachs oder wohlhabende Adelige hatten doch auch keinen »Beruf«. Die fanden das spießig. Waren stattdessen Playboys oder Gutsherren. Ein Beruf schien mir also eher etwas für Kleinbürger zu sein. Etwas für brave Arbeitsbienen, die ihren Platz im Leben kannten: schuften, um Geld zu verdienen. Warum wohl wollten meine Freunde Jura, Medizin oder gar Zahnmedizin studieren? War das etwa ihr Traumberuf, ihre Sehnsucht, ihre Berufung? Oder war es nur ich, der sich solche Gedanken überhaupt machte? Einer wollte Arzt werden, weil er es toll fand, im weißen Arztkittel von Patientinnen angehimmelt zu werden. Ein anderer studierte Jura nur wegen seines Vaters, der auch Anwalt war, und, bitte, wer bohrt schon gerne freiwillig in den Zähnen fremder Menschen? Sogar unser späterer Bundeskanzler Schröder hat nach eigenem Bekunden nur deshalb Jura studiert, weil er den TV-Anwalt Perry Mason so toll fand. Konnte man auf diese Weise glücklich werden? Auch wenn ich kein reicher Erbe war und kein Abitur hatte, wollte ich dennoch etwas ganz anderes. Ich sehnte mich danach, etwas zu finden, was meinem Leben einen Sinn gab, was mich wirklich ausfüllte. Aber es brachte nichts, mit meinen Eltern darüber zu diskutieren. Sie konnten meiner Logik nicht folgen, sie bestanden auf einem Beruf. Also machte ich einen Termin bei dem Berufsberater. Vielleicht hatte er ja eine Idee, vielleicht konnte er mir sagen, wonach ich mich sehnte. Im Arbeitsamt Rosenheim wurde mir ein Fragebogen zum Ausfüllen vorgelegt. Ich hatte immer von drei verschiedenen Möglichkeiten eine anzukreuzen. Meine Vorstellungen von Traum- oder künstlerischen Berufen waren natürlich nicht darunter. Kunst als Beruf kam da nicht vor. Stattdessen wurde ich gefragt, was ich lieber täte, ein Auto reparieren, einen Tisch schreinern oder einen Obstsalat anrichten. Ich entschied mich für den Obstsalat, und der Berufsberater erkannte darin, dass ich Koch werden wollte. Das war mir neu. Trotzdem kam ich dadurch auf eine Idee. Koch hatte doch etwas mit der Gastronomie zu tun, Hotelgewerbe. Das erinnerte mich an einen Film, den ich vor vielen Jahren im Rosenheimer Filmpalast gesehen hatte. *Gruß und Kuß vom Tegernsee* mit Harald Juhnke, der einen verrückten, sehr lustigen Amerikaner spielte. Der Film handelte von einer Hotelfachschule mit vielen sehr attraktiven Mädchen, die – im Bikini – mit gut aussehenden jungen Männern in Booten auf dem Tegernsee herumfuhren, ständig gute Laune hatten und dabei mit Trompeten, Saxofon und Gitarren fetzige Musik machten. Ein fescher bayerischer Busfahrer in Lederhose verliebte sich in eine hübsche Amerikanerin, die dazu noch die Erbin einer Hotelkette war, und heiratete sie nach einigen Verwicklungen. Ende gut, alles gut.

Ja, warum eigentlich nicht Hotelfachschule?, überlegte ich daher weiter. Vielleicht gab es da ja auch echte Hotelerbinnen. Wenn nicht, konnte man immer noch Empfangschef oder vielleicht sogar Hoteldirektor werden und im eleganten dunklen Anzug in Hotelhallen, so groß wie Bahnhöfe, die Reichen und Schönen in vielen Sprachen begrüßen. Schon oft hatte ich von dieser Welt, die ich aus zahlreichen Filmen kannte, geträumt. Zum Beispiel hatte ich den Film *Menschen im Hotel* mit O. W. Fischer, Gert Fröbe und Heinz Rühmann gesehen oder *Die Bekenntnisse des Hochstaplers Felix Krull* mit Horst Buchholz. Felix Krull war ja auch zuerst Kellner in einem vornehmen Hotel und erlebte dann die tollsten Abenteuer inmitten reicher, interessanter Menschen. Sah ich ihm nicht sogar etwas ähnlich? Also Hotelfachschule, beschloss ich, und zwar unbedingt die am Tegernsee, die aus dem Film. Die Ausbildung dauerte zwei Semester. Eines davon absolvierte ich im Ort Tegernsee, das andere in Bad Wiessee. Meine Eltern waren bereit, die Semestergebühren zu bezahlen. Sie waren froh, dass ich mich überhaupt für etwas entschieden hatte, und sie und alle anderen Familienangehörigen waren ausnahmsweise mit mir einer Meinung, dass das Hotelfach ohnehin viel besser zu mir passte, als in einem Büro am Schreibtisch zu sitzen. Außerdem, »Semester« und »Hotelfachschule«, klang das nicht so ähnlich wie »Hochschule« und »Studium«?

Im Rückblick wundere ich mich, wie ich so naiv sein konnte. Nach meinen Erfahrungen in der Schule und beim Militär hätte ich es doch inzwischen besser wissen müssen. Aber vielleicht war mein Wunsch, etwas zu finden, was meine Eltern zufriedenstellte und mir endlich das Gefühl gab, am richtigen Ort zu sein, einfach zu übermächtig. Und doch hatte ich bereits unbewusst Vorstellungen von meinem Traumberuf und hielt hartnäckig daran fest.

Bei der Antrittsrede des Schulleiters wurde ich jedoch zum ersten Mal hellhörig. Er sprach davon, dass wir Schüler uns einen sehr schweren Beruf ausgesucht hätten, nämlich den des »Dienens«. Dienen, das sei das Schwierigste überhaupt, und er sprach von der langen Tradition des englischen Butlers und wie dieser das Dienen für seine Herrschaft zu einer wahrhaftigen Kunst entwickelt habe. Das Wort »dienen« gefiel mir wiederum gar nicht. Und, bitte, wer war die Herrschaft? Wurde man hier etwa zum Lakaien erzogen? Unauffällig beobachtete ich meine Mitschüler. Sie wirkten keineswegs wie lustige Studenten, die auf dem See Jazzmusik machten. Immerhin waren sehr hübsche Mädchen darunter. Sah da eine wie eine Hotelerbin aus? Mir fiel keine einzige auf. Ich hatte den Verdacht, dass sie vielleicht eher selbst auf der Suche nach einem Hotelerben waren. Fast alle waren nicht mehr ganz jung, hatten schon als Koch oder Kellner gearbeitet und wollten sich auf der Schule weiterbilden. Ich war der einzige blutige Anfänger in diesem Gewerbe. Dennoch gefiel es mir, und ich beschloss, die Ermahnungen des Hoteldirektors fürs Erste einmal zu ignorieren. Bei mir würde das sicher anders laufen. Die Vorteile überwogen in meinen Augen: Ich war nicht allzu weit weg von meiner Heimatstadt und meinen Freunden, und es gab hübsche Mädchen. Außerdem war ich jetzt auch so etwas wie ein Student. Der Unterricht war dann auch sehr informativ. Wir lernten, von welcher Seite man das Essen serviert, wie man den Wein dekantiert und einschenkt, welche Temperatur der Rotwein und welche der Weißwein haben soll, wie die bedeutendsten Weinbaugebiete der Welt und die dortigen Erzeuger heißen, welche

Trauben für Rotwein oder Weißwein gekeltert werden, auf welchem Boden sie wachsen und welche Namen sie haben, wie man die Champagnerflaschen elegant und ohne Knall öffnet und welche Marken die besten sind, die Namen und Lagen der bekanntesten Austernbänke der Welt, warum Kognak einen seifigen Nachgeschmack hat, den Unterschied zwischen Entrecôte double und Chateaubriand und wie man Crêpes Suzette am Tisch flambiert. Alles Dinge, die man auf dem Weg zum Mann von Welt unbedingt wissen sollte, davon war ich überzeugt. Aber es gab auch Verhaltensregeln, die mir nicht sehr behagten. Eine ordentliche Frisur, kurze Haare, dezente Kleidung und zurückhaltendes Benehmen waren erwünscht. Nach dem Servieren galt es, sich diskret zurückzuziehen, um dann aber doch mit einem brennenden Streichholz zur Stelle zu sein, falls der Gast kein Feuer für seine Zigarre fand. Sollte ein Hotelgast ein Lokal betreten, in dem man sich gerade privat aufhielt, war es eine selbstverständliche Pflicht, unauffällig dieses Lokal zu verlassen, um den Hotelgast durch die eigene Anwesenheit nicht in Verlegenheit zu bringen. Man sollte ihm die Peinlichkeit ersparen, am selben Ort wie das Gesinde seines Hotels seine Freizeit verbringen zu müssen. Diese Regeln passten nun überhaupt nicht zu meiner Vorstellung von meinem zukünftigen Beruf, doch darüber machte ich mir keine Gedanken. Bei mir würde das, wie schon gesagt, sowieso anders laufen. Mein Schicksal hatte mich für etwas anderes bestimmt, da war ich mir sicher. Woher ich diesen festen Glauben hatte? Ich weiß es nicht... Es war Sommer, und die sonnigen Tage am Tegernsee machten Spaß. Der Ernst des Lebens würde später kommen. Meine Freunde aus Rosenheim fanden auch Gefallen an den Mädchen meiner Schule und verlegten ihr Jagdrevier ebenfalls hierher.

Es war eine lustige, unbekümmerte Zeit, die ich in vollen Zügen genoss. Fast jeden Abend ging ich mit jungen Kolleginnen aus meinem Semester ins Bräustüberl, einen urigen bayerischen Bierkeller am See. Dort begannen wieder meine Probleme. Es gab da einen Stammtisch von Honoratioren, etwa acht bis zehn ältere Herren, die meisten in Tracht, die mich immer verstohlen beobachteten, wenn ich wieder mit wechselnden jungen Damen den Abend verbrachte. Sie steckten die Köpfe zusammen und gaben leise Kommentare ab. Mir war das egal, was interessierten mich alte Männer? An einem Abend, ich war wieder mit drei hübschen Kolleginnen im Lokal, in guter Stimmung, laut lachend, scherzend, jung und arrogant, zeigten die Herren am Stammtisch ihren Unmut. Wir waren offensichtlich zu laut.

Irgendwann am Abend wurde es ihnen zu bunt; sie kamen an unseren Tisch, Wut im geröteten Gesicht, und bewarfen uns mit Schimpfwörtern wie mit Steinen. Besonders ich war das Ziel ihrer Wut. »Junger Schnösel, sich anständig aufführen in der Öffentlichkeit, wir kennen Sie schon« und so weiter. Ich war völlig konsterniert. Warum waren sie ausgerechnet auf mich so wütend? Zwei Tage später wurde ich zum Schulleiter bestellt. Wieder dieses vertraute Schuldgefühl. Das kannte ich schon vom Gymnasium und vom Militär. Die Vorzimmerdame hatte auch wieder diesen ahnenden Blick. Die Honoratioren hatten sich bitter über mich beschwert und natürlich maßlos übertrieben. Aber kein Widerspruch wurde geduldet, das seien alles ehrenwerte Männer. Ich wurde streng verwarnt, und man würde ein Auge auf mich haben. Keine weiteren Beschwerden mehr, sonst... Ich war mir natürlich keiner Schuld bewusst. Fand mich – wieder einmal – zu Unrecht an den Pranger gestellt. Wenn ich heute allerdings zurückblicke, nun selbst ein älterer Herr, und mir den jungen Burschen ansehe, der mit lässigem Hüftschwung an dem Stammtisch der alten Herren vorbeischlendert, in jedem Arm ein Mädchen, und es darauf anlegt, zu provozieren, einfach nur, weil er jung ist und es kann, muss ich zugeben, dass ich mich durchaus ein wenig schäme. Vielleicht könnte ich die damalige Zeit als mildernden Umstand anführen, in der der Unterschied zwischen den Generationen so stark war, wie danach niemals wieder. Zumindest kommt es mir so vor. Wie dem auch sei, ich hatte sie immer noch nicht begriffen, die Realität. Doch sie sollte mich einholen. Natürlich. Und das mit Riesenschritten.

Noch während meiner Ausbildungszeit schrieb ich immer wieder Bewerbungsbriefe. In meinem Wunsch, den Eleganten und Bedeutenden ganz nah zu sein – was ja der Grund für diese Ausbildung gewesen war –, bewarb ich mich selbstverständlich nur bei Fünfsternehotels, in Frankfurt oder Hamburg; sogar ein sehr vornehmes Hotel in Genf hatte ich angeschrieben. Noch immer spukten mir Felix Krull und seine Abenteuer als Zimmerkellner im Kopf herum, und ich hoffte, in diesen Hotels etwas Ähnliches zu erleben. Die meisten Ausbildungsplätze waren jedoch schon besetzt, oder die Hotels hatten anderen Bewerbern mit besseren Zeugnissen und beruflicher Erfahrung den Vorzug gegeben. Schließlich hatte ich doch noch Erfolg: Ein sehr gutes Haus in Lindau bot mir einen Vertrag als Hotelkaufmannslehrling an. Hundertfünfzig Mark im Monat, Kost und Logis frei. Zwei Jahre Ausbildung in allen Sparten der Gastronomie, also auch Küche, Empfang und Zimmerservice. Und es waren vier Wochen Probezeit vereinbart.

Im Frühsommer kam ich mit dem Zug in Lindau an. Es gefiel mir. Ein sehr hübscher Ort direkt am Bodensee, und das Hotel war beeindruckend. Vier Stockwerke, hellgelb gestrichen, mit weißen Fenstern und grün-weißen Markisen auf der Terrasse zum See. Von den Gästezimmern aus hatte man einen sehr schönen Blick auf den Hafen und auf das Hinterteil der Statue des Bayerischen Löwen, der auf einem hohen Steinsockel den Hafeneingang bewachte. Und Lindau hatte eine Spielbank. Das fand ich faszinierend, weil ich schon in vielen Filmen die schillernde Atmosphäre von Spielbanken bewundert hatte. Endlich, da war sie, die große weite Welt, und ich war ihr so nah...

Wie nicht anders zu erwarten, blieb mir der Zugang zur großen weiten Welt erst einmal verwehrt. Der Hotelbesitzer war ein strenger Mann Mitte vierzig, mit einer Stimme, die zeigte, dass er gewohnt war, Anweisungen zu geben, und keinen Widerspruch duldete. Es roch muffig nach altem Fett. Nicht nur der unfreundliche Ton, sondern auch, dass ich das Zimmer, mein Privatleben mit mehreren Kollegen teilen musste, erinnerte mich an meine Militärzeit. Ich war abgehärtet. Diesmal, so hatte ich mir fest vorgenommen und meinen Eltern versprochen, wollte ich durchhalten. Der Küchenchef hielt sich nicht lange mit Formalitäten auf und ließ mich gleich schwere Töpfe voll mit kalter Brühe aus dem Kühlraum holen. Die sechs Köche, die an dem riesigen Herd schwitzten, meine drei Zimmergenossen und drei andere, beobachteten mich verstohlen. Ein Neuer zum Herumkommandieren. Mein Dienst dauerte von 9 Uhr bis 14.30 Uhr und von 18 Uhr bis 22.30 Uhr. Meine Arbeit war, große Mengen Kartoffeln zu waschen und zu schälen, Salatköpfe zu putzen und Spargel und Gurken zu schälen. Dann hatte ich noch die Aufgabe, das Essen für die vierzig Hotelangestellten zu verteilen, ein undankbarer Job, vor dem sich alle drückten. Wenn das Essen dem Personal nicht schmeckte, und das geschah leider oft, dann wurde ich, ein völlig Unschuldiger, rüde beschimpft. Einmal wurden mir sogar von einem Hausdiener Prügel angedroht, weil das Fleisch zu fett war. Um vierzehn Uhr schloss die Küche, alle gingen in die Mittagspause, nur ich musste bleiben und den riesigen, fettverkrusteten Herd mit Essigwasser und Bürste gründlich reinigen. Man schwitzte wie in der Sauna. Besonders ärgerlich war es, wenn ein Gast noch kurz nach vierzehn Uhr ein Steak bestellte, dann ging die Arbeit wieder von vorne los. Eine Sisyphusarbeit. Seitdem habe ich nie mehr in einem Restaurant nach Küchenende etwas zu essen bestellt. Ich kenne die Mühe.

Die dampfende Küche mit all ihren unterschiedlichen Gerüchen hatte eine unangenehme Nebenwirkung. Man roch streng. Eine Mischung aus Bratenfett, Fleischsuppe, Zwiebeln, Essig, Knoblauch und Schweiß. Selbst häufiges Duschen und gründliches Haarewaschen kamen gegen diesen Geruch nicht an. Weiter weg von Felix Krull konnte ich nicht sein.

Lehrjahre sind keine Herrenjahre, sagt man, aber ich war einundzwanzig Jahre alt und wurde behandelt wie ein vierzehnjähriger Lehrling. In mir rumorte es. Du musst durchhalten, du musst durchhalten, sagte ich mir immer wieder. Um diese unschöne Arbeitsatmosphäre zu verdrängen, ging ich jeden Abend nach Dienstschluss in das Casino. Nicht, um meine paar Mark zu verspielen, sondern es war die Sehnsucht nach der großen weiten Welt. Menschen mit Stil, elegante Damen. Vielleicht fiel ich einer auf, konnte doch sein. Jeden Abend, nachdem ich den Herd geputzt hatte, raste ich, mehrere Stufen auf einmal nehmend, nach oben in den vierten Stock, schleuderte die Kochkleidung wie lästige Lappen von mir, duschte, wusch meine Haare, zog meinen dunkelblauen Blazer mit dem goldgestickten Fantasiewappen an, weißes Hemd, Krawatte, Rasierwasser, und weg war ich, eine Duftwolke hinterlassend. Meine drei Kollegen aus der Küche lagen dann meistens schon im Bett und starrten mich mit einer Mischung aus Neugier, Verwunderung und Misstrauen an. Es war ihnen ein Rätsel, wie man nach einem so langen Arbeitstag noch Lust verspüren konnte wegzugehen. Natürlich war ich auch erschöpft, aber die Sehnsucht nach der vornehmen Welt war zu stark. Ich zog mich um wie ein Schauspieler, der sein Kostüm für eine neue Rolle austauscht. So wie ich mich früher in die Traumwelt des Kinos geflüchtet hatte, so süchtig fast stürzte ich mich nun in diese künstliche Welt. Es war eine Art Doppelleben, ich war ein männliches Aschenputtel. Am Tag die armselige Küchenhilfe, von allen getreten, am Abend der strahlende Märchenprinz. So schlenderte ich, mit einem Glas Bier in der Hand, in den protzigen Sälen herum und beobachtete wie ein Tierforscher das Verhalten dieser Frauen und Männer, die getrieben waren von ihrer Spielsucht und ihrer Gier. Ganz genau studierte ich ihre Gesichter, ihre zitternden Hände, wenn sie mit starren Pupillen den Lauf der Roulettekugel verfolgten, sie geradezu hypnotisieren wollten, sah, wie ihre Spannung für Sekunden nachließ, wenn ihnen der Croupier die gewonnenen Spielchips zuschob, oder wie sie bei Verlust ihre Verzweiflung und Enttäuschung hinter einer Maske von Gleichgültigkeit zu verbergen suchten. Je länger ich diese Menschen betrachtete, umso mehr wurde mir klar, dass ich auch zu dieser Welt nicht gehören wollte. Nicht zur Welt der Küche und der Kochtöpfe, aber sicher auch nicht zur Welt der Reichen und Gierigen. Aber wohin gehörte ich? Was war meine Bestimmung? Ich hatte noch immer das Gefühl, ein falsches Leben zu leben, eines, das nicht zu mir passte, das nicht meine eigene Entscheidung war, das mir von anderen eingeredet worden war. Von denen, die von Vernunft sprachen, aber nur auf ausgetretenen Pfaden gingen. Die vor einem Leben, das sie nicht kannten, das ihnen fremd war, Angst hatten und die deshalb meine Träume »Flausen im Kopf« nannten.

Aber ich war mir sicher, dass es so ein Leben gab. Nur wo? Lieber Herrgott, wo? Trotz der Ernüchterung machte ich weiter. Flüchtete. Jeden Abend. Wenn ich dann nachts um halb eins zurückkam, durch den Dienstboteneingang wieder zurück in meine reale Welt schlich, in das Zimmer mit meinen im Tiefschlaf schnarchenden Kollegen, war es wie ein Aufwachen aus einem verwirrenden Traum. Wo war ich? Was wollte ich hier?

Der Nachtportier war verpflichtet, die genaue Uhrzeit und den Namen jedes Spätheimkehrers in ein schwarzes Buch einzutragen. Dieses Buch wurde vom Hotelier jeden Tag überprüft. Es waren ungefähr drei Wochen vergangen, da wurde ich aus der Küche zu ihm ins Büro gerufen. Was war denn jetzt wieder? Mein notorisch schlechtes Gewissen meldete sich auf der Stelle. Aber andererseits: War ich nicht immer pünktlich gewesen? Hatte ich nicht alles erledigt, was man von mir verlangt hatte? Dennoch blieb dieses mir schon vertraute, mulmige Gefühl. Irgendetwas hatte ich offenbar verbrochen. Den bedeutungsvollen Blick der Vorzimmerdame erkannte ich ebenfalls wieder. Vorzimmerdamen, Schulsekretärinnen, alle hatten sie immer diesen besonderen Gesichtsausdruck, wenn sie mich ansahen.

Der Hotelbesitzer saß hinter seinem Schreibtisch, und vor ihm lag drohend, wie ein furchtbares Indiz, das schwarze Buch des Nachtportiers. Er bot mir keinen Stuhl an, ließ mich stehen wie einen Sträfling. Das kannte ich schon aus der Militärzeit. So hatte man vor seinen Vorgesetzten zu stehen, wenn eine Disziplinarstrafe drohte. Der Hotelier blickte mich lange an. Gut eine Minute verrann im gemeinsamen Schweigen. Spannung aufbauen, so nennt man das am Theater. Sehr wirkungsvoll. Wahrscheinlich genoss er dieses Gefühl, die Kluft zwischen Herrn und Knecht. Es war immer das gleiche Spiel, von oben nach unten.

Ich hasste es.

Nach einer Weile begann er, in dem Empfangsbuch zu blättern und dabei laut zu zählen. Er kam bis siebzehn. Dann machte er wieder eine theatralische Pause und musterte mich dabei über den Rand seiner Brillengläser wie ein seltsames Insekt. »Siebzehn Mal«, sagte er, und wie zur Bekräftigung des Vorwurfs gleich noch einmal: »Siebzehn Mal! In drei Wochen.«

Ich sah ihn fragend an. Er meinte damit offenbar, dass ich so oft am Abend nach Dienstschluss weg gewesen war. Ja und? Es war meine Freizeit, und ich war volljährig.

»Halmer«, sagte er dann gedehnt – nicht »Herr Halmer« – und in diesem besonderen Ton, der offenbar überall auf der Welt für meinen Nachnamen reserviert zu sein schien, »wir können niemanden gebrauchen, der sich jeden Tag die Nacht um die Ohren schlägt und dann am nächsten Morgen bei der Arbeit einschläft. Sie arbeiten jetzt die restlichen Tage Ihrer Probezeit ab, und dann verschwinden Sie auf Nimmerwiedersehen. Außerdem sehen Sie aus wie ein Schwein mit Ihrer verdreckten Kochjacke. In fünf Minuten zeigen Sie sich wieder bei mir, aber sauber gekleidet!«

Wie benommen saß ich auf meinem schmalen Bett und versuchte, meine Gedanken zu sammeln. Es stimmte doch gar nicht. Nie war ich bei der Arbeit müde gewesen oder gar eingeschlafen. Ich hatte alle meine Aufgaben erledigt. Kann man im Schlaf fünfundzwanzig Kilo schwere Töpfe schleppen? Was also war der eigentliche Grund für diese Kündigung? Mir war das völlig klar. Ich hatte das Spiel nicht mitgespielt. Ich war nicht servil genug gewesen, das gefiel ihnen nicht. Meine Aufgabe war es, Dienstbote zu sein, nicht Herr. Es stand mir nicht zu, mich Abend für Abend zu vergnügen. Dennoch schmerzte dieses erneute Versagen tief. Noch nicht einmal die Probezeit hatte ich überstanden. Wieder versagt. Wieder musste ich meinen Eltern versuchen zu erklären, dass es nicht meine Schuld gewesen war. Zum wievielten Mal? Sie würden mir nicht glauben. Mein Vater würde toben, mir meine Zukunft in düstersten Farben an die Wand malen, und ich konnte es ihm nicht einmal verdenken. Rosige Farben sah ich ebenfalls nicht. Und meine Mutter? Ich sah jetzt schon die Trauer in ihren Augen. Warum nur musste ich sie immer und immer wieder enttäuschen?

Nach diesen düsteren Gedanken jedoch meldete sich meine Widerborstigkeit zurück. Hatte ich das richtig verstanden? Ich sollte die restlichen Tage meiner Probezeit noch in der Küche weiterarbeiten? Es war Sommer, der Himmel war blau, die Sonne schien, man hatte mir gerade gekündigt, und ich sollte wieder zurück in diese Riesenküche, an diesen verdammten heißen Herd, Töpfe schleppen, Herdplatten schrubben? Noch länger in diesem erbärmlichen Zimmer mit dieser winzigen Fensterluke hausen, das seine Bewohner so klein machte, so würdelos, so armselig?

Kam nicht infrage.

Mit grimmiger Genugtuung zog ich die vermaledeite Kochkleidung aus wie einen Sträflingsanzug und warf sie in die Ecke. Niemals wieder wollte ich so etwas tragen. Wieder eine Häutung, wie schon beim Militär.

Ich ging auch nicht mehr zurück ins Büro des Hotelbesitzers, er war ja nicht mehr mein Chef. Sollte er doch den Herd putzen, dann konnte er ja selber sehen, ob sein Anzug dabei sauber blieb. Nach einer Weile, ich trug bereits wieder meinen eleganten Blazer und packte gerade meinen Koffer, wurde die Türe aufgerissen. Der Hotelier kam auf mich zu, packte mich stumm am Arm und zerrte mich gewaltsam die vielen Treppen hinab zum Ausgang. Er warf mich buchstäblich auf die Straße. Es war wie in einem Film. Mittelalter, Herrschaft und Gesinde, immer wieder. Ich dachte, diese Zeiten wären längst vorbei. Später, nachdem ich mich etwas gesammelt und am Bahnhof die Zugverbindung nach Rosenheim herausgesucht hatte, rief ich meine Eltern an und verkündete, dass ich wieder nach Hause käme. Dann ging ich zurück in das Hotel, holte meinen Koffer aus dieser muffigen Bude und bestellte mir auf der sonnigen Hotelterrasse ein großes Eis mit Sahne. Ich schaute auf das Hinterteil des steinernen Bayerischen Löwen am Hafeneingang und machte mir meine eigenen Gedanken.

Nun war auch dieses Abenteuer zu Ende.

Gott sei Dank.

Dann war ich wieder zu Hause. Meine Mutter freute sich klammheimlich, mein Vater jedoch sprach kein Wort mehr mit mir. Wenn ich ihm erklären wollte, warum das alles so gekommen war, winkte er ab. Er hatte mich aufgegeben. Zu oft hatte er sich solche Rechtfertigungen anhören müssen. Zu oft waren in meinen Augen die anderen schuld.

Er war ratlos, und ich auch.

In der Welt draußen spielten sich derweil wichtige historische Ereignisse ab. Es war 1964. Kennedy war zum Entsetzen der ganzen Welt ermordet worden. Lyndon B. Johnson war nun der Präsident der USA. Mandela wurde in Südafrika ins Gefängnis geschickt, Chruschtschow musste seine Ämter in der Sowjetunion aufgeben, Leonid Breschnew kam. Mich berührte das alles nicht, es war mir egal, ich drehte mich nur um mich selbst, war nur mit mir und meinen Problemen beschäftigt. Die Welt der Erwachsenen erschien mir zunehmend wie ein fremdes Spiel, dessen Regeln ich nicht kannte. Was machte ich falsch? Ich war im Grunde doch gar kein Rebell, und trotzdem kam ich immer wieder in Schwierigkeiten, fühlten sich die Erwachsenen von mir herausgefordert. Vielleicht musste ich mein Außenseitertum einfach akzeptieren, wie eine Art körperlichen Defekt? Mit diesem Argument versuchte ich, meine Eltern zu überzeugen, mich ebenfalls so anzunehmen, wie ich nun einmal war. Mein Vater winkte wieder ab. Meiner Mutter hingegen leuchteten meine Ausführungen vollkommen ein. Sie war ganz meiner Meinung. Ihr Bubi war etwas Besonderes. Ganz klar. Heute weiß ich, dass mein Stolz und das Ablehnen von Hierarchien die Hauptursache meiner Schwierigkeiten waren und wohl immer noch sind. Meine Widerborstigkeit ist wie eine eigene, unberechenbare Persönlichkeit in mir und hat mich auch später oft genug dazu gedrängt, Dinge zu tun, die nur dem Zorn und nicht der Überzeugung geschuldet waren. Ein ständiger Kampf von vernünftigem Benehmen und wütender Opposition. Bereits die bloße Andeutung einer hierarchischen Struktur löst noch heute unnachgiebigen Widerstand bei mir aus, auch dort, wo ich vielleicht mit ein wenig Diplomatie besser beraten wäre. Heute weiß ich das und kann dennoch häufig nicht anders handeln. Damals wusste ich es nicht einmal. Ich war vollkommen ratlos. Dennoch sah ich auch damals schon eines ein: Ich würde mich dieser hierarchischen Erwachsenenwelt stellen müssen. Jede Woche blätterte ich die *Hotel- und Gaststättenzeitung* nach Angeboten durch und fand schließlich eine Anstellung als Empfangsvolontär im Inselhotel in Konstanz, wieder am Bodensee. Der Vertrag war auf fünf Monate befristet, weil dann das Hotel umgebaut und renoviert wurde. Das Hotel lag direkt am See, auf einer kleinen Insel, durch eine Brücke mit der Straße verbunden. Die Rezeption war genau vor dem alten Kreuzgang, durch den man zu den Gästezimmern und zum Restaurant am See gelangte. Ja, das gefiel mir schon sehr viel besser, und es kam meiner Vorstellung von der großen weiten Welt sehr viel näher als die Hotelküche in Lindau. Hier würde ich nicht in eine Spielbank gehen müssen, um Eleganz zu spüren; hier kam die elegante Welt zu mir an die Rezeption. Keine Kochjacke, sondern dunkler Anzug, weißes Hemd und silbergraue Krawatte waren hier erwünscht. Diese Art von Arbeit gefiel mir. Mein Zimmer lag zwar auch unter dem Dach und war heiß, aber ich war wenigstens allein, ohne Zimmergenossen. Der Ton unter den Kollegen an der Rezeption war höflich und respektvoll und die Arbeitszeiten angenehm. Wenn am Nachmittag die Gäste ankamen, machten der sehr erfahrene Portier auf der anderen Seite und ich uns ein Spiel daraus, sie nach ihrer Freigebigkeit beim Trinkgeld einzuschätzen. Meistens zwinkerte er mir zu, wenn etwas zu erwarten war. Dann begleitete ich die jeweiligen Gäste auf ihr Zimmer, und er hatte fast immer recht. Sogar die Höhe des Trinkgeldes hat er oft vorausgesagt. Die Menschen sind leichter zu durchschauen, als sie glauben, besonders von erfahrenen Portiers. Manchmal musste ich im Restaurant als Kellner aushelfen. Auch das gefiel mir, weil dann der Speisesaal meine Bühne war und die Gäste mein Publikum. Ich machte mir einen

Spaß daraus, nach einer ungerechtfertigten Beschwerde vor den Gästen den höflichen, devoten Kellner zu spielen und dann in der Küche auf sie zu fluchen wie ein Rossknecht. Sobald man wieder im Restaurant war, verwandelte man sich zurück in den perfekten Ober, der selbstverständlich all ihre Beschwerden der Küche gemeldet hatte und sein tiefes Bedauern ausdrückte. Ein Spiel auch das. Und eine wunderbare Schule, wie man Menschen durch Schmeicheleien und unterwürfiges Benehmen so manipulieren kann, dass sie gerne mit gönnerhafter Attitüde ein großzügiges Trinkgeld geben. Vorsicht also nicht nur vor Hotelportiers, sondern auch vor Kellnern: Sie durchschauen uns. Die Wochen am Empfang gingen ohne Höhepunkte dahin. Gäste kamen, ich begleitete sie auf ihr Zimmer, bekam Trinkgeld oder auch nicht, und andere Gäste reisten ab. Routine. Aber eines Tages durchzuckte es mich wie ein Stromschlag. Ein VW Cabrio mit offenem Dach fuhr vor, und ich traute meinen Augen kaum: Da stieg doch der berühmte Schauspieler Robert Graf mit seiner Frau aus. Ich war sprachlos. An der Rezeption kam er direkt auf mich zu und fragte nach einem Zimmer für eine Nacht. Wie ein ganz normaler Mensch, mit einer Stimme, die ich doch aus seinen Filmen kannte. Er wollte keine Suite, wie ich es erwartet hatte, sondern ein ganz normales Doppelzimmer. Dann zeigte er seinen Pass vor. Er mir!!! Ich kannte ihn doch aus so vielen Filmen, *Wir Wunderkinder* mit Hansjörg Felmy oder *Buddenbrooks* mit Liselotte Pulver. Meistens spielte er unsympathische Charaktere, aber immer großartig. Noch nie war ich einem lebenden Filmschauspieler so nah gewesen. Aufgeregt begleitete ich ihn und seine Frau aufs Zimmer. Er war müde und wollte seine Ruhe, das spürte ich, aber so leicht gab ich nicht auf. Vielleicht war das ein Wink des Schicksals. Ich zeigte das Bad, den Schrank, erklärte die Bedienung des Fernsehapparats, zeigte das Fenster zum See, die Toilette, den Lichtschalter zum Bad, den Lichtschalter der Nachttischlampe, die kleine Hausbar. Ich tanzte wie ein Staubwedel im Zimmer herum und ließ ihn nicht aus den Augen. Erkannte er nicht meine Ausstrahlung? Warum sagte er nicht zu mir: Sie müssen zum Film, geben Sie mir Ihre Adresse, ich möchte Sie einem Regisseur vorstellen? Stattdessen sagte er nur Danke und gab mir ein Trinkgeld. Das war meine Begegnung mit dem deutschen Film. Damals war ich der Erkenntnis meiner wirklichen Bestimmung so nah, und ich habe es nicht wahrgenommen. Warum wurde mir nicht bewusst, dass ich Schauspieler werden wollte? Nietzsche schreibt: Die Gefahr in der Bewunderung! Die Bewunderung einer Eigenschaft oder Kunst kann offenbar so stark sein, dass sie uns abhält, danach zu streben.

Nach vier Monaten ohne weitere besondere Vorkommnisse wurde das Hotel umgebaut, aber man bot mir keinen neuen Vertrag für die Zeit danach an. Eigentlich war ich nicht wirklich unglücklich. Ein unbestimmtes Gefühl sagte mir, dass mein Schicksal etwas anderes mit mir vorhatte. Ich war offensichtlich noch nicht angekommen. Aber Gefühle eines jungen Mannes sind trügerisch.

Jahre später, 1986, habe ich mit Armin Mueller-Stahl den TV-Film *Auf den Tag genau* in Konstanz gedreht, und unsere Produktionsfirma hat uns beide im Inselhotel einquartiert. Es war für mich natürlich eine große Genugtuung, in dieses Hotel als Schauspieler zurückzukehren und von dem neuen Direktor des Hauses mit Blumen auf dem Zimmer begrüßt zu werden. Manchmal hat das Schicksal doch Humor.

Paris und mein Entschluss auszuwandern

Wieder nach Hause, zurück zum Ausgangspunkt, wie beim »Mensch ärgere dich nicht«. Wieder Ratlosigkeit, wieder schlechtes Gewissen, wieder einmal die Eltern enttäuscht, aber auch mich selbst. Wie oft kann man versagen? Wie oft kann man versuchen, wieder neu anzufangen? Ich hing in Rosenheim herum, äußerlich lässig und cool, tatsächlich aber verzweifelt. Und allein. Meine Freunde studierten längst, waren überall verstreut, an den Universitäten, kamen nur an den Wochenenden, zu den Semesterferien, mit neuen Geschichten und Plänen im Gepäck. Die hatten alle eine klare Perspektive. Nur ich war immer noch da. In Rosenheim. Und hatte keine neuen Geschichten. Nichts. Keinen Plan und kein Ziel. Pünktlich jeden Morgen beim Aufstehen meldete sich mein Gewissen wie eine chronische Krankheit. Ich fühlte mich wie ein Schwerkranker, dem man nicht mehr helfen konnte. Ich hatte mich aufgegeben. Mein Vater ebenfalls. Er versuchte, mir aus dem Weg zu gehen, blieb immer länger im Büro und kam erst sehr spät nach Hause. Tage wie in tiefer Trauer. Abends hörte ich, wie er meiner Mutter Vorwürfe machte. Wortfetzen von »Nichtsnutz«, »Gefängnis«, »Weg zur Hölle« hörte ich durch die Tür. Mein trostloses, sinnloses Leben zerstörte auch den Familienfrieden.

Irgendetwas musste passieren, aber was? Dann ein großartiger Gedanke. Hier in Deutschland wurde ich abgelehnt, aber wie war es im Ausland, in Frankreich, in Paris? Da gab es doch eine Sprachenschule für Ausländer. »Ich studiere in Paris«, das klang beeindruckend, das imponierte den Mädchen, das passte in mein Leben. Paris war mir vertraut, ich kannte es aus unzähligen Filmen. Und sah ich den französischen Schauspielern nicht oft ähnlich? Hatte ich nicht sogar französisches Blut in mir, durch die Hugenotten? War das mein Platz in der Welt? Ja, in Frankreich würde man erkennen, wer ich wirklich war, dort würde ich das mir bestimmte Leben finden.

Also Paris.

Um 7.30 Uhr am Morgen fuhr der Zug aus München am Gare de l'Est ein. Ich war aufgeregt und übermüdet, acht Stunden ohne Schlaf in einem engen Zugabteil mit anderen Reisenden, aber nun war ich da, endlich, in der großen weiten Welt.

Es war Herbst.

Paris erwartete mich, das spürte ich. Hier war mein Schicksal, hier würde ich es schaffen. In meinem Geldbeutel knisterten diese schönen, bunten französischen Francscheine und gaben mir das Gefühl von Internationalität. In einem nahen Bistro bestellte ich ein *petit déjeuner*. Der aromatische Geruch des Kaffees, das noch warme Croissant, alles großartig. Die richtige Einstimmung auf mein künftiges Leben in Paris. Diese junge Kellnerin mit den schwarzen Löckchen, hatte sie mich angelächelt, flirtete sie etwa mit mir? Ich war mir nicht ganz sicher. Doch ja.

»Un autre croissant?« Diese hübsche Stimme. Sie lächelte wieder. »Oui! Naturellement!«

Es war klar, sie fand mich sympathisch. Ich kannte doch

die Frauen. Wobei, die Pariserinnen hatten schon eine andere Klasse als die Mädchen daheim in Rosenheim, das sah ich sofort. Viel charmanter und frecher, selbstbewusster, und dann diese wunderbar klingende Sprache. Wie Musik. Doch so hatte ich sie mir auch vorgestellt, die Französinnen, so kannte ich sie aus den Filmen wie *Und ewig lockt das Weib* mit Brigitte Bardot. Diesen Film hatte ich in Rosenheim drei Mal gesehen. Er war ab achtzehn, und ich war damals vierzehn, aber ich hatte mich älter gemacht. Mein Typ kam an in dieser Stadt, klar, ich hatte auch etwas Französisches in meiner Ausstrahlung, das hatten mir Mädchen früher oft bestätigt. Ich lehnte mich zurück, zündete mir eine Zigarette, eine Gitane Maïs, an, mit gelbem Maispapier, ohne Filter und unglaublich stark. Alle Franzosen hatten sie so lässig im Mundwinkel hängen, wie festgeklebt, das wollte ich auch. Es klappte nicht besonders. Entweder fiel sie mir beim Sprechen aus dem Mund, oder der Rauch stieg in mein linkes Auge, und es fing an zu tränen.

Erst galt es, eine kleine Pension zu finden, nicht zu teuer. Die hübsche Bedienung würde mir sicher weiterhelfen, und ich hatte gleich einen Grund, ein bisschen mit ihr zu plaudern. Ich setzte mein charmantestes Lächeln auf und fragte sie, ob sie ein günstiges Hotel kenne.

Mein Französisch war natürlich stümperhaft, ich hatte ja nur wenig Unterricht in der Hotelfachschule gehabt, aber sie lächelte verzeihend. Ein Schwall von französischen Sätzen folgte ihrem Lächeln, ich verstand kein Wort. Sie zeigte über die Straße, ja, tatsächlich, da war eine Pension, die nur auf mich zu warten schien. Paris empfing mich mit offenen Armen. Gott sei Dank hatte ich meine Eltern überreden können, mir das Studium an der Sprachenschule Alliance Française zu bezahlen. So bald wie möglich würde ich auch in einem Hotel arbeiten, das hatte ich ihnen versprochen. Mein Arbeitszeugnis vom Inselhotel war allerdings nicht besonders gut, eigentlich unbrauchbar. Pünktlich und ehrlich und bemüht, den Anforderungen des Hauses... und so weiter und so weiter. Na gut, dachte ich mir, Provinz eben, aber hier in Paris würde man meinen wahren Wert auch ohne Zeugnis erkennen, hier galten schließlich ganz andere Grundsätze als im spießigen Deutschland. Dabei fiel mir Felix Krull wieder ein. Hatte der nicht auch in Paris als Zimmerkellner gearbeitet? Ich beschloss, das als Zeichen zu nehmen und mich nur bei den besten und bekanntesten Hotels von Paris zu bewerben, dem Ritz oder dem George V, und dort würde ich selbstverständlich am Empfang arbeiten. Oder doch als Zimmerkellner? So oder so, alle berühmten Leute, Ernest Hemingway, Maria Callas, Winston Churchill, Coco Chanel, waren in diesen Hotels schon abgestiegen. Nur dort konnte man also den Mächtigen, den Reichen und Schönen begegnen, nur dort konnte man all diese Berühmtheiten kennenlernen, und das würde ich, das hatte ich mir fest vorgenommen.

Vorerst mal ein billiges Zimmer für eine Nacht. Eine Pension gleich gegenüber, am Empfang eine ältere blonde Dame, eigentlich war sie schwarzhaarig, das sah man am Haaransatz, mit einem Zwergpudel auf dem Arm. »Avez-vous une chambre?« Sie gab mir einen Schlüssel. Kein Aufzug, eine steile Treppe, winziges Zimmer, schmales Bett, Blick in den Hinterhof. Alter Vorhang. Die Luft roch abgestanden, nach kaltem Zigarettenrauch. Wo war die Dusche? Ich fand sie hinter einer Tapetentür. Das Zimmer gefiel mir gar nicht. Unten beim Empfang zur blonden Dame, sie lächelte charmant. »Also, la chambre est très bonne. Gefällt mir. Combien?« Sie nannte eine Summe. Ich erschrak »Oh, très cher!« Die Dame war empört: »Non, non, non, pas cher!!!« Der Pudel auf dem Arm schaute missbilligend. Ich nahm das Zimmer, für zwei Tage konnte ich es bezahlen, aber dann brauchte ich unbedingt ein billiges Zimmer zur Miete. Als Erstes zur Alliance Française, vielleicht wussten die eine Adresse. Wie kam man dahin? Die hübsche Bedienung von dem Bistro gegenüber half. »Madame, Boulevard Raspail?« Wieder dieser wunderbare französische Redeschwall. Also Metrostation Gare de l'Est, umsteigen in Châtelet, so viel hatte ich verstanden. Das war das erste Mal, dass ich in eine U-Bahn stieg. Toll, das Leben in einer Weltstadt. Spannend.

Viele Stufen hinunter in den Abgrund. Wohin jetzt? Lange Fahrt, eingeklemmt zwischen fremden, anonymen Gesichtern. Wie viele Stationen. Bin ich falsch? Nein, umsteigen in Châtelet, hatte sie gesagt. Lange Wege in dunklen Tunnels, links, dann rechts Treppen hinunter, Treppen wieder hinauf mit Millionen Parisern, fast im Laufschritt. Ich hatte das Gefühl, die halbe Bevölkerung von Paris war immer unter der Erde und strömte zwanghaft zu irgendwelchen lebenswichtigen Verabredungen. Die Stadt war geteilt in helle Ober- und dunkle Unterwelt. Wo war ich? Welche Metro jetzt? Fragen: »Excusez-moi, Boulevard Raspail???« Keiner verstand mich. »Je ne comprend pas.« Die Menschen hasteten weiter. War das hier die richtige Station? Ratlos. Lost in Paris. Ein starker Luftzug kündigte die nahende U-Bahn an. Mit leisem Rauschen der Gummiräder fährt sie ein. Hunderte steigen aus, drücken mich zur Seite. Mit dem Kopf voraus und spitzen Ellbogen sich durch die Aussteigenden hindurch in den Wagen bohren. Eingequetscht unter Hunderten in einem Waggon. Wer drückt denn da von hinten? Taschendiebe? Wo ist mein Geldbeutel? Leere, ausdruckslose Gesichter. Frauen, Männer, Schwarze, Gelbe,

Braune Weiße, Junge, Alte. Schlechte Luft. Da – Boulevard Raspail. Aussteigen!!! Schnell! Menschen drücken herein. Verdammt noch mal, lassen Sie mich doch aussteigen. Rücksichtslos, diese Pariser. Rolltreppe nach oben. Endlich Boulevard Raspail. Tageslicht, frische Luft, eine schöne breite Straße, eingesäumt von Laubbäumen. Die Alliance Française schließlich entpuppte sich als ein beeindruckendes großes Gebäude, und sie sah aus wie eine echte Universität. Freundliche Kommilitonen halfen mir, das Sekretariat zu finden, die Studiengebühr zu bezahlen und den Studentenausweis abzuholen. Und dann war auch ich ein Student, genau wie meine Freunde in Rosenheim, mit einem Stundenplan für Anfänger in der Tasche. Die Studenten kamen aus aller Herren Länder, und es waren sehr viele ausnehmend hübsche Mädchen darunter, Blonde, Schwarze, Dunkelhäutige und Asiatinnen. Meine ohnehin schon euphorische Stimmung hob sich noch ein wenig. Die ganze weite Welt war hier, wie bei der Olympiade, und ich mittendrin. Ich gehörte dazu. Ja, genau so hatte ich mir Paris und mein Leben vorgestellt.

Am schwarzen Brett ein Angebot: ein kleines Zimmer im siebten Stock, kein Bad, nur Toilette, aber preiswert, nahe bei der Metrostation Poissonière. Dreihundertfünfzig Francs, dreihundert Mark zum Leben. Wenig, aber es gab nichts Billigeres. Also hin zu dieser Adresse, ich war neugierig. Ein Zimmerchen. Blick über die Dächer der Nachbarhäuser nach Norden, keine Sonne, kleines Bett. Aber ich war ja nicht verwöhnt. Hatte nicht Horst Buchholz in dem Film *Monpti* mit Romy Schneider auch in so einem winzigen Zimmer im siebten Stock gewohnt und sogar gearbeitet? Er war ein armer ungarischer Maler, und Romy, eine kleine Schneiderin, war unsterblich in ihn verliebt. Diesen Film habe ich mit einem hübschen Mädchen in der Loge der Kaiserlichtspiele gesehen. Ich nahm das Zimmer. Meine Vermieterin, eine Dame um die fünfzig, im Bademantel, mit Lockenwicklern im Haar und einem Zwergpinscher auf dem Arm, lächelte charmant, in Paris war alles charmant, aber sie wollte sofort Bares.

Die nächsten Wochen fuhr ich jeden Tag in die Alliance Française. Eigentlich, um Französisch zu lernen, aber immer wieder traf ich deutsche Studenten, und es war so viel einfacher, mich mit ihnen in meiner Muttersprache zu unterhalten. Ein junger Maler aus Innsbruck wurde mein Freund. Ein Künstlerfreund, das passte zu Paris. Er nahm mich mit in den Louvre, erklärte mir den Unterschied zwischen Impressionisten und Expressionisten, und oft saß ich dabei, wenn er am Montmartre alte Frauen oder Bettler zeichnete oder die engen Gassen um Sacré-Cœur malte. Manchmal porträtierte er auch mich. Das gefiel mir, vielleicht wurde ich damit irgendwann sogar berühmt? Wenn wir Geld brauchten, nahmen wir Hilfsarbeiterjobs in den riesigen Markthallen, *les Halles*, an und luden für ein paar Francs Stundenlohn von zehn Uhr abends bis zum frühen Morgen Gemüse, Fleisch und frischen Fisch aus den Lastwagen. Die Hallen wurden der Bauch von Paris genannt, die ganze Stadt wurde von dort aus versorgt. Die Arbeit war sehr schwer. Aber das Frühstück danach in einem nahen Bistro, wo sich übermüdete Prostituierte und dicke, rotbackige Gemüsehändler mit humorvollen Augen bei *café au lait* und einem warmen Croissant trafen, werde ich nie vergessen. Paris am Morgen, das war wunderbar. Ich fühlte mich wie ein Schauspieler in den Kulissen des berühmten Films von Billy Wilder *Das Mädchen Irma La Douce* mit Shirley MacLaine und Jack Lemmon.

Mein Freund und ich führten ein ungezwungenes Künstlerleben mit viel Rotwein am Ufer der Seine, flipperten stundenlang an den Automaten in den unzähligen Bistros von Saint-Germain und flirteten mit ausländischen Studentinnen. Natürlich hatte ich in der Stadt der Liebe auch Freundinnen. Ich denke da an Kathleen, eine dunkelhäutige Amerikanerin, die jede Verabredung bei Regen panikartig verließ, weil ihr schönes langes Haar sich bei Nässe kräuselte. Oder Jacqueline, die ich noch aus Konstanz kannte. Sie arbeitete als Au-pair-Mädchen bei einer französischen Familie und wurde dort ziemlich ausgebeutet. Immer wieder musste sie Verabredungen mit mir verschieben, weil sie die drei Kinder der Familie hüten sollte. Aber sie hat darüber nie ihren Humor verloren, und ich konnte mit ihr herrlich lachen und herumalbern. Sie war meine Romy Schneider und ich ihr Horst Buchholz.

Ich vergaß zu studieren, und nach den drei Monaten Sprachenschule war »Encore un vin rouge, s'il vous plaît« das Einzige, was ich wirklich fast akzentfrei beherrschte.

Die Briefe meines Vaters wurden strenger. Wann ich denn endlich zu arbeiten begänne. Ja, wann? Ein einziges Mal nur hatte ich mir die ersehnten Luxushotels Ritz und George V von außen angesehen und das Ankommen und Abfahren der Gäste in ihren luxuriösen Limousinen beobachtet. Bleischwer lag mir seitdem die Frage auf dem Herzen: Sollte ich mich tatsächlich dort bewerben? Bereits mein Versuch, einmal die pompösen Empfangshallen zu betreten, war kläglich gescheitert. Die Türsteher mit ihren Admiralsuniformen hatten mich gestoppt: »Are you a guest? Sorry. You can't come in.«

Ich hatte das Gefühl, geohrfeigt worden zu sein. Man lehnte mich ab, ohne mich zu kennen. Sah man mir denn schon von Weitem an, dass ich nicht zu dieser Gesellschaftsschicht gehörte? Traute man mir nicht zu, in diesem Hotel zu wohnen? Warum? Was hatte ich an mir? Mein ohnehin brüchiges Selbstbewusstsein schmolz nach diesem Erlebnis dahin wie Eis in der Sonne, und ich wusste insgeheim, ich würde es niemals wagen, mich dort zu bewerben. Zu gewaltig, zu reich, zu hochmütig. Zu weit entfernt von mir und meiner Welt, allen meinen kühnen Träumen zum Trotz.

Ich stand vor einer Wand und sah keinen Ausweg mehr. Ziellos und schwermütig ging ich Abend für Abend die hell erleuchteten, imposanten Champs-Élysées entlang und starrte in die edlen Schaufenster und eleganten Restaurants, wo all die selbstbewussten, souveränen Männer und die schönen, gleichgültig wie Siamkatzen schauenden Frauen im Kerzenschein dinierten. Wenn einmal ein zufälliger Blick einer der Schönen auf mich fiel, den noch immer inbrünstig auf einen Hauch von Interesse Hoffenden, hatte ich das Gefühl, dass sie ein Gähnen unterdrückten. Das hier war kein Film, das war die brutale Realität. Eine dicke, undurchdringliche Glaswand trennte mich von dieser Gesellschaft. Wenn ich zu lange und zu nah durch die Fenster dieser Restaurants spähte, winkten hochnäsige Oberkellner von innen und schickten mich mit einer lässigen Handbewegung weiter, wie einen lästigen Bettler, der allein durch seine Existenz den Essensgenuss ihrer Gäste störte. Nach solchen Demütigungen saß ich dann in meiner kleinen Mansarde im siebten Stock, ernüchtert und verzweifelt. Wie sollte es mit mir weitergehen? Was konnte ich, wer war ich? Die ehrliche Antwort? Ein Niemand, ein Möchtegern, der auf Kosten seiner verzweifelten Eltern den Studenten spielte. Alle anderen hatten ein Ziel, einen Traum, auch mein Malerfreund aus Innsbruck hatte Großes vor. Wie beneidete ich ihn. Was war ich dagegen? Eine große Null. Was wollte ich? Keine Ahnung. Gähnende Leere in meinem Kopf. Einsamer als ich waren zu der Zeit sicher nicht viele in Paris. Mir wurde klar, es musste etwas passieren, so konnte ich nicht mehr weiterleben. Ich war ja schon fast zweiundzwanzig Jahre alt. Mir lief die Zeit davon. Zum ersten Mal in meinem Leben fing ich an, ganz nüchtern Bilanz zu ziehen. Was lief falsch? Je mehr ich nachdachte, umso klarer wurde mir, dass ich mein ganzes Leben unbewusst nach den Freunden und Bekannten aus Rosenheim ausrichtete. Denen wollte ich imponieren, denen wollte ich gefallen, die sollten staunen. So, wie ich im Gymnasium zwanghaft den Klassenclown spielte, fühlte ich mich noch immer verpflichtet, etwas Besonderes zu sein, nicht Bankangestellter, nicht Koch oder Kellner, sondern etwas Ungewöhnliches. Etwas, um die anderen damit beeindrucken zu können. Doch ich hatte nichts zu bieten und wurde dabei älter. Es wurde mir immer deutlicher bewusst, dass etwas Grundlegendes passieren musste. Ein radikaler Schnitt. Weg von der Heimat, unbeeinflusst von allen wohlmeinenden Ratschlägen, hin zu einem ganz anderen Denken. So, wie man ein altes Haus abreißen oder einen Speicher entrümpeln muss, um Platz zu schaffen für etwas Neues, so wollte ich nun mein altes Leben frei räumen für radikal andere Gedanken.

Eine Art Selbstreinigung.

Ich wollte mein Leben auf null stellen.

Aber wie schafft man das, sich selbst neu zu erfinden?

Mir fiel eine Geschichte ein, die mir einmal ein englischer Freund erzählt hatte: Er hatte in Manchester einen Bekannten, John, ein Klempner, dessen Sehnsucht es war, Dichter zu werden. Er gab seinen Beruf auf und schrieb nur noch Gedichte. Immer nur Gedichte. In seinem Freundeskreis war er von da an bekannt als John der Klempner, der Gedichte schreibt. Er verließ Manchester und ging in eine andere Stadt. In dieser neuen Stadt wusste man nicht, dass er einmal Klempner gewesen war, man kannte ihn deshalb nur als John den Dichter, und er wurde ein zufriedener Mensch. Er hatte seine Bestimmung gefunden. Ich begriff, wenn ich mich neu erfinden wollte, wirklich herausfinden wollte, wer ich war, musste ich es genauso machen. Musste tatsächlich weg von all den Urteilen und Erwartungen, weg von Freunden, weg von der Familie, weg auch von meinen eigenen Vorstellungen von mir selbst. Mein altes Leben zurücklassen und aufbrechen zu etwas vollkommen Neuem, Unbekanntem. Nicht nur in ein anderes Land, sondern weiter weg, auf einen anderen Kontinent ...

Aber was sollte das für ein Land sein? Australien, Südafrika? Das waren damals die klassischen Auswanderungsländer. Mir war egal, welches Land. Ich hätte auch ein Los ziehen können. Ich erinnerte mich an meinen früheren Nachhilfelehrer für Buchführung, dessen dicker Sohn nach Kanada ausgewandert war. Er schrieb immer euphorische Briefe nach Hause. Erzählte von der großen Freiheit, vom Jagen und Fischen für jedermann. Mit einem roten Ford Mustang fuhr er frei wie der Wind durch die unendlichen Weiten der Rocky Mountains. Lachse, Bären, Elche. Ein Paradies.

Kanada. Warum nicht? Wurde da nicht auch Französisch gesprochen? Vielleicht war das ja das gelobte Land für mich. Und so stand kurze Zeit später mein Entschluss fest. Kanada! Weit weg von allen und besonders weit weg von meinen alten Gedanken. Und weit weg von den Menschen mit ihren festen Meinungen über mich. Ich war nun wie John der Dichter.

TEIL 2

Leben auf null – Kanada
1965–1966

Montreal

Der uniformierte Beamte am Eingang zum Hafen in Rotterdam überprüfte meine Papiere ganz genau. »Wo wollen Sie hin? Welches Schiff? Cunard Line? Nach Montreal in Kanada?«

Ja, genau da wollte ich hin. Meine Gedanken, meine Gefühle, alle meine Sinne waren aufgewühlt wie nie zuvor. Am Flughafen München-Riem hatte ich mich erst vor wenigen Stunden von meinem zutiefst besorgten Vater und meiner todtraurigen Mutter unter Tränen verabschiedet und war nach Amsterdam geflogen. Von dort war ich weiter mit dem Zug nach Rotterdam gefahren. Jetzt war er da, der Moment, auf den ich seit Monaten hingefiebert hatte, den ich viele Abende lang immer wieder aufgeregt mit allen meinen Freunden besprochen hatte. Alles hatte geklappt. Vor sieben Wochen hatte ich mich im kanadischen Konsulat in München als Einwanderer für Kanada beworben. Kein Problem. Man gab mir einen Fragebogen. Polizeiliches Führungszeugnis? Gesundheitserklärung? Beruf? Was sollte ich angeben? Was war mein Beruf? Ich hatte ja keinen, das war mein Problem. Also schrieb ich »Kellner« in diese Rubrik. Ungern, aber ich musste mich festlegen.

»Wie wollen Sie nach Kanada einreisen? Flugzeug oder Schiff? Soll die kanadische Regierung einen Kredit für das

Ticket übernehmen? Sie können den Kredit in kleinen Summen zurückzahlen, so lange Sie wollen oder so lange Sie brauchen.« Das klang alles so freundlich, so leicht, so ohne Komplikationen. Nicht einmal mein Zeugnis für die Mittlere Reife wollten sie sehen. Auch meine spärlichen Englischkenntnisse waren ihnen egal. So was kannte ich nicht, als Deutscher war ich strenge Prüfungen, genaue Regeln und unfreundliche Behandlung seitens der Behörden gewöhnt. Vier Wochen später kam mein Pass mit der Post, und es war ein wunderschönes Immigrationsvisum für Kanada eingetragen. Was für eine Freude.

Ich entschied mich, mit dem Schiff über den Atlantik zu fahren, so wie früher die alten Auswanderer, von denen so viele ihr gelobtes Land wegen der Schiffbrüche nie erreichten. Nun war es zwar kein Abenteuer mehr, aber wenigstens ein bisschen Seefahrerromantik. Ich wollte mich meinem neuen Leben nach und nach nähern. Mit dem Flugzeug ging mir das zu schnell und zu plötzlich. Da wären mein Verstand und mein Herz noch in meiner Heimat, aber mein Körper schon in Montreal. Ich wollte sie genießen, die tagelange Reise, wollte die riesige Entfernung zu einem anderen Kontinent spüren, und ich brauchte Zeit, um mich auf mein neues Leben einzustellen. Diesen Schritt in etwas Dunkles, Unbekanntes, Unerwartetes wollte ich wie die Geburt von etwas Großem mit wachen Sinnen erleben. Mein Kopf war schon jetzt voller Fragen. Wie würde mich das neue Leben in dieser fremden Welt verändern? Würde ich jemals wieder nach Deutschland zurückkommen? Vielleicht dann als der reiche Onkel aus Amerika? Ich fühlte mich wie vor einer plastischen Gesichtsoperation, bei der man nicht weiß, mit welchen Gesichtszügen man wieder erwachen wird.

Von Rosenheim nach Montreal, von Bayern nach Kanada. Von einem Ratlosen, einem Hilflosen zu einem ... ja, zu was? Was erwartete mich? Die Lösung all meiner Probleme? Keine Ahnung. Die Wochen zuvor war mir das Auswandern zeitweise fast als etwas ganz Normales erschienen, wie eine Fahrt nach München, aber nun, hier am Hafen, tauchten doch Zweifel auf. War nicht alles nur ein großer Irrtum? Sollte ich nicht doch besser umkehren? Der Zöllner winkte mich durch: »Pier vier. Dort hinten. Viel Glück.« Ja, danke, das kann ich gebrauchen, antwortete ich in Gedanken, während ich mich in die angegebene Richtung aufmachte.

Dort lag es. Mein Gott, war dieses Schiff groß. Mir wurden die Knie weich. Ich musste den Kopf in den Nacken legen, um die Passagiere zu sehen, die oben vom Deck zu mir herunterschauten. Die zwei Schornsteine rauchten bereits, und die vielen runden Bullaugen an der schwarzen Bordwand, die schon so viele Länder gesehen hatten, starrten mich leblos an. Das war es also, mein Schicksalsschiff. Würde es mich zu einem neuen, endlich erfolgreichen Leben bringen, oder würde ich da drüben wieder versagen, wie viele Skeptiker zu Hause erwarteten? Man kann nicht vor sich selbst davonlaufen, war ihre Meinung. Kann man nicht? Mal sehen. Man kann doch Erfahrungen sammeln. Ich schleppte meinen schweren Koffer die Gangway hoch. Wo war meine Kabine? Der junge Steward mit der schicken weißen Uniform gab mir das Ticket zurück.

»You have to go downstairs. Deck number two.«

Er sagte das etwas abfällig. Als ich mein Ziel erreicht hatte, verstand ich auch, warum. Meine Kabine lag ganz unten, knapp über der Wasseroberfläche, am hinteren Ende, direkt neben der Schiffsschraube. Eine Innenkabine ohne

Bullauge. Klein, dunkel, vier Betten, jeweils zwei übereinander, kaum Platz für das Gepäck. Klar, es war die billigste Kabine. Trotzdem war ich etwas enttäuscht. Ich hatte geglaubt, solche Schiffskabinen seien viel größer und luxuriöser, der Bedeutung einer solchen Reise irgendwie angemessener. Meine drei Kabinenmitbewohner waren schon da. Zwei sehr lässige Weltenbummler aus Australien mit langen, schwarzen Haaren. Männer mit so langen Haaren kannte ich bisher nur aus Indianerfilmen. Das war damals noch sehr unüblich. Dann war da noch ein etwa gleichaltriger junger Mann aus Hessen, der wie ich vorhatte auszuwandern. Man begrüßte sich. Mit diesen Jungs würde ich nun sieben Tage auf See verbringen.

Als die Schiffssirene aufheulte und das Schiff langsam den Hafen verließ, stand ich oben an der Reling und schaute hinunter zu den winkenden Menschen. Ein wichtiger, womöglich der wichtigste Moment in meinem Leben. Ein Hauch von Stolz erfüllte mich. Wer wagte denn schon einen solchen Schritt? Ein Bündel sich widersprechender Gefühle wirbelte mein Innerstes durcheinander. Hoffnung, Angst, Zweifel, Euphorie drehten sich im Kreis wie in einem Karussell. Was ließ ich nicht alles zurück? Meine Eltern, denen ich so viel Sorgen bereitet hatte, meine Freunde, mit denen ich so viele lustige Momente erlebt hatte, und – hoffentlich – mein altes Denken. Ich ließ es zurück wie Sperrmüll. Würde ich jemals wieder zurückkommen? Ich hatte von Auswanderern gehört, die sich nie mehr in ihrer alten Heimat zurechtfanden, aber auch in der neuen Heimat immer Fremde blieben. Verloren zwischen den Welten. Würde es mir auch so ergehen? Langsam entfernten wir uns vom Festland. Das offene Meer empfing uns. Adieu, Europa! Das Schiff nahm nun direkten Kurs auf Kanada. Das nächste Mal, wenn wir Land erblickten, würde es bereits der neue Kontinent sein.

Tagelang sah man nur die graue See. Die meiste Zeit blieb ich unter Deck. Nur zu den Essenszeiten verließ ich die Kabine. Meine Euphorie war einer gewissen Beklemmung gewichen. Ich wollte niemanden sehen. War ich seekrank, oder hatte ich bereits Heimweh? Die Schiffsmotoren stampften, weiter, weiter, weiter, die Schiffsschraube drehte sich Tag und Nacht, sieben Tage lang, unaufhörlich, weiter, immer weiter, und brachte mich weg von meinem gewohnten Leben. Es ging alles viel zu schnell. Sieben Tage auf See schienen mir nur sieben Stunden zu sein. Zu schnell... Noch war ich nicht bereit für mein neues Leben. Viel zu früh fuhren wir in den Sankt-Lorenz-Strom ein, der breit und behäbig ins Meer mündete und Kanada ankündigte. Ein kurzer Halt in Quebec, dann ging es weiter nach Montreal. Je näher wir dem Ziel kamen, umso größer wurde meine Angst. Was war das nur wieder für eine schwachsinnige Idee gewesen, was wollte ich hier? Meine Eltern hatten mir tausend Mark als Startgeld mitgegeben. Sehr viel Geld für meine Eltern, aber 1965 waren das nur zweihundertfünfzig Kanadische Dollar, also nicht viel. Ich hatte schon dem Kabinenpersonal fünfzig Dollar Trinkgeld gegeben. Für das Schiffsticket hatte ich den kanadischen Kredit in Anspruch genommen. Jetzt, wo wir uns dem Ziel näherten und ich keine Ahnung hatte, wie es weitergehen würde, bereute ich es, dass ich nicht auf die Ratschläge gehört und mich schon von Deutschland aus für eine Arbeit hier beworben hatte. Dann hätte ich jetzt wenigstens eine feste Adresse, einen ersten Anlaufpunkt. Doch ich hatte mich nicht festlegen wollen. Ein völlig neues Leben sollte es sein, ohne alte Sicherheiten, ohne Hintertüren, ohne vorgefertigte Erwartungen. Und jetzt war es zu spät. Wir fuhren in den Hafen von Montreal ein. Wieder stand ich oben an der Reling. Tief unter mir erwarteten viele Menschen ihre Lieben aus Europa. Man winkte und lachte und weinte vor Freude. Auf mich wartete niemand. Ich war allein und fühlte mich so fremd wie noch niemals zuvor. Doch hatte ich das nicht gewollt? Fremd ist der Fremde nur in der Fremde, hatte Karl Valentin gesagt. Wie wahr.

Die Einreiseformalitäten waren rasch erledigt. Eigentlich war ich nun am Ziel, in Montreal, dem französischen Teil von Kanada. Hier wollte ich in einem Hotel Arbeit finden. Aber irgendwie hatte ich das Gefühl, noch nicht angekommen zu sein. Ich hatte mir ein Zimmer in einem billigen Hotel in der Innenstadt genommen und bummelte durch die Straßen. Gab es da große Hotels? Brauchten die jemanden wie mich? War das meine Stadt? War sie mir freundlich gesinnt, oder war sie abweisend? Natürlich konnte man das nicht so schnell beurteilen, aber ich vertraute meinem Instinkt.

»Hallo, Günther!«, rief eine Stimme von der anderen Straßenseite. Es war mein deutscher Kabinengenosse vom Schiff. Ich freute mich sehr, ein bekanntes Gesicht zu sehen. Wir steuerten ein Lokal an, um in Ruhe über unsere zukünftigen Pläne zu plaudern. Der Geschäftsführer kam mit abwehrend ausgestreckten Armen auf uns zu und erklärte zu unserer Verblüffung, dass nur Frauen oder Männer in Frauenbegleitung Zutritt hätten. Lokale nur für Männer seien gleich gegenüber. Wir fanden das zum Lachen komisch, Männlein und Weiblein getrennt wie bei den Toiletten? Andere Länder, andere Sitten.

Mein hessischer Freund wollte am nächsten Morgen mit dem Zug nach Edmonton reisen, dem Tor zum Norden, wie er immer wieder betonte. Sein Bruder war schon vor zehn Jahren dorthin ausgewandert und hatte sein Glück gefunden. Bei ihm wollte er wohnen. Er schlug mir vor mitzukommen, Edmonton sei die tollste Stadt in ganz Kanada, und es gebe da viele Hotels, mehr noch als in Montreal, da fände ich ganz leicht einen Job... Nach dem vierten Bier sagte ich Ja. Montreal gefiel mir nicht. Das war nicht meine Stadt. Was also hatte ich zu verlieren?

Nordwärts

Drei Tage und zwei Nächte dauerte die Reise von Montreal nach Edmonton, und ich verstand erst jetzt, was es bedeutete, im zweitgrößten Land der Welt gelandet zu sein. Wir saßen in unserem Abteil des gläsernen Panoramawagens und schauten seit Stunden nur auf eine grüne Wand von Bäumen. Endlose grüne Fichtenwälder, unterbrochen von stillen, dunklen Seen, dazwischen kleine Orte mit Blockhäusern, Wohnwagensiedlungen, Sonnenuntergang, pechschwarze Nacht, nach unruhigem Halbschlaf wieder Sonnenaufgang, Wälder, Seen, und der Zug ratterte immer noch monoton und erbarmungslos dahin. Edmonton liegt im Nordwesten, im Bundesland Alberta, über dreieinhalbtausend Kilometer von Montreal entfernt. Eine unvorstellbare Strecke für jemanden aus Europa. Ich spürte sie fast körperlich. Mit jeder Minute, jedem zurückgelegten Kilometer bewegte ich mich weiter von der Heimat weg, hin zu Unbekanntem, Fremdem, Gefährlichem. Es stimmte, ich hatte mich von meinem alten Leben so weit wie möglich entfernen wollen, doch mir war nicht klar gewesen, wie weit das sein würde. Hinzu kam, dass die Fahrt, von ein paar kleinen Siedlungen abgesehen, durch nahezu menschenleeres Gebiet ging. Manchmal, nach langen, öden Stunden, hielt der Zug an einer kleinen Baracke; das war dann offensichtlich so eine Art Bahnhof, irgendwo in einer grünen Einöde. Alle Reisenden stiegen aus, vertraten sich die Füße, erfrischten sich, dann, nach etwa fünfzehn Minuten, mahnte ein langer Pfiff des Schaffners zur Weiterfahrt. Es war wie im Wilden Westen. Man döste und schlief und wartete, dass die Zeit verging. Eintönig, aber aufregend. Meinen Freunden im Café Papagei würde ich morgen viel erzählen können. Da fiel es mir wieder ein: Du bist weit, weit weg von Rosenheim, vielleicht für immer. Nach einer gefühlten Ewigkeit tauchten höhere Häuser auf, der Zug fuhr langsamer, aber von Großstadt keine Spur. Wo war die Stadt, wo war das Tor zum Norden? Endlich hielt der Zug. Das musste Edmonton sein. Jedenfalls stand es auf dem Schild am Bahnhof. Meine erste Regung war Fassungslosigkeit. Das war doch keine Stadt, das war nichts als ein großes Wildwestdorf. Was sollte ich denn hier? Was sollte ich hier mit meinem Hotelfachwissen anfangen? Die brauchten doch keinen Fachmann, der die berühmtesten Austernbänke aufzählen konnte und der wusste, woher der seifige Nachgeschmack beim Kognak kommt. Hier wurden Bier und Whiskey getrunken und kiloschwere Riesensteaks verschlungen. Ich war entsetzt. Der Bruder meines Reisegefährten lud mich ein, für ein paar Tage bei ihm und seiner Familie zu wohnen. Sie waren sehr gastfreundlich. Um uns zwei Neuankömmlinge auf Kanada einzustimmen, fuhren wir gleich am nächsten Wochenende mit Zelt, Gewehr, Angel und einem Motorboot auf dem Anhänger in den Busch, wie man die Wildnis hier nannte. Zum ersten Mal erlebte ich diese berühmte kanadische Freiheit hautnah. Wir fuhren mit dem PS-starken Motorboot auf geheimnisvollen dunklen Seen, fischten Forellen oder Lachse aus eiskalten Bächen, schossen mit dem Gewehr auf irgendwelche Ziele, beobachteten

Braunbären und grillten am Lagerfeuer unsere mitgebrachten Steaks. Ein Leben wie aus dem Werbekatalog für echte Männer. Jeder Kanadier, so wurde mir versichert, konnte ohne besondere Prüfung so ein Leben führen. Für mich, der ich aus Deutschland nur Verbote oder penible Prüfungen für solche Freizeitvergnügungen kannte, war das sehr ungewöhnlich, und ich begann langsam die Faszination, die von diesem Riesenland ausging, zu begreifen. Wieder zurück in Edmonton, begann der Alltag. Meine restlichen Dollar gingen zur Neige, und die finanzielle Hilfe meiner Eltern war weit weg. Ich musste mir selbst helfen. Aber so hatte ich es ja gewollt. Weg von Ratschlägen und weg von finanziellen Notspritzen. Aber was tun? Die einfachen Hotels hier kamen für mich nicht infrage. Die brauchten wahrscheinlich nur weibliche Kellnerinnen, die sich auch mal von den raubeinigen Gästen in den Hintern kneifen ließen. Meine Gastgeber rieten mir, das Office der *Chamber of Mines* aufzusuchen, dort würde man leicht Arbeit finden, schließlich sei Edmonton das Tor zum Norden. Ich hatte keine Ahnung, was eine *Chamber of Mines* war, und auch noch immer nicht ganz begriffen, was es mit dem Tor zum Norden eigentlich auf sich hatte, aber es war einen Versuch wert, ich hatte ja keine Alternative. Vor dem Eingang des Büros in der Stadtmitte lungerte eine Gruppe unrasierter Männer herum, die auf Einlass warteten. Ich stellte mich dazu. Zum ersten Mal in meinem Leben stand ich als Arbeitsloser für einen Job an. In Deutschland wäre ich vor Scham in den Boden versunken, hier empfand ich das als Abenteuer. Fand mich cool. Wie im Film *Die Faust im Nacken* mit Marlon Brando. Aber warum starrten mich diese rauen Gesellen so misstrauisch an? War irgendetwas falsch an mir? Mochten die keine Ausländer? Dann verstand ich. Ich hatte für das bevorstehende

Vorstellungsgespräch, wie in Deutschland üblich, einen Anzug angezogen. Es war mein dunkelgrauer Anzug noch aus meiner Zeit als Empfangsvolontär in Konstanz, dazu meine gute silbergraue Krawatte. Im Vergleich zu den anderen mit ihren zerschlissenen Jeans, karierten Hemden und groben Arbeitsschuhen wirkte ich doch etwas overdressed. Ich sah aus wie ein Firmling unter Straßenräubern. Bei der *Chamber of Mines* ging dann alles überraschend schnell. Nach einer kurzen Befragung, einer medizinischen Untersuchung und der Überprüfung meiner Papiere drückte man mir ein Flugticket in die Hand. Edmonton-Watson Lake. Dann noch einen Arbeitsvertrag, auf dem etwas stand wie *labourer* und *Cassiar Asbestos*. Keine Ahnung, was ich da unterschrieben hatte, wo das war, was das war und was ich da tun sollte. Mein Englisch war noch sehr rudimentär. Eines war mir dennoch klar: Es war etwas anderes, als ich in meinen ursprünglichen Plänen für Kanada vorgesehen hatte. Mit dem Hotelgewerbe hatte es ganz sicher nichts zu tun. Vor vierzehn Tagen erst hatte ich mich von meinen Eltern verabschiedet, doch es kam mir vor wie ein ganzes Jahr. Das Leben schoss mich herum wie eine Flipperkugel, und ich war neugierig, was es jetzt mit mir vorhatte.

»Cassiar Asbestos!«, schrie der alte, unrasierte Mann mit seinem Cowboyhut, der da auf der Motorhaube seines alten rostigen Jeeps stand, kaum dass ich in Watson Lake aus dem Flugzeug gestiegen war. Alles war so schnell gegangen. Ich hatte kaum Zeit gehabt, mich in Edmonton von meinen Gastgebern zu verabschieden, schon ging es mit dem Taxi zum Flughafen. Nicht einmal meinen dunklen Anzug hatte ich wechseln können. Man hatte mir gesagt, dass Watson

Lake nur zweimal in der Woche von Edmonton angeflogen werde, deshalb die Eile. Nun, nach fünf Stunden Flug, hatte mich die kleine Propellermaschine mitten im Nirgendwo abgesetzt. Eine kleine Baracke, eine kurze, sandige Rollbahn. Ein Geisterflughafen.

»Cassiar!«, schrie er noch einmal. Meinte er mich? Ja, *Cassiar Asbestos Mine*, das stand auf dem Arbeitsvertrag. Jemand holte meinen Koffer aus dem Flugzeug. Mit mir waren nur drei weitere Passagiere ausgestiegen, die anderen flogen weiter nach Whitehorse in Yukon. Wieder so ein merkwürdiger Name. Ich ging über die Rollbahn zu dem Cowboy. Er fragte mich etwas, doch ich verstand sein Englisch nicht, deshalb zeigte ich ihm nur stumm meinen Arbeitsvertrag von der *Chamber of Mines*.

Er nickte. »Get in«, sagte er kurz angebunden. Ich wusste nicht, was er meinte, und schaute etwas ratlos. Er wurde ungehalten und deutete auf den Jeep. »Get in, for Christ's sake!«

Jetzt verstand ich. Schnell stieg ich ein, um den Cowboy nicht noch wütender zu machen. Mit durchdrehenden Reifen fuhr er los. Wir fuhren zügig auf einer sandigen Piste, erst durch Watson Lake, einen Ort aus etwa fünfzig einstöckigen Holzhäusern, einer Wohnwagensiedlung und einer Bar mit angeschlossenem zweistöckigem Hotel, auf dem in Leuchtschrift *Blue Moon* stand. Alles zusammen vielleicht siebenhundert Einwohner entlang einer breiten Sandstraße mit dem beeindruckenden Namen Alaska Highway. Gleich danach, ohne Übergang, wieder endlose grüne Fichten- und Kiefernwälder, dunkle Seen. Mein Chauffeur, der Cowboy, starrte auf die Straße und sagte kein Wort. Manchmal hatte er einen Hustenanfall, dann spuckte er etwas Braunes aus dem Fenster. Etwa einmal pro Viertelstunde ein entgegenkommender Lastwagen. Nach ungefähr fünfzig Kilometern wagte ich zu fragen, wohin wir denn führen. Er spuckte aus dem Fenster und antwortete nicht. Nach weiteren fünf Kilometern meinte er schließlich: »Cassiar.« Endlich, er wurde gesprächig. Ich fasste etwas Mut und fragte, wie lange es noch dauern würde. Wieder eine längere Pause, dann: »Four hours.« Vier Stunden also noch bis zu meinem Ziel. Nachdem der Cowboy keine Lust zu haben schien, sich weiter mit mir zu unterhalten, schwieg auch ich. Dabei hätte ich so viele Fragen gehabt. Noch immer hatte ich keine Ahnung, wohin genau wir fuhren. War Cassiar eine größere Stadt? Oder eine Holzhaussiedlung im Nirgendwo, wie Watson Lake? Der schwierigen Anfahrt nach zu schließen, eher Letzteres. Einsamer konnte es jedenfalls nicht mehr werden. Inzwischen befanden wir uns im Bundesstaat British Columbia, an der Grenze zu Yukon, rund fünfeinhalbtausend Kilometer von Montreal entfernt, im äußersten Nordwesten des Landes. Ich war also in den letzten vierzehn Tagen nicht nur von Rosenheim nach Kanada ausgewandert, sondern hatte gleich noch das ganze Land durchquert, ohne zu wissen, wohin mich dieser Weg führen würde. Immerhin war ich also schon einmal recht weit gekommen.

Der Alaska Highway hatte viele Schlaglöcher, und der Cowboy wich ihnen nicht aus, im Gegenteil, ich glaube, er suchte sie geradezu. Die Federung des Jeeps war hart, mein Kopf schlug an das Wagendach, und mein Hintern tat mir weh. Ich hatte das Gefühl, als ritten wir den Weg nach Cassiar. Irgendwann, ich hatte aufgegeben, auf die Uhr zu schauen, steckte sich der Cowboy während des Fahrens aus einer kleinen Blechbüchse ein dunkelbraunes Pulver in den Mund. Auf meinen neugierigen Blick hin bot er mir etwas davon an. Vorsichtig nahm ich eine kleine Prise und steckte sie mir, genau wie er, zwischen Zähne und Unterlippe. Es war Kautabak. Erst spürte ich nichts, aber dann... Alarm! Auf meinen Magen wirkte der ätzende Geschmack wie ein Attentat. Die Magensäfte revoltierten sofort und kamen gallig die Speiseröhre hoch. Mir wurde speiübel. Würgend und hustend musste ich an eine Szene aus einem Western denken, in der eine Klapperschlange auf einen schlafenden Cowboy zukroch, doch bevor sie ihren giftigen Biss ansetzen konnte, erwachte dieser und spuckte seinen Kautabak mit einem satten Strahl der klappernden Schlange direkt in die Augen. Sie hörte sofort auf zu klappern, krümmte sich vor Schmerzen und verschwand geblendet im Unterholz. Jetzt verstand ich, warum. Es klapperten die Klapperschlangen, bis dass die Klappern schlapper klangen...

Mein Fahrer fand mein Gewürge und Gehuste rasend komisch und wurde von da an sogar richtig gesprächig. Es waren sicher alles sehr witzige Geschichten, die er lachend und hustend zum Besten gab, aber ich verstand kein Wort. Trotzdem lachte ich mit, ich war ja froh, dass er endlich gut gelaunt war. Immer wieder benutzte er das Wort *fucking* in seinem Redefluss. Ich kannte es nicht, dachte mir aber, dass es sicher ein wichtiges Wort in der englischen Sprache sein musste. Ich würde es mir merken. Inzwischen war es rabenschwarze Nacht geworden. Die Straße wurde nur noch von den ruckelnden Scheinwerfern des Wagens beleuchtet. Aber ich war sicher, dass wir noch immer an grünen Fichtenwäldern und stillen Seen vorbeifuhren. Nach einer Weile tauchten einzelne Lichter im Dunklen auf. Anscheinend erreichten wir nun endlich unser Ziel. Ich konnte es kaum glauben. Mir war, als müsste ich für immer und ewig durch die dunkle Nacht fahren, vorbei an grünen Fichtenwäldern, stillen Seen, wieder Fichtenwäldern... endlos... ohne je anzukommen. Doch die Lichter wurden mehr, und schließlich schälten sich einzelne Holzhäuser aus dem undurchdringlichen Dunkel. Der Wagen hielt vor einer Holzbaracke mit dem Schild *Cassiar Asbestos Mine Office*. Mein neuer Freund stieg aus und winkte mir mitzukommen. In der Baracke saß an einem alten Schreibtisch ein ebenfalls unrasierter, älterer Mann. Er war nur mit einer Jeans bekleidet, und sein nackter Oberkörper war über und über tätowiert. Die beiden Männer begrüßten sich wie alte Freunde, tauschten Kautabak aus, und mein Begleiter kam nach einem längeren Gespräch, in dem sehr oft das Wort *fucking* fiel, offenbar auf mich und meine Probleme mit dem Kautabak zu sprechen. Beide wollten sich schier ausschütten vor Lachen. Sie lachten so ungehemmt, dass man ihre schwarzen Zähne sah. Mein Fahrer bot mir noch einmal Kautabak an. Ich lehnte dankend ab. Wieder brüllendes Gelächter, und ich stand dabei wie ein dummer Junge bei einem Gespräch von Erwachsenen. Seltsamerweise machte es mir nichts aus. Ich hoffte nur, endlich zu erfahren, wo ich gelandet war und wie es weiterging.

Sie schickten mich mit hellblauem Bettzeug, Kissen, Leintuch und Decke hinaus in die Nacht. Mir war die Baracke 24 zugeteilt worden, dort würde ich im Zimmer Nr. 13 übernachten. Morgen um zehn Uhr sollte ich mich im Personalbüro melden, dann würde man mir meine Arbeit zuweisen. Ich war noch immer verwirrt. Was war das für eine Arbeit? Was war ein *labourer*? *Waiter* kannte ich, aber *labourer*? Nach längerem Suchen in der Dunkelheit fand ich Baracke 24. Ein lang gezogenes, niedriges Gebäude, ein schmuckloser Gang. Kaum beleuchtet. Links und rechts jeweils zehn Türen. Am Ende die Toiletten und Duschen. Das Zimmer war trostlos. Kaltes Neonlicht, zwei leere Betten links und rechts an der Wand, Stahlgestelle wie beim Militär, nackte aufgerollte Matratzen, ein stählerner Spind, mehr nicht. Da saß ich nun auf dem kahlen Bett und versuchte, meine Gedanken zu sammeln. Was war nicht alles die letzten Tage auf mich eingestürmt? Und nun saß ich hier am Ende der Welt, müde, einsam, in einem freudlosen Zimmer und hatte keine Ahnung, was das Leben mit mir vorhatte. Eines jedoch war mir hundertprozentig klar: Ich war mit Sicherheit der einzige Deutsche, der jemals einen Fuß auf diesen entlegenen Flecken Erde gesetzt hat. Allein diese Vorstellung beflügelte mich schon wieder etwas. Was für ein Abenteuer! Das musste ich meinen Eltern und Freunden schreiben, die würden staunen!

Doch dann: Hörte ich recht, war ich übermüdet, war das eine Art akustische Fata Morgana? Durch die dünnen Wände vernahm ich ein deutsches Marschlied, das ich noch aus meiner Militärzeit kannte: »Auf der Heide steht ein kleines Blümelein, und das heißt: Erika ...« Ich horchte angestrengt, mit dem Ohr an der Wand. Nein, es war keine Einbildung. Ich sprang auf und lief hinaus. Ohne anzuklopfen, stürzte ich in das Zimmer, aus dem die vertrauten Laute drangen. Fünf junge Männer saßen da auf den zwei Betten und feierten mit Bierflaschen in der Hand eine kleine Party.

»Ich bin auch Deutscher!«, rief ich aufgeregt, wie jemand, der nach langen Irrwegen endlich seine vertraute Truppe wiedergefunden hat. Mein freudiges Bekenntnis zur deutschen Nation erweckte bei den fünfen jedoch keinerlei Erstaunen, ganz im Gegenteil, es war eher ein gelangweiltes Schulterzucken, und ich erfuhr zu meiner grenzenlosen Verwunderung, dass die Deutschen die größte Gruppe der

Ausländer in Cassiar bildeten. Diese jungen Männer waren Bergleute aus dem Ruhrgebiet und wollten sich hier etwas Geld für ihre weitere Reise verdienen. Man lud mich zum Bier ein, und nun wurde ich endlich aufgeklärt, wo ich denn gelandet war. Cassiar war eine Asbestmine. Ich hatte keine Ahnung, was Asbest war. Sie erklärten es mir. Oben am Berg werde das Mineral über Tage mit Baggern abgebaut und mit der Seilbahn in Stahlkörben in die sogenannte Mühle hinunter ins Tal befördert. Dort würden die Steine zu Pulver gemahlen. Man riet mir, unbedingt hinauf in die Mine zu gehen, denn nur dort arbeite man sieben Tage die Woche durch und verdiene deshalb durch die vielen Überstunden doppelt so viel wie unten in der Mühle. Aber ich hatte doch keine Ahnung vom Bergbau. Kein Problem, meinten sie, dort oben würde ich nur als *labourer* eingesetzt, als Hilfsarbeiter. Allerdings, so rieten sie mir grinsend, sollte ich morgen nicht mit meinem dunklen Anzug im Personalbüro antreten, das würde mich als Bergmann ein wenig unglaubwürdig wirken lassen.

Am nächsten Morgen, noch im Tiefschlaf, wurde ich von lautem Getrampel und Türenschlagen geweckt. Die Nachtschicht kam nach Hause. Ich stand auf. Zum ersten Mal sah ich bei Tageslicht, wo ich gelandet war. Ein großes Tal, umgeben von hohen, schneebedeckten Bergen, fast wie in Bayern. Auf einem der kahlen Gipfel konnte man größere Gebäude erkennen, das musste die Mine sein. Von dort führte eine Seilbahn kilometerweit hinunter ins Tal zu einem lang gezogenen, fensterlosen Wellblechgebäude, das aussah wie ein riesiger grauer Blechquader. Davor breitete sich eine etwa hundertfünfzig Meter hohe, grünliche Sandpyramide aus. Das war der gemahlene Asbest. Unentwegt schwebten die mit Steinen und Mineralien gefüllten Stahlkörbe mit der Seilbahn vom Berg herab, verschwanden in dem riesigen Wellblechkasten und kamen leer wieder zum Vorschein. Das war also die Mühle. Davor sah man Arbeiter mit Schutzmasken, von oben bis unten voller Staub, als ob sie sich in Mehl gewälzt hätten. Sie machten keinen glücklichen Eindruck. Ich musste den deutschen Jungs recht geben, dort wollte ich auf gar keinen Fall arbeiten. Es war noch Zeit bis zu meinem Termin im Personalbüro, und ich war neugierig, was mich hier noch alles erwartete. Blockhäuser und niedrige Baracken entlang der breiten Hauptstraße. Ein Supermarkt, in dem man von Kaugummi bis zu Sicherheitsschuhen mit Stahlkappe alles kaufen konnte, allerdings keinen Alkohol. Grellgelbe Pick-ups und beladene Lastwagen mit der Aufschrift *Cassiar Asbestos* fuhren vorbei. Es schien ein recht lebhafter Ort zu sein. Sogar einen hölzernen Kirchturm sah ich in der Ferne. Holz war hier ganz offensichtlich das vorherrschende Baumaterial. Ein Blick auf die Uhr. Es war noch Zeit zum Frühstücken. Die Kantine war nicht schwer zu finden. Aus allen Richtungen strebten unrasierte, staubige Männer in Jeans, zerfetzten Overalls und gelben Schutzhelmen mit eiligen Schritten einem flachen Holzbau am Ende der Straße zu. Ein etwa dreißig mal dreißig Meter großer Saal, voll mit rauchenden, kauenden und Kaffee schlürfenden Männern. In einer langen Reihe warteten Arbeiter mit müden Augen und öligen, schmutzigen Gesichtern an der Theke auf ihr Frühstück. Offenbar die Nachtschicht. Die vier schwitzenden Angestellten an der Essensausgabe hatten alle Hände voll zu tun. Es war eine Atmosphäre wie bei einer Viehversteigerung. Pausenlos brüllten sie, sich gegenseitig an Lautstärke überbietend, Bestellungen in die Küche. Zehn Spiegeleier! Zwölf Rühreier! Fünfzehn *Pancakes*! Wohlgemerkt: immer nur für eine Person. Dazu Türme von Bacon und Toast, Erdnussbutter, und das Ganze üppig mit Ahornsirup übergossen ...

Ich bestellte nur ein Spiegelei und schämte mich dafür fast ein bisschen. Während ich allein an einem der großen Tische saß, mein Spiegelei betrachtete und dem Stimmengewirr um mich herum lauschte, wurde mir das Paradoxe an meiner Situation bewusst. In was für eine Welt war ich da geraten? Vor nicht einmal fünf Monaten wollte ich noch die Reichen und Schönen treffen, wollte um jeden Preis Teil ihrer Welt sein. Vor nicht einmal einem halben Jahr starrte ich auf den Champs-Élysées neidisch durch die Fenster der Luxusrestaurants, nur um gelangweilten, arroganten Menschen beim Essen zuzusehen. Und nun saß ich hier, in einer lauten Kantine am Ende der Welt, neben ölverschmierten Bergleuten, die zum Frühstück zehn Spiegeleier und Berge von gebratenem Speck verschlangen. Aber es gefiel mir. Hier wurde gelacht und geschmatzt. Hier spürte ich das wirkliche Leben. Keine überheblichen Männer, keine arroganten Frauen. Das hier war die arbeitende, nicht die genießende Welt. Und irgendwie war ich bereits jetzt schon ein Teil davon.

Pünktlich um zehn Uhr meldete ich mich im Personalbüro. Meine Papiere und mein Arbeitsvertrag waren in Ordnung. Nun kam es darauf an, wohin ich zur Arbeit geschickt wurde. Natürlich wollte ich hinauf in die Mine, wie mir die Jungs gestern geraten hatten. Aber die Dame im Büro schüttelte den Kopf, sie brauchten alle neuen Leute für die Mühle, weil dort ständig Arbeiter kündigten. Ich ahnte, warum. Also musste ich zu einer List greifen. Ich erklärte ihr mit meinem sehr begrenzten Englisch, dass ich in Deutschland Bergbau studierte und nur deshalb nach Cassiar gekommen sei, um Erfahrungen zu sammeln, die Mine hier sei ja berühmt, auch in Deutschland.

Sie lächelte. Wahrscheinlich glaubte sie mir kein Wort, aber fand mein hilfloses Gestottere lustig. Langer Lüge kurzer, aber erfolgreicher Sinn: Ich wurde tatsächlich als Hilfsarbeiter oben in der Mine eingeteilt. Sieben Tage die Woche, neun Stunden am Tag, in drei Schichten. Alle zwei Wochen Wechsel. Tagschicht von acht bis siebzehn Uhr, Nachmittagsschicht von vier bis ein Uhr nachts, und Nachtschicht von Mitternacht bis neun Uhr morgens. Die Fahrt zur Mine und wieder ins Tal dauerte jeweils eine halbe Stunde, sodass wir insgesamt zehn Stunden am Tag unterwegs waren. Dafür gab es 1,94 Kanadische Dollar Stundenlohn. Pro Überstunde, ab der vierzigsten Stunde, 2,90 Dollar, am Sonntag das Doppelte. Essen, Zimmer, Reinigung und Wäsche frei. Ich rechnete schnell nach. In Mark war das viermal so viel. Das klang für mich, der ich ja noch nie viel Geld gehabt hatte, geradezu himmlisch. Man wies mich an, bei der Bank ein Konto zu eröffnen, und am nächsten Morgen um acht Uhr mit der Tagschicht zum ersten Mal zur Mine hochzufahren. Das klang alles wunderbar.

Als Erstes ging ich also zur Bank. Sie befand sich ebenfalls in einem Blockhaus und sah aus, als würde sie gleich von Männern mit Revolvern und Tüchern vor dem Gesicht überfallen. Mir wurde ein kleines blaues Sparbuch ausgehändigt, das die nächsten Monate das von mir meistgelesene Buch werden sollte. Zum ersten Mal in meinem Leben hatte ich ein eigenes Konto auf einer Bank. So langsam wurde ich also doch erwachsen …

Dann im Supermarkt Arbeitskleidung beschaffen. Kariertes Hemd, Jeans, Sicherheitsschuhe, Overall. Das reichte vorerst, noch war Sommer. Es war sogar heiß. In der Kantine beim Mittagessen traf ich meine Landsleute aus dem Ruhrgebiet wieder. Sie saßen an einem großen Tisch mit sechs anderen Arbeitern. Man sprach Ruhrpottdeutsch, Schwäbisch, zwei sprachen österreichischen Dialekt, und nun kam noch Bayerisch dazu. Man war verwundert und gratulierte mir, dass ich den Job oben in der Mine bekommen hatte, und klärte mich über die wichtigen Dinge und Gesetze hier im Camp auf. Es gab einen Sheriff, sehr groß und muskulös, der jeden, der betrunken randalierte, sofort in sein kleines Gefängnis sperrte. Und randalieren hieß hier in Kanada bereits auf der Straße laut grölen. Das genügte. Ein Schnellrichter sprach dann gleich am nächsten Tag die Strafe aus. Es gab ein *Community Center*, wo man lesen und Billard spielen konnte, eine große Halle für Sport und Veranstaltungen, und zweimal in der Woche wurde dort ein Film gezeigt. Es gab ein Bierlokal – getrennt für Männer und Frauen, versteht sich – und eine kleine Post. Sogar ein Reisebüro gab es. Und ein kleines Hospital für akute Fälle. Und alles war in flachen, gleichförmigen Blockhäusern untergebracht. Die Regeln im Bierlokal waren etwas gewöhnungsbedürftig. Niemand durfte vor einem leeren Glas Bier sitzen bleiben. Entweder bestellte man ein neues Glas, oder man musste das Lokal verlassen. Singen und fotografieren war strengstens untersagt. Warum, wusste niemand. Eine Flasche Bier in der Öffentlichkeit, schon kam der Sheriff. Ich war zwar noch nie ein großer Biertrinker gewesen, aber es war gut zu wissen. Das Campgefängnis wollte ich nicht so gerne von innen sehen.

Nun war ich also Minenarbeiter in Kanada. Ich musste an die zahlreichen Häutungen denken, die ich schon hinter mir hatte, Militär, Küchenhilfe, Hotelempfang, an die Kleidung, die ich jedes Mal zurückgelassen hatte, die Militäruniform, die Küchenkleidung und nun also auch meinen dunkelgrauen Anzug mit silbergrauer Krawatte. Stattdessen Holzfällerhemd, Arbeitsoverall und Schutzhelm. Jeden Tag fuhr ich zu meiner Schicht hinauf in die Mine, und es fühlte sich vollkommen anders an als meine bisherigen holprigen Versuche, in der Welt der Erwachsenen, der Arbeitswelt, Fuß zu fassen. Merkwürdig, aber ich, der ich doch immer zu den Eleganten, Schönen und Reichen hatte gehören wollen, fühlte mich unter diesen rauen Arbeitern aus aller Herren Länder unglaublich wohl. Hier konnte man ganz man selbst sein. Keiner war an dem sozialen Stand des anderen interessiert, ja, es gab gar keinen. Es war unwichtig, ob man hübsch oder hässlich, klein oder groß, reich oder arm war. Wir waren alle gleich, und es war gleichgültig, wer man vorher gewesen war, was man erreicht hatte und wo man gescheitert war. Mir fiel auf, wie sehr man dagegen in Europa beurteilt wird nach reich, schön, erfolgreich, nach arm und hässlich, und wie man sich unbewusst von den jeweiligen Statussymbolen leiten lässt. Hier in dieser Einsamkeit war das völlig unwichtig. Jeder wurde selbstverständlich so akzeptiert, wie er war. Und das tat mir gut. Der verkrampfte Wunsch, etwas darzustellen, etwas zu sein, was ich nicht war, fiel nach und nach von mir ab und machte einem angenehmen Gefühl von Entspanntheit und Gelassenheit Platz, das ich zuvor nicht gekannt hatte.

Jeden Morgen nach dem Frühstück ging ich die fünfhundert Meter zur Sammelstelle, hängte die braune Arbeitsmarke aus Plastik mit meiner Nummer an den Haken unserer Schicht. So konnte man kontrollieren, ob alle zur Arbeit erschienen waren. Dann stieg ich in den kleinen gelben Bus, der uns in dreißig Minuten nach oben zur Mine brachte. Wie Schulkinder hatten wir unser Pausenbrot in den Taschen. Wir waren ungefähr dreißig Leute, die da oben arbeiteten. Baggerführer und ihre Assistenten, *Oiler* genannt, Lastwagenfahrer, zwei Mann für das Sprengkommando, ein sogenannter *Crusher Operator*, der dafür zuständig war, dass das Mineral in gleichmäßigen Abständen gefördert wurde, um nicht die Laufbänder zu verstopfen. Ich war zum sogenannten *Dryer*, dem Trockner, eingeteilt worden. Das war eine zwölf Meter lange und knapp zwei Meter hohe Stahlwalze, die unentwegt von großen Zahnrädern angetrieben wurde und an einem Ende von einer extrem heißen Feuerdüse beheizt wurde. Darin wurden die auf Fließbändern antransportieren, noch feuchten Gesteinsbrocken getrocknet, bevor sie weiter zerkleinert und dann wieder mit Fließbändern zur Seilbahn befördert wurden. Dieses Ungetüm stand oder, besser gesagt, lag in einer großen, zugigen Halle aus Wellblech. Meine Aufgabe war es nun, alle Förderbänder in dieser Halle zu kontrollieren und, wenn sie von Gesteinsbrocken blockiert waren, mit einem Notschalter zu stoppen. Das passierte häufig, besonders im Winter, wenn das Erz gefroren war. Dann hieß es, die entstandenen Berge von Asbest, die sich inzwischen am Boden aufgestaut hatten, wieder auf die Fließbänder zu schaufeln.

Seit zehn Tagen fuhr ich nun hinauf zur Mine, und schon war es Routine. Es war wie in einem Tunnel. Man fuhr mit dem Bus nach oben, ging seiner Arbeit nach, kam zurück, ging in die Kantine. Dort traf man seine Landsleute und plauderte Belangloses. Schließlich ging man schlafen. Manchmal gab es Streit in der Kantine, dann kam es schon mal vor, dass ein kiloschweres T-Bone-Steak wie eine Frisbeescheibe quer durch den Raum flog oder ein zorniger, mit seinem Essen unzufriedener Mann den kleinen griechischen Koch mitsamt seiner hohen weißen Mütze über den Tresen zog. Beim ersten Mal war ich deswegen irritiert, aber bald hatte ich mich an diese kleinen Streitereien gewöhnt. Das war normal, und man ließ sich davon nicht beim Essen stören. Nur wenn Buletten auf dem Speiseplan standen, musste man wachsam sein und zur rechten Zeit in Deckung gehen. Da flogen die Fleischpflanzerl, wie wir Bayern sagen, wie bei einer zünftigen Schneeballschlacht durch die Kantine, von einer Ecke in die andere. Das war lustig und hob die Stimmung. Aber das waren schon die einzigen Höhepunkte in diesem ereignislos getakteten Lagerleben. Ich hatte mein Leben ruhiggestellt, entschleunigt, wie man heute sagt. In meiner Freizeit schrieb ich lange Briefe an Eltern und Freunde. Das einzig Spannende in diesen Tagen und Wochen war es, wenn ich auf der Post die Rückantworten abholen konnte und ich – immer etwas verspätet – Neuigkeiten aus meiner früheren, mir so weit entfernt erscheinenden Welt erhielt. Bayern München war in die Bundesliga aufgestiegen. Ein junger Spieler mit Namen Beckenbauer sollte ein großes Talent sein. Die größte Freude aber war immer wieder aufs Neue der Blick in mein kleines blaues Sparbuch. Mein Konto wuchs ständig an. Noch nie hatte ich, außer dem kärglichen Lohn im Hotel, eigenes Geld verdient. Und ich bekam Achtung vor seinem Wert. Ich wusste ja, wie schwer ich es verdienen musste.

Irgendwann machte ein Gerücht die Runde: Streik! Ich war fasziniert. Als Arbeiter in der Mine war ich automatisch Mitglied der Gewerkschaft *United Steelworkers* geworden, sogar mit Ausweis. Wie das schon klang, *Steelworkers*, so rau, so männlich, und nun drohten unsere Gewerkschaftsführer mit Streik, falls die Tarifverhandlungen platzen sollten. Ein romantisches Feuer von Klassenkampf loderte in mir, dem bisher vollkommen unpolitischen Egomanen, auf: wir Genossen gegen die da oben in den Chefetagen. Was könnte ich da später für klassenkämpferische Geschichten erzählen! Bei der Arbeit und in der Kantine war der drohende Ausstand Tagesthema. Gerüchte wurden hinter vorgehaltener Hand und mit geheimnisvollem Gesichtsausdruck weitergegeben. Jeder wusste etwas anderes. Ich fand es spannend. Endlich mal Abwechslung in der täglichen Routine. Aber nach ein paar Verhandlungen einigten sich die beiden Parteien still, ohne größere Probleme, und ich verdiente von da an, sogar vier Wochen rückwirkend, zwanzig Cent mehr pro Stunde. Schade, ich hätte so gerne ein bisschen gestreikt, aber wenigstens mein Sparbuch freute sich.

Ende Oktober fing es an zu schneien, und das Camp verwandelte sich in eine Winteridylle. Die schlichten dunkelbraunen Blockhäuser wirkten mit ihren meterhohen weißen Schneehauben und langen Eiszapfen wie aus einem Märchen, die ungeteerte, staubige Hauptstraße, die im Herbst eine einzige Schlammpiste gewesen war, verwandelte sich in ein eisiges weißes Band, und der Asbestberg vor der Mühle hätte einen tollen Slalomhang abgegeben. Die Berge ringsum leuchteten strahlend weiß. Es sah aus wie in einem Schweizer Winterkurort. Die Arbeit jedoch ging routinemäßig weiter. Nur die Kleidung veränderte sich. Im Supermarkt kaufte ich mir einen pelzgefütterten Parka, lange Unterhosen, warme Wollpullover und Arbeitsstiefel mit dicker Filzpolsterung, doch das alles werde nicht reichen, versicherte man mir, wenn erst der Winter beginne. Schöne Aussichten. Ich dachte, der Winter wäre längst da.

Bushed

Es war Anfang November. Ich war seit fünf Monaten in Cassiar und gehörte damit schon zu den Erfahreneren. Jeden Tag verließen Arbeiter die Mine, und jeden Tag kamen neue an. Ein ständiges Kommen und Gehen. Aber es gab auch Arbeiter, die seit zehn Jahren oder länger hier waren und tagaus, tagein, in stumpfsinniger Routine dahinlebten. Sie hatten manchmal seltsame Eigenarten. Die Frage, ob sie schon vorher merkwürdig waren oder erst im Camp dazu wurden, konnte nicht ohne Weiteres beantwortet werden. Ich war mir nicht ganz sicher. Vielleicht beides.

Hier im Camp vertrat man allerdings die feste Meinung, wer länger als ein Jahr in dieser Einsamkeit bleibe, der werde ganz sicher ein Eigenbrötler werden und unbrauchbar für das Leben draußen in der Zivilisation. *Bushed* nannte man das. Dieses Wort war abgeleitet von »Busch«, so hießen die endlosen grünen Kiefernwälder, die das Camp in Geiselhaft nahmen. Neben der völligen Abgeschiedenheit war es wohl auch die umfassende Rundumversorgung, die einen für das Leben in der normalen Welt zunehmend untauglich machen konnte. Nach der Arbeit brauchte man sich um nichts zu kümmern. Die üblichen täglichen Verpflichtungen, die man sonst im Alltag zu erledigen hatte, wurden einem vollkommen abgenommen. Die Zimmer wurden von den Indianern des nahen Reservats gereinigt. Die Wäsche brachte man zum Chinesen, die Kantine war zwanzig Stunden am Tag geöffnet, und in der Freizeit spielte man Billard oder ging ins Kino. Das Gehalt blieb auf der Bank. Jeder Tag war wie der andere. Ein bangloses Dahindümpeln, ein Leben ohne Abwechslung und Aufregung und auch ohne Frauen. Letzteres war zwar traurig, aber es hatte auch Vorteile. Kein Geschlechterkampf und kein Gockelgehabe. Dies alles führte dazu, dass auch das Äußere mit der Zeit keine Rolle mehr spielte. Man zog an, was gerade sauber war, und in den Spiegel schaute man nur noch zum Zähneputzen. Natürlich gab es auch Männer, die ihren Frust und ihre Langeweile mit Alkohol bekämpften und ihr gesamtes Monatsgehalt im Bierlokal vertranken, aber das waren wenige. Für die meisten war Cassiar eine Art Übergang, sie sparten ihre Dollars und hofften, sich damit irgendwann ein neues Leben aufzubauen.

Das war aber nicht so einfach, wie man glaubte. Häufig kam es vor, dass ein altgedienter Arbeiter, der sich vor Wochen mit einer bierseligen Party von uns in sein neues Leben verabschiedet hatte, nach kurzer Zeit reumütig wie der verlorene Sohn im Camp wieder auftauchte. Es war tatsächlich so: Viele kamen mit der Außenwelt nicht mehr klar. Und das gab mir zu denken. Ich hatte mein Leben hier in Cassiar für eine Weile ruhiggestellt, wie ein gebrochenes Bein, das zur Heilung in Gips gebettet wurde, so lange, bis ich wusste, was ich mit meinem zukünftigen Leben anfangen wollte. Nun kamen Zweifel: Würde es mir am Ende auch so ergehen? Würde ich mich in der normalen Welt, in der ich mich ja schon vor Kanada nicht sehr gut zurechtgefunden hatte, danach überhaupt noch behaupten können? War es nicht auch bei manchen Strafgefangenen so, dass sie nicht mehr ins Leben zurückfanden? Irgendwie war man hier doch auch wie in einem Gefangenenlager. Wenn auch freiwillig. Mit der Zeit gewöhnte man sich an diesen monotonen Alltag und wunderte sich auch nicht mehr über absonderliche Männer mit absonderlichen Eigenschaften. Die wunderlichsten Ideen wurden zur Normalität und vollkommen selbstverständlich. Was einem dagegen abhandenkam, war die Welt da draußen. Die sogenannte Normalität.

Mein Interesse an ungewöhnlichen Menschen und ihren bizarren Angewohnheiten, das ich bereits zu Hause als Kind verspürt hatte, fand hier jedenfalls reichlich Stoff. Mir fallen zum Beispiel unsere beiden Baggerführer ein, beide Serben. Sie hatten ihre hart verdienten Dollar in Luxusuhren angelegt. Eine goldene Rolex der eine, eine Patek Philippe aus Platin der andere. Irgendwann, in einer Bierlaune, kam es zu einer Wette. Man stritt sich, welche der beiden Uhrenmarken die bessere sei. Aber wie sollte man erkennen, welche Uhr besser tickte? Man kam auf eine verblüffend einfache Lösung: Die Männer legten ihre Luxuschronometer in einen Topf mit kochendem Wasser und ließen sie, wie hart gekochte Eier, zehn Minuten sieden. Wer war am Ende der Sieger? Keiner. Die Uhren waren Schrott.

Oder ich denke an den stillen Patrick, einen alten Iren mit rotem Gesicht und weißen Haaren. Er lebte schon seit zehn Jahren ununterbrochen in Cassiar, ohne jemals Urlaub genommen zu haben, hatte keine Kinder, keine Verwandten. Ein absoluter Einzelgänger, der mit niemandem redete. Jeden Tag fuhren wir zusammen zur Mine. Immer saß er am selben Platz im Bus, Reihe links, neben dem Fenster. Das war sein in zehn Jahren erkämpfter Stammplatz. Keiner hätte gewagt, sich dorthin zu setzen. Er war immer freundlich und grüßte jeden mit Vornamen. Während der Fahrt zur Mine öffnete er jedes Mal sorgfältig seine Tasche und entnahm ihr ein Paket von Prospekten und Magazinen von Fotokameras und Kameraobjektiven. Er versank vollkommen in diesen Werbebroschüren. Geradezu manisch las er die Berichte und die Tests der neuesten Modelle, als wollte er sie auswendig lernen. Einmal saß ich im Bus neben ihm und zeigte mich an seinen Prospekten interessiert. Da tauchte er aus seiner fast autistischen Einsilbigkeit auf. Voller Leidenschaft beschrieb er mir die Kameras und Objektive, die er besaß, in allen Einzelheiten. Sechsundvierzig Kameras und sechzig Objektive hatte er schon gesammelt, und alle waren in einem Safe in der Bank deponiert. Er schwärmte von ihnen wie ein Taubenzüchter von seinen geliebten Brieftauben. Auf meine Frage, ob er denn auch mit ihnen fotografierte, schaute er mich an, als ob ich ihm etwas Obszönes zutrauen würde. Fast war er beleidigt. Natürlich nicht, dazu seien sie zu kostbar. Aber manchmal im Jahr, so gestand er mir mit einem verschämten Lächeln, holte er heimlich einige seiner Lieblingskameras aus dem Safe und verbrachte das Wochenende mit ihnen. Ganz allein …

Ein anderer Mann ist mir auch nach so langer Zeit noch besonders tief in Erinnerung geblieben und gehört unbedingt zu meiner Sammlung von ungewöhnlichen Menschen: Greg, der Millionär. Zu ihm muss man Folgendes wissen: Die riesigen Kiefernwälder im Norden Kanadas waren zu der Zeit (und sind es womöglich noch heute) ein geradezu magischer Anziehungspunkt für Bärenjäger, Glücksritter und sonstige Abenteurer. Diese ließen sich von Buschfliegern in die Wildnis bringen und hausten dort dann in selbst gebauten Hütten, monatelang, nur auf sich gestellt. In den hohen Bergen und den weitläufigen, dichten Wäldern waren sie unentwegt auf der Suche nach Gold,

Öl und Mineralien. Die kanadische Wildnis ist voll von solchen Bodenschätzen. Wenn sie glaubten, auf etwas Wertvolles gestoßen zu sein, steckten sie einen Claim ab und riefen per Funk den Buschflieger. Dann meldeten sie so schnell wie möglich, damit ihnen niemand zuvorkam, ihren Fund der Regierung, und der Claim wurde in großen Landkarten genauestens registriert und eingetragen. Der nächste Schritt war es, eine Gesellschaft zu finden, die an der Ausbeutung dieser Mineralien interessiert war. Kam eine Einigung zustande, schickte die betreffende Firma ein Team von Fachleuten und Geologen, die überprüften, ob sich eine größere Investition lohnte. Die Asbestmine von Cassiar wurde auf diese Weise entdeckt. Und zwar von dem Mann, über den ich hier erzählen will. Erzählen muss. Eines Abends saß ich mit meinen deutschen und österreichischen Landsleuten im Bierlokal des Camps zusammen. Draußen war bereits tiefer Winter, es war eisig, und man fühlte sich in dem warmen, gemütlichen Blockhaus fast wie in einer bayerischen Wirtschaft. Ich hatte gerade zwei Wochen Nachtschicht hinter mir, hatte den ganzen Tag geschlafen und Lust auf etwas Abwechslung. Irgendwann am Abend öffnete sich die Tür, und ein Hauch von Abenteuer und Freiheit wehte herein. Ein alter Mann mit schulterlangen weißen Haaren, einer Biberfellmütze, einem langen Fellmantel und zwei großen Taschen trat auf, wie ein Schauspieler auf der Bühne. Wie ein solcher wurde er auch begrüßt. Mit großem Hallo. Jeder außer mir und meinen Freunden kannte ihn. Er nahm die Huldigungen und das Schulterklopfen wohlwollend entgegen wie ein Hundebesitzer das Freudengeheul seiner Meute. Mit lauter Stimme, damit ihn auch alle zur Kenntnis nahmen, bestellte er eine Lokalrunde und war von dem Moment an der Mittelpunkt der Gästeschar. Wer war das?

Von einem der Nachbartische erfuhren wir, dass er Greg hieß und in Cassiar so etwas wie eine Institution war. Den Sommer über lebte er in einer Hütte im Busch, und wenn die Saison dort zu Ende war, machte er Zwischenstation in Cassiar, um seine Felle zu verkaufen. Nun war es also wieder so weit. Er öffnete seine Taschen und zeigte die Beute der letzten Monate im Lokal herum. Die Pelze gingen von Tisch zu Tisch. Sie wurden gedreht, gewendet, begutachtet und beschnuppert. Dann wurde über die Tische hinweg verhandelt, geschachert, gefeilscht. Die Stimmung wurde immer lauter und lustiger. Witze flogen hin und her, und plötzlich war Partystimmung im Lokal. Als die angetrunkenen Männer schließlich zu singen anfingen, tauchte ganz ruhig der Sheriff am Eingang auf und machte der Party mit einem lauten *Finished!* ein Ende.

Das Lokal leerte sich schnell, doch ich blieb sitzen. Ich war noch nicht müde, und vor allem war ich neugierig auf diesen alten Mann, der jetzt ganz allein an einem Tisch beim Bier saß. Was für ein ungewöhnlicher Typ. Er wirkte so souverän, so ohne Angst, so frei. Ich wollte ich kennenlernen und ging zu ihm.

»Hi, Greg!«

Verwundert hob er den Kopf, zeigte ohne große Umstände auf den leeren Stuhl an seinem Tisch, bestellte mir ein Bier, und dann plauderten wir.

Er war noch gar nicht so alt, wie ich vermutet hatte, erst achtundsechzig. Ich hatte ihn mindestens zehn Jahre älter geschätzt. Morgen würde er mit dem Bus nach Watson Lake fahren und dort seine restlichen Felle verkaufen. In der Blue Moon Bar würde er sich für ein paar Nächte eine gute Zeit machen. Er grinste mir vertraulich zu: Da gebe es »gute Weiber«. Den restlichen Winter würde er wie jedes Jahr in

Mexiko verbringen, in einem kleinen Dorf am Atlantik. Das sei billig und die Weiber seien willig. Wieder dieses kumpelhafte Grinsen. Es berührte mich etwas unangenehm. Ein so alter Mann und hatte nur Sex im Kopf.

Er fragte mich, woher ich käme, und zu meiner Verwunderung wusste er im Gegensatz zu vielen Kanadiern, die ich getroffen hatte, nicht nur, wo Deutschland lag, sondern kannte auch viele Städte dort. Es stellte sich heraus, dass er nicht nur in Deutschland gewesen war, sondern schon fast überall in Europa und auf der ganzen Welt. Paris habe ihm am besten gefallen, verriet er mir. »Geile Frauen!« Wieder dieses vielsagende Männergrinsen, das ich schon kannte. Nun wurde ich doch sehr skeptisch. War das ein kanadischer Baron Münchhausen? Dieser absonderliche Waldmensch, der sich nur für Nutten zu interessieren schien – wieso kannte der die ganze Welt? Als ich etwas ungläubig lächelte, begann er, mir seine Geschichte zu erzählen, und ich glaubte ihm. Es war einer dieser typischen Lebensläufe, denen man nur im kanadischen Busch begegnen konnte.

Vor ungefähr zwanzig Jahren hatte er sich in der Nähe von Watson Lake von einem Buschflieger absetzen lassen, um nach Gold zu suchen. Die Indianer des nahen Reservats erzählten ihm, dass die Gämsen und Steinböcke, die sie hier in den Bergen jagten, immer seltsame weiße Flocken, ähnlich wie Watte, in ihrem Fell hatten, und es war ihnen ein Rätsel, woher diese kamen. Greg wurde hellhörig, er suchte das Gebirge ab und wurde fündig. Ganz oben auf dem Berg steckte er seinen Claim ab, nahm Gesteinsproben und ließ sie analysieren. Es stellte sich heraus, dass er eine besonders wertvolle, weil sehr seltene Art von Asbest gefunden hatte. Mit dem langfaserigen Mineral konnte man Asbestanzüge für Brandbekämpfer anfertigen. Wenn man diese Fasern zwischen den Fingern zerrieb, entstanden diese weißen Flocken, von denen die Indianer der Gegend sprachen. Sie waren stachelig mit winzigen Widerhaken und fühlten sich an wie Glaswolle. Für Millionen von Dollar und einen großen Aktienanteil an der neu gegründeten Cassiar Asbestos Mine AG ließ er sich die Schürfrechte abkaufen. Nun war er reich. Für die nächsten sieben Jahre führte er das Leben eines Millionärs. Er kaufte ein großes Schiff und segelte mit wechselnden Prostituierten durch die Karibik. Bereiste Europa und Asien, vergnügte sich auch dort überall nur mit Prostituierten.»Tolle Weiber«, beschrieb er sie mir mit schwungvollen Gesten, sie waren nicht so schwierig und wollten ihn nicht heiraten, die nahmen ihm nur sein Geld, nicht seine Freiheit. Die war ihm wichtiger als alles andere. Nach sieben Jahren waren seine Millionen und auch ein großer Teil seiner Aktien auf einen kleinen Rest zusammengeschmolzen. Doch er war zufrieden. Er hatte das Leben genossen, und seine Freiheit hatte ihm niemand abkaufen können. Nun flog er eben wieder zurück in seinen geliebten Busch, stellte Biberfallen auf und hoffte, eines Tages vielleicht doch noch die Goldader zu finden, die er damals schon gesucht hatte.

Seltsam berührt sah ich den alten Mann mit dem schlohweißen Haar an. Was für eine unglaubliche Geschichte. Was für ein Unterschied zu dem ängstlichen, engstirnigen Sicherheitsdenken der Menschen bei mir zu Hause. Nur zu gerne hätte ich Greg meinem Vater vorgestellt. Was waren alle seine gut gemeinten Ratschläge für ein vermeintlich erfülltes Leben noch wert, nach so einer Geschichte? Ja, auch so ein Leben konnte man führen! Und war das nicht viel erfüllender und reicher als ein nur auf Karriere und Sicherheit fokussiertes Leben? Wie nichtig erschien dagegen ein mühsam erkämpfter gesellschaftlicher Rang in einer Kleinstadt wie Rosenheim. Wie unwichtig war es, wie tief man dort den Hut vor einem zog!

Ich war fasziniert. Auch wenn mir schon damals klar war, dass so ein Leben, wie Greg es führte, ohne Verantwortung für andere, ohne Familie, ohne Kinder, nur sich selbst genügend, mir nicht reichte, kam ich doch ins Grübeln. Die Geschichte des alten Mannes, der für sieben Jahre Millionär gewesen war, um danach wieder glücklich und zufrieden in einer Hütte in der Wildnis zu leben, hatte etwas in mir angestoßen. Ich wusste noch nicht genau, was es war, doch ich spürte, dass es mit meiner eigenen Zukunft zu tun hatte.

Eine weitere *bushed*-Geschichte aus dieser Zeit ist mir ebenfalls noch lebhaft in Erinnerung, weil auch sie auf ihre Weise etwas mit mir und meinem Leben zu tun hatte. Und auch sie handelt von einem Millionär: Alfred. Er war Deutscher, und jeder kannte ihn nur unter diesem Namen. Es hieß, er sei schon seit den Anfängen von Cassiar hier. Ein Urgestein, sehr hager, mit weißem Haar und dunklen, fast schwarzen Augen. Eigentlich sah er aus wie sechzig, war aber angeblich erst achtundvierzig Jahre alt. Man kannte weder sein genaues Alter, noch kannte man seine eigentliche Aufgabe im Camp. Offensichtlich war er so eine Art Hausmeister, aber niemand schien für ihn zuständig zu sein. Er kehrte die Wege, schaufelte im Winter den Schnee vor den Eingängen der Blockhäuser und strahlte eine Aura absoluter Einsamkeit aus. Etwas Geheimnisvolles, ja fast Unheimliches war an ihm. Kein Lächeln, kein Gruß, nicht einmal ein Aufschauen, wenn man ihm begegnete, selbst dann nicht, wenn man absichtlich laut grüßte. Dabei wirkte er nicht unhöflich, sondern nur vollkommen in sich gekehrt. Man hatte den Eindruck, dass er die anderen Menschen gar nicht wahrnahm. In der Kantine saß er immer allein an einem Tisch und war meistens schon mit dem Essen fertig, wenn die offizielle Mittagszeit begann. Man hatte sich an ihn gewöhnt, jeder kannte ihn, aber keiner interessierte sich für ihn, keiner redete mit ihm, er war einfach da, wie ein alter Baum oder der Dorfhund. Manchmal hörte ich ihn englisch reden, aber dann ging es meistens nur um Organisatorisches für seine Arbeit. Ganz zufällig kam ich dann doch einmal mit ihm ins Gespräch. Es war mittags, der erste Weihnachtstag. Ich war spät dran, hatte Nachtschicht gehabt, und alle Tische waren besetzt. Nur bei Alfred war noch ein Platz frei. Niemand setzte sich freiwillig zu ihm. Da ich wusste, dass er ein Landsmann war, begrüßte ich ihn mit einem bayerischen »Grüß Gott, darf ich mich dazusetzen?«. Er war verblüfft, das hatte er nicht erwartet. Zu meiner Überraschung war er keineswegs schweigsam, eher das Gegenteil war der Fall. Er stellte eine Menge Fragen, war begierig zu erfahren, wie lange ich schon in Kanada sei und wie sich Deutschland seit dem Krieg entwickelt habe. Schon seit vierzehn Jahren war er nicht mehr nach Hause gefahren und hatte großes Heimweh. Immer wieder erkundigte er sich nach den deutschen Städten, wollte wissen, welche meiner Meinung nach die schönste sei und wohin er denn gehen solle, wenn er irgendwann zurückkehren werde. Er erzählte mir von seinem Heimatdorf irgendwo in der Nähe von Frankfurt und beschrieb mir mit wehmütigem Lächeln seine Kinderspiele und späteren Liebesabenteuer in den Mainauen. Während unseres Gesprächs lebte er förmlich auf. Als er beiläufig erwähnte, dass er im Krieg als Soldat gekämpft habe, machte mich das neugierig, und ich stellte ihm einige Fragen dazu. Doch darüber wollte er nicht sprechen. Augenblicklich zog er sich wie eine Schildkröte wieder in seinen Panzer zurück. Seine dunklen Augen erloschen, und die Aura von Einsamkeit kam zurück wie plötzlich aufsteigender Nebel.

Kurz vor Weihnachten lud die Geschäftsführung alle Angestellten des Camps zu einem großen Dinner ein. Man wollte sich bei allen bedanken, die mitgeholfen hatten, dass Cassiar zur sichersten Mine in ganz Kanada gekürt worden war. Kein einziger Verletzter in zwölf Monaten. Eine Seltenheit. Das sparte der Mine Versicherungsprämien in Millionenhöhe. Die große *Community Hall* wurde ausgeräumt und mit großen, weiß gedeckten Tischen ausgestattet. Zweihundertfünfzig Menschen, fast nur Männer, waren geladen, und alle, alle kamen. Es gab ein großartiges Essen, sogar Hummer (der liegen blieb, weil keiner wusste, wie man den Panzer öffnete), und ganz, ganz viel zu trinken. Dann wurden lange Reden gehalten, über Stolz und über die Verantwortung aller. Darauf ein Prosit. Es folgte wieder eine lange Rede über Verpflichtung zur Sicherheit und zur Gesundheit der Angestellten. Prosit. Anschließend eine lange Rede vom obersten Boss, der eigens aus Edmonton eingeflogen war. Er sprach seinen tiefen Dank aus und beschwor alle, so weiterzumachen. Auf die Sicherheit und die Gesundheit der Arbeiter, das wichtigste Gut der Cassiar Asbestos Mine. Darauf sollten wieder alle trinken. Dieser Wunsch wurde gerne erfüllt.

Später am Abend brach urplötzlich eine Massenschlägerei unter den geladenen Gästen aus. Tische wurden geworfen, Fäuste geschwungen, Gläser zischten durch den Raum, und Weinflaschen wurden auf Köpfen zerschlagen. Auf der Walstatt blieben siebenundzwanzig Verletzte. Zwanzig Männer mit Platz- und Schnittwunden wurden gleich im kleinen

Hospital versorgt, sieben mussten mit gebrochenen Armen und Beinen und schweren Gehirnerschütterungen nach Whitehorse, der nächsten größeren Stadt, geflogen werden, und fünfzehn Raufer steckte der Sheriff ins Kittchen. Aber die Schlägerei war zum Glück nicht während der Arbeit ausgebrochen, und so blieb die Statistik davon unberührt. Neun Tage später hatte das Jahr 1966 begonnen. Ich glaube, wir hatten wegen der Zeitunterschiede in den verschiedenen Provinzen dieses riesigen Landes an die zehn Male im Radio *Happy New Year* gehört. *Happy New Year Quebec*, *Happy New Year Alberta*, später *Happy New Year British Columbia* und so weiter. Es war immer wieder ein guter Grund anzustoßen. Ich saß mit meinen drei deutschen und zwei österreichischen Kollegen in unserer kleinen Bude, und wir feierten das neue Jahr. Wir machten uns Gedanken, was es uns wohl bringen würde. Keiner wollte im Camp bleiben. Auch ich nicht, aber was sollte ich dann machen? Noch hatte ich keinen Plan. Es klopfte an der Tür, und Alfred stand vor ihr wie Hamlets Vater. Er war richtig erschrocken, als er uns sah. So viele Menschen machten ihm Angst, und er wollte sofort wieder gehen, aber das ließen wir nicht zu. Er hatte einen Katalog dabei, so dick wie ein Monatsmagazin. Es war ein Katalog von heiratswilligen Frauen aus Asien. Meistens aus Thailand, von den Philippinen, aus Malaysia und Indonesien. Es waren junge Frauen, die Männer aus Europa oder Amerika suchten. Auf jeder Seite waren ungefähr dreißig Frauen oder Mädchen abgebildet, und darunter standen jeweils die Daten: Mi Lai, zweiunddreißig Jahre alt, zwei Kinder, ledig, 1,56 Meter groß, fünfundvierzig Kilo schwer. Der ganze Katalog war voll mit solchen Heiratsannoncen. Für uns sahen die Gesichter sich zum Verwechseln ähnlich, was sollten wir empfehlen? Aber Alfred bestand bei aller scheuen Höflichkeit darauf, dass wir alle zusammen die richtige Partnerin für ihn fänden. Wir seien jung und verstünden etwas von Frauen. So verbrachten wir den Rest der Nacht und den Beginn des neuen Jahres damit, aus diesem Katalog arme, hoffnungsvolle asiatische Frauen zu beurteilen. Ich war für die Thailänderin auf Seite 6, weil sie so hübsch war. Die Österreicher bestanden auf der Malaysierin auf Seite 14, weil sie so mollig war, und Malaysierinnen seien gutmütig. Mein Zimmerkollege Norbert fand aber die Philippinerin von Seite 9 besser, er wusste aus Erfahrung, dass die Philippinerinnen die besten Köchinnen seien. Fast kam es zum Streit. Sicher hatte auch der Alkohol unsere Sinne verwirrt. Aber Alfred trank trotz unserer Bitten keinen Schluck. Wahrscheinlich wollte er konzentriert bleiben bei der Brautschau. Man konnte schon leicht durcheinanderkommen bei diesen vielen Frauen.

Die Wochen vergingen, der Schnee und das Eis schmolzen, und die tauenden Eispisten verwandelten sich in knöcheltiefe Schlammstraßen. Es wurde Frühling im Norden Kanadas. Es gab einen Song von Johnny Horten, den ich in der Musikbox immer wieder abspielte: »*When It's Springtime in Alaska it's Forty Below.*«

Ich hatte einen neuen Job, mit höherem Stundenlohn, ich war nun *Crusher Operator*. Das klang bedeutender, als es war. Ich saß ganz oben in einer Glaskabine auf dem Minengebäude aus hellblauem Wellblech und gab wie mit einer Verkehrsampel mit Rot- oder Grünlicht Anweisungen an die wartenden Lastwagenfahrer, wann sie die gesprengten Asbestfelsbrocken in eine fünf Meter hohe und zehn Meter lange Stahlwanne kippen durften. Am Boden dieser Stahlwanne war ein stabiles eisernes Förderband, das die Felsbrocken hinunter in den *Crusher* beförderte. Dieser *Crusher* war ein fünfzehn Meter hohes Ungetüm, das wie die Kiefer eines Riesen die großen Asbestfelsbrocken zu kleinen Stücken zermalmte. Man kann sich das so vorstellen: Oben war der Mund des Minengebäudes, der mit den Asbestfelsbrocken gefüttert wurde, dann ging es fünfzig Meter durch viele elektrische Siebe hinunter zum *Dryer*, von dort in die Stahlkörbe und mit der Seilbahn kilometerweit hinunter zur Mühle im Camp.

Wenn alles glattlief, war das ein idealer Job zum Nachdenken und Träumen. Wenn der Asbest allerdings gefroren war, dann türmte sich das Erz in der Wanne zu einer meterhohen Mauer, und ich musste mit einer langen Eisenstange die zementharten Felsbrocken voneinander lösen. Man musste genau aufpassen, um nicht von einem herabfallenden Felsbrocken erschlagen zu werden. So vergingen eintönige lange Stunden. Und immer noch stand ich vor der stets aktuellen Frage: »Was mache ich aus meinem Leben? Ich horchte in mich hinein. Keine Antwort. Wenigstens wuchs in dieser Zeit mein Konto auf der Bank. Auch nicht schlecht.

Alfred hatte sich zu einem vertrauensvollen Freund entwickelt. Immer wieder kam er mit neuen Katalogen von Frauen zu mir und wollte meinen Rat. Wie konnte ich jemandem einen Ratschlag geben, ich war ja selber ratlos, aber das war in meinen Augen nicht der richtige Weg, eine Frau fürs Leben zu finden. Er gestand mir, dass er in all den Jahren viel Geld gespart habe und nun bereit sei, nach Deutschland zurückzukehren. Dort wollte er sich eine Wohnung kaufen und am Flughafen in Frankfurt arbeiten, einen Job würde er leicht finden, sein Englisch sei ja perfekt. Ich riet ihm, mit der Heirat zu warten, bis er in Deutschland sei.

Wochen später kam ein strahlender Alfred zu mir und zeigte mir stolz sein *One-way*-Ticket nach Deutschland. Er hatte sich entschlossen, den Sprung zu wagen. Ich gratulierte ihm von Herzen, doch gleichzeitig machte mich seine Entscheidung auch ein bisschen wehmütig. Er wollte sein Leben verändern, und er wusste schon, wie. Dann war es so weit, Alfred verabschiedete sich von uns und stieg in den Bus nach Watson Lake. In seinem grauen Anzug mit Krawatte und mit dem großen neuen Koffer sah er fremd aus. Auch sein Verhalten hatte sich verändert. Er wirkte selbstbewusster, energischer. Es war ein Aufbruch in eine neue Welt, und genau das strahlte er aus. Wir winkten ihm hinterher. Es war immer etwas traurig, wenn jemand das Camp verließ. Als ob jemand als gesund aus dem Krankenhaus entlassen wurde und man selbst erst noch auf die Heilung warten musste. Wann würde ich in diesem Bus sitzen? Wann würde ich mich als geheilt entlassen?

Die Zeit ging dahin. Jeden Tag dasselbe: hinauf zur Mine, zurück mit dem Bus, vierzehn Tage Tagschicht, vierzehn Tage Nachmittagsschicht, vierzehn Tage Nachtschicht, immer dasselbe. Wie in einem Tunnel. Alfred hatte ich schon fast vergessen.

Es waren noch nicht einmal sechs Wochen vergangen, da hörte ich das Gerücht, dass Alfred wieder nach Cassiar zurückkommen würde. Die Company musste ihm sogar ein Rückflugticket schicken, angeblich hatte er kein Geld mehr. Ich konnte das nicht glauben, er hatte doch so viele Dollar gespart in all den Jahren. Was mochte nur passiert sein? Und tatsächlich tauchte Alfred nach ein paar Tagen wieder im Camp auf und ging, ganz so, als wäre nichts gewesen, seiner gewohnten Hausmeistertätigkeit nach. Natürlich war ich neugierig, wollte von ihm erfahren, was los gewesen sei, was er in der Zwischenzeit erlebt habe, doch Alfred ging mir ganz offensichtlich aus dem Weg.

Es wurde Sommer. Die Moskitos wurden zahlreicher und wilder, die Tage immer länger, bis zur Mitternachtssonne war es nicht mehr lange hin. Es blieb fast vierundzwanzig Stunden hell. Die Nachtschicht unterschied sich kaum mehr von der Tagschicht, und man hatte Probleme beim Einschlafen. Es wurde unerträglich heiß. Hatte man im Winter mit der unerbittlichen Kälte, mit Eis und Schnee zu kämpfen, wurde nun die Gefahr von Buschbränden immer akuter. Von überall wurden Männer abgestellt, um die Feuer zu bekämpfen.

Eines Morgens, meine Nachtschicht war soeben vorbei und ich saß allein in meiner Bude im Blockhaus und überprüfte meinen Lohnzettel, klopfte es an der Tür. Es war Alfred, und er hielt einen großen Stofflöwen mit weißblauem Halstuch im Arm. Vorsichtig blickte er sich um, überzeugte sich, dass ich allein war, und trat dann ein. Offenbar war er jetzt bereit für seine Geschichte.

Alfred war trockener Alkoholiker und hatte schon seit fünfzehn Jahren keinen Tropfen Alkohol mehr angerührt. Als er jedoch im Flugzeug nach Deutschland saß, aufgeregt und unsicher, konnte er sich nicht mehr beherrschen und trank gleich mehrere Schnäpse, um seine angespannten Nerven zu beruhigen. Das war ein Fehler, er wurde innerhalb kürzester Zeit betrunken und fing während des Fluges an zu randalieren und die Stewardess, die ihm keinen Alkohol mehr geben wollte, zu beschimpfen. Es endete damit, dass man ihn in München aus dem Flugzeug warf. Da war er nun nachts in dieser fremden Stadt und wusste nicht, was er da sollte. Von einem Taxifahrer ließ er sich in eine billige Pension fahren.

Irgendwo in Giesing. Zu dieser Pension gehörte auch eine gemütliche Eckkneipe mit einem sehr lebendigen Stammtisch von Fußballfans, der an dem Abend gerade einen Sieg von 1860 feierte. Das ganze Lokal war voll mit siegestrunkenen Anhängern. Es wurde gesungen und getanzt, und Alfred, immer noch oder schon wieder in euphorischer Stimmung aufgrund des Alkohols, spendierte allen Gästen des Lokals, was immer und wie viel sie trinken wollten. Das steigerte die allgemeine Siegesstimmung noch einmal, und als bekannt wurde, dass er gerade aus Kanada angekommen war, machte schnell das Gerücht die Runde, dass er einer dieser verrückten, extravaganten Millionäre aus Amerika sei, ein sentimentaler Anhänger von 1860 München, und nur aus diesem Grund sei er in dieser billigen Pension abgestiegen, und nicht, wie es sich für einen Millionär geziemte, im Hotel Vier Jahreszeiten. Man prostete ihm zu, ließ ihn hochleben und feierte seine Großzügigkeit. Auch junge hübsche Frauen fanden Interesse an dem geheimnisvollen Mann aus Kanada und schmiegten sich an ihn. Alfred war glücklich, zum ersten Mal in seinem Leben war er der Mittelpunkt. Dieses wunderbare Gefühl wollte er so lange wie möglich genießen. Man hörte ihm zu, man bewunderte ihn. Seinen Abenteuergeschichten von Bären und Wölfen lauschten alle mit offenem Mund. Alfred hatte viel zu erzählen. Auch davon, wie er mit seiner Asbestmine im hohen Norden Kanadas Millionen verdiente. Die respektvollen Blicke bauten ihn auf und streichelten seine Seele. Das Leben konnte so schön sein. Von nun an feierte er jeden Abend mit allen Gästen dieser Kneipe aufwendige Partys. So viele Freunde hatte er, der ewig Einsame, nie zuvor gehabt. Und es wurden täglich mehr. Sie aßen und tranken auf seine Kosten, und die Pension war für viele Tage eine geschlossene Gesellschaft, die nichts anderes als ihn, den großzügigen Millionär, und die zukünftige Meisterschaft von 1860 feierte. Die Pensionswirte konnten ihr Glück nicht fassen. Ein Lottogewinn in Form eines kanadischen Millionärs. Alfred lebte wie im Rausch. Zum ersten Mal interessierten sich auch Frauen für ihn und machten es ihm leicht, mit ihnen zu schlafen. Manch eine machte sich Hoffnungen, er sei doch schließlich unverheiratet. Es war der Himmel auf Erden. Was waren schon die mühsam gesparten Dollar gegen dieses Gefühl? Wie ein Verdurstender nach Wasser, so sehnte er sich nach der Liebe und Aufmerksamkeit, die er in den vielen Jahren seiner Einsamkeit nicht bekommen hatte. Es war, so beschrieb er es mir, ein ständiger seelischer Orgasmus. In all diesen Wochen blieb er nur in der engen Welt dieser Pension. Sie war sein neues Zuhause, hier war seine Familie. Die Stadt München interessierte ihn nicht. Warum auch, dort draußen war er doch wieder nur ein Niemand. In den Stunden, in denen er allein und vielleicht von Zweifeln geplagt wurde, betäubte er sich mit Alkohol. Er wollte der Realität nicht ins Auge sehen. Voller Ungeduld wartete er jeden Tag in seinem kleinen, armseligen Zimmer auf den Abend, um mit seinen neuen Freunden, die dann von der Arbeit kamen, bis in die Nacht zu feiern. Das sprach sich herum, jeder wollte den verrückten, großzügigen Millionär kennenlernen. Natürlich half er mit Geld aus, wenn jemand zufällig klamm war oder wenn eine junge Frau eine entzückende Handtasche in einem Schaufenster liegen sah, sie sich aber nicht leisten konnte. Alfred bezahlte. Er war das Tagesgespräch. Dieses unbeschreiblich süße Gefühl, der Mittelpunkt der Welt zu sein, ließ ihn alles vergessen. Seine größte Angst war, dass man seine Hochstapelei entdecken könnte und ihn hohnlachend davonjagte. Solange er noch alles bezahlen konnte, war die Gefahr gering, aber das mühsam Ersparte ging zur Neige. Er wollte mir nicht sagen, wie viel er in den fünfzehn Jahren gespart hatte. Auf jeden Fall nicht genug für so viele Freunde und so viele Feste. Dann, irgendwann, war die letzte Rechnung bezahlt, und sein Erspartes war dahin. Nicht einmal genügend Geld für ein Rückflugticket nach Cassiar war ihm geblieben. Ein böses Erwachen, wie immer nach einem Rausch. Es war Zeit, Abschied zu nehmen vom Mittelpunkt der Welt und zurückzukehren in die traurige Realität. Nach seinem Notanruf bei der Cassiar Asbestos Mine schickte man ihm, dem Altgedienten, das Rückflugticket zu, und alle Gäste der Pension luden ihn zu einer letzten großen Abschiedsparty ein. Dieses Mal war er der Gast. Gott sei Dank, er hätte es nicht mehr bezahlen können. So aber wurde er noch einmal wie ein Superstar gefeiert und mit einem Autokorso, geschmückt mit Fahnen des neuen Deutschen Fußballmeisters 1860 München, zum Flughafen gebracht. Zum Abschied schenkten ihm alle Gäste zusammen diesen bayerischen Stofflöwen, er möge ihn immer an seine treuen Freunde in München erinnern. Manche der Frauen hatten sogar Tränen in den Augen.

Das war Alfreds Geschichte. Als er am Ende angelangt war, schaute er mich erwartungsvoll an. Ich war sprachlos. Da hatte einer fünfzehn Jahre lang geschuftet, um dann innerhalb weniger Wochen alles zu verjubeln. Ich konnte es nicht fassen. Aber Alfred war nicht unglücklich, im Gegenteil, er wirkte verändert, selbstsicher und stolz. Diesen lächerlichen Stofflöwen zeigte er mir wie eine olympische Goldmedaille. Er war der Beweis dieser ruhmreichen Wochen, er war der Beweis, dass er einmal in seinem Leben ganz oben gestanden hatte, dass man ihn, ganz allein ihn, gefeiert hatte. Der hupende Autokorso durch München, mit weiß-blauen Fahnen, nur für ihn. Alle Leute waren auf den Bürgersteigen stehen geblieben, nur wegen ihm. Niemand konnte ihm das mehr wegnehmen. Er bereute nichts.

Und langsam begriff ich.

»Du hast alles richtig gemacht«, sagte ich zu Alfred und klopfte ihm auf die Schulter. Doch als er gegangen war, war mir zum Weinen zumute. War diese Geschichte nicht auch ein Hinweis auf mein früheres Leben? Hatte ich nicht auch immer wieder mit aller Macht jemand sein wollen, der ich nicht war?

Erkenntnis

Der zweite Winter ging ins Land, und ich war nun einer der Arbeiter, die es am längsten in der Mine ausgehalten hatten, von den *bushed people* einmal abgesehen. Ich war befördert worden und verdiente mehr Geld. Darüber freute sich nicht nur mein Sparbuch. »*One of our best men*«, nannte mich einer meiner Schichtleiter einmal, und dieser Satz machte mich, der ich solches Lob nicht kannte, ziemlich stolz.

Die Winter im Norden Kanadas sind mit den Wintern in Deutschland nicht zu vergleichen. Es war Dezember, seit Tagen schneite es nicht mehr, es war sogar zu kalt für Wolken, und der Himmel war makellos blau. Die Sonne stand hier im hohen Norden niedrig und strahlte nur die eisigen Berggipfel an, unser Tal hingegen lag während des ganzen Tages im Schatten. Man konnte nicht mehr von klirrender Kälte sprechen, sie war lebensfeindlich. Das Camp war nahezu menschenleer. Kein Mensch ging nach draußen, wenn er nicht unbedingt musste. Manchmal sah man eine vermummte Gestalt im Laufschritt über die Straße huschen und schnell wieder in einem der schützenden Gebäude verschwinden. Die Lastwagen, die den Asbest hinaus in die Welt brachten, fuhren zur Abkürzung über die zugefrorenen Seen, und selbst die gelben Pick-ups der Company schienen sich zu beeilen, so schnell wie möglich wieder in die wärmenden Garagen zu kommen. Trotz der Kälte ging die Arbeit in der Mine unvermindert weiter. Wir hatten uns auf die mörderische Kälte und den schneidenden Wind oben am Berg eingerichtet. Zu den zwei langen Unterhosen und Unterhemden kamen Jeans, Wollhemd, Rollkragenpullover, gesteppter Overall, ein fellgefütterter Parka, drei Paar Socken, Stiefel mit dicker Filzeinlage, über den Kopf eine Strickmaske, die nur knapp die Augen frei ließ, Ohrenschützer und zwei Paar Handschuhe. Darüber der gelbe Sicherheitshelm, der war Pflicht. Man sah aus wie ein dick gepolsterter Roboter und bewegte sich auch so. Aber nur so konnte man die Temperaturen ertragen, um die dreißig Grad minus, in der Nacht noch kälter. Bei Wind ging es dann noch einmal ein paar Grad nach unten. Erstaunlicherweise fror man gar nicht in dieser trockenen Kälte. Wenn man leichtsinnigerweise seine Strickmaske abnahm und Nase oder Ohren bereits anfingen, weiß zu werden, musste man manchmal sogar daran erinnert werden, dass Erfrierungen drohten.

Einmal wurde ich acht Nächte lang abkommandiert, die Lastwagen, die ihre Felsbrocken in die Halde hinabkippten, zu dirigieren und vor dem Abgrund zu warnen. Eine einsame, eintönige Beschäftigung bei minus fünfunddreißig Grad und eisigem Wind. Etwa jede halbe Stunde tauchte ein beladener Lastwagen auf, fuhr rückwärts an die Bergkante, kippte auf mein Zeichen die Ladung aus und verschwand, Dieselqualm hinterlassend, wieder in die Nacht. Dazwischen nichts als Stille, Kälte, Wind. Manchmal hüpfte ein weißer Schneehase vorbei. Ich hatte viel Zeit zu frieren und über mich und meine Zukunft nachzudenken. Dreiundzwanzig Jahre war ich inzwischen alt, und immer wieder stellte sich mir dieselbe alte Frage: Wie würde es mit meinem Leben weitergehen? Was hatte es mit mir vor? Ich hatte mich hierher, ans Ende der Welt, treiben lassen, doch ich wusste, das war nicht das Ziel. Wohin würde mich mein Weg führen? Gab es irgendwo eine Aufgabe für mich? Gab es irgendwo auf der Welt ein junges Mädchen, das noch gar nicht wusste, dass es mich gab, und das dennoch irgendwann meine Ehefrau werden würde? Wo war sie? In Deutschland oder in Kanada? Als was für einen Mann würde sie mich kennenlernen? Ich hatte keine Ahnung. Diese acht Nächte auf der einsamen Bergspitze waren die kältesten und längsten, aber auch die nachdenklichsten Nächte meines Lebens. Der eisige Wind pfiff gnadenlos, aber ich nahm ihn kaum wahr. Meine Gedanken kreisten immer um dasselbe Thema: Was wird aus mir? Irgendwann wurde mir in diesen schneehellen, eisklaren Nächten bewusst, wo mein Problem lag. Es war nur eine Binsenweisheit, vielleicht banal, aber die wirklich bedeutsamen Dinge erscheinen im Nachhinein oft so überraschend einfach. Tatsächlich muss man sie aber zunächst einmal begreifen, und das ist das Schwierige daran. Mir wurde klar, dass ich die Wahl hatte, dass ich frei entscheiden konnte. Jahrelang hatte ich mich so schmerzlich nach etwas gesehnt und dabei nicht verstanden, dass ich es bereits besaß. Ich begriff plötzlich etwas, was der französische Philosoph Rousseau mit dem Satz zusammenfasste: »Der Mensch wird frei geboren und liegt überall in Ketten.« Sobald man das Licht der Welt erblickt, ist man bereits ein Gefangener. Ein Gefangener seiner Herkunft. In diesem Moment beginnt die Programmierung des Ichs. Man übernimmt die Sprache, das Essen, den ästhetischen Geschmack, Kultur, Moral, Religion, Denkweise, Nationalgefühl, Traditionen und Benehmen der Eltern, der Gesellschaft, in die man hineingeboren ist. Durch Kindergarten, Schule, Kirche, Militär, Universität wird man weiter zu einem Menschen geformt, wie ihn sich die Eltern, die Lehrer, die Verwandten, die Freunde und letztlich der Staat wünschen. Entspricht man nicht dieser Erwartung, verhält man sich nicht konform, wird es schwierig. Man bekommt Probleme, so wie ich in all den Jahren vorher. Das war der eigentliche Kern all meiner Schwierigkeiten in meiner Jugend. An mir war gar nichts falsch, wie ich lange gedacht hatte, sondern ich passte nur nicht in die Norm, erfüllte nicht die Erwartungen, die mein Vater, meine Lehrer, die Gesellschaft an mich richteten. Ich weigerte mich, mich in die vorgesehene Programmierung einzufügen, mich anzupassen. Das war das Problem. Und noch etwas begriff ich in den Nächten auf diesem einsamen Berggipfel: Die achtzehn Monate in Kanada hatten diese Programmierungen in mir gelöscht. Vielleicht war es im Kern sogar das, was hier so salopp *bushed* genannt wurde, vielleicht war es nichts anderes als das Löschen alter Programme. Erst hier, fast am anderen Ende der Welt, hatte ich erkannt, dass es auch andere Lebensplanungen gab, dass man sein Leben auch vollkommen anders leben konnte. Nur in dieser Einsamkeit, unbeeinflusst von anderem Denken, anderen Meinungen, konnte ich zu mir finden. In dieser weiten, unberührten Natur begann ich plötzlich, meine eigene innere Stimme zu hören. Nur in dieser absoluten Stille der Seele konnte ich diese noch sehr schwache Stimme hören. Ich wusste, hier in Cassiar würde mir keiner mit sogenannter Vernunft meine heimlichen Wünsche zerstören. Die Toleranz und Gleichgültigkeit meiner Arbeitskollegen, diese Konzentration nur auf sich selbst hatten für mich etwas unglaublich Befreiendes. Natürlich würde man in einer Notsituation anderen helfen, aber ansonsten war man nur mit sich und seinem eigenen Leben beschäftigt und ließ dem anderen seine Freiräume, zu tun und zu lassen, was er wollte. So etwas hatte ich bisher noch nie erlebt.

Nach fast fünfzig Jahren kam ich vor einiger Zeit zusammen mit meiner Frau und einem Filmteam wieder nach Cassiar zurück. Man drehte einen fünfundvierzig Minuten langen Film über mein Leben. Die Mine gab es bereits nicht mehr, die Baracken waren verschwunden, nur ein alter Bagger stand noch aus der Zeit herum wie ein Dinosaurier. Mit bangen, aber auch freudigen Gefühlen stieg ich ganz allein auf den Berggipfel von damals. Es war ein Blick zugleich in die Vergangenheit und in die Zukunft. Alle meine tiefen Sorgen, Ängste und Erkenntnisse von damals tauchten wieder auf, wie Geister der Vergangenheit. Doch sie blieben nur Schatten, verflüchtigten sich wieder, wie Nebel in der Sonne, denn inzwischen wusste ich, wer ich war. Und ich wusste, welches junge Mädchen meine Frau geworden war. Ein warmes Gefühl von Dankbarkeit durchströmte mich. Alles hatte sich so wunderbar gefügt. Mit einem großen Glücksgefühl stieg ich wieder hinunter zu meiner wartenden Frau und dem Filmteam. Mein roter Faden hatte mich schon richtig geführt.

Nach diesen eiskalten Nächten auf dem Berg und diesen neuen wichtigen Erkenntnissen war mir zwar immer noch nicht klar, wie es mit meinem Leben weitergehen sollte, aber etwas hatte sich geändert. Meine Gedanken irrten nicht mehr im Kreis herum, waren nicht mehr gegängelt von Erwartungen und gut gemeinten Ratschlägen. Ich war frei zu entscheiden, was ich wirklich wollte. Wir sprachen untereinander oft über unsere Zukunft. Was würde sein, wenn wir Cassiar verlassen und wieder draußen im normalen Leben wären? Mein deutscher Kollege, mit dem ich seit drei Monaten im Blockhaus ein Zimmer teilte, ein langer, blonder, lustiger Kerl, hatte ein klares Ziel. Er wollte Farmer werden. Die kanadische Regierung versprach, jedem Kanadier und auch Einwanderern große Flächen von unkultiviertem Land zu übereignen, wenn er sich verpflichtete, dort eine Farm zu gründen. Er hatte schon bei der Regierung seine Bewerbung eingereicht und zeigte uns die fertigen Pläne seiner zukünftigen Ranch. Von Beruf war er Zimmermann, er konnte sein Haus also mit eigener Hand bauen. Das nötige Geld dafür verdiente er sich hier in der Mühle. Wäre das nichts für mich? Nein. Abgesehen davon, dass ich kein Haus würde bauen können, konnte ich mir ein Leben als Farmer nun gar nicht vorstellen. Ein etwa vierzigjähriger Deutscher, der schon in Südafrika in einer Diamantenmine gearbeitet hatte, wollte mich überreden, mit ihm nach Peru zu gehen, um Krokodile zu jagen. Angeblich war Krokodilleder weltweit sehr gefragt, und man konnte sehr reich damit werden. Er hatte sich schon in vielen Büchern darüber informiert, es sei kinderleicht, wenn man das richtige Gewehr habe. Ich versprach ihm, mir das zu überlegen. Hier in unserer so geregelten Zivilisation mag das verrückt klingen, aber in einer Welt wie Cassiar, in der fast alle ein ungewöhnliches Leben hinter sich oder vor sich hatten, fand man dergleichen nicht verwunderlich. Alles erschien normal und möglich.

Die Zeit drängte nun. Mir reichte es. Ich wollte raus aus Cassiar, hatte genug. Ein österreichischer Kollege aus Bregenz, ein unscheinbar aussehender junger Mann, wies mir den Weg, ohne es zu wissen. Er gab mir den Impuls, der mein Leben für immer verändern sollte. Im Gegensatz zu mir wusste er bereits genau, was er wollte. In einer Woche würde er kündigen und nach Hollywood gehen. Dort wollte er versuchen, als Schauspieler Karriere zu machen. Ich war elektrisiert. Wie meinte er das, als Schauspieler? Konnte man einfach nach Hollywood gehen und sagen: »Hallo, mich gibt es, ihr braucht mich«? Musste man dafür nicht entdeckt werden?

Schauspielerei, Filme, Kino, in andere Rollen schlüpfen, in fremde Welten eintauchen, diese Leidenschaft meiner Pubertät hatte ich längst verdrängt. Doch jetzt, bei unserem Gespräch, kam sie mit einer solchen Macht zurück, dass ich mich wunderte, wie ich sie je hatte vergessen können. Ja, natürlich, das wäre ein Ziel im Leben, das würde mir gefallen. Endlich ein Ziel! Aber war das überhaupt möglich? Könnte ich tatsächlich Schauspieler werden? Hirngespinste!, hörte ich meinen Vater schon sagen. Die Vernunft sagte: Nein, du doch nicht. Aber wenn dieser kleine Österreicher aus Bregenz, der überhaupt nicht aussah wie die Schauspieler, die ich aus den Filmen kannte, sich das zutraute, warum konnte ich das dann nicht auch?

Der junge Bregenzer war sehr selbstbewusst. Schauspielerei konnte man selbstverständlich lernen. In Wien hatte er bereits seine Schauspielprüfung gemacht, aber die hatten dort sein Talent nicht wirklich erkannt, und nun wollte er den direkten Weg gehen, gleich nach Hollywood. Ich nickte. Warum nicht? Plötzlich schien alles möglich. Auch, Schauspieler zu werden. Sogar in Hollywood.

Jetzt wusste ich, was ich werden wollte. Meine Gedanken überschlugen sich. Ich war glücklich, endlich wusste ich, was mein Ziel war. Schauspielerei. Keiner im Camp war deswegen verwundert oder lachte höhnisch. Schauspieler willst du werden? O.k. Mach das. Und ich begann zu planen. Zu Weihnachten wollte ich zu Hause sein und dann meinen Plan realisieren. Von Vancouver aus mit dem Greyhound-Bus nach San Francisco, dann über die Traumstraße *Number One* nach Los Angeles, von dort über San Diego nach Mexiko. Dann auf den Spuren von Elvis Urlaub in Acapulco (er hatte dort einen Film gedreht und das Lied »Acapulco« gesungen), diesem damals so mondänen Badeort. Am 24. Dezember wollte ich zu Hause sein. Der Tag meiner Abreise war gekommen. Ich stieg in den Bus nach Watson Lake. Wieder hatte ich meinen dunklen Anzug an, aus meiner Zeit als Empfangsvolontär in Konstanz. Vor achtzehn Monaten war ich mit diesem Cowboy nach Cassiar gekommen und hatte keine Ahnung, was mich erwartete. Meine deutschen Kollegen hatten mich zum Bus begleitet. Würden wir uns jemals wiedersehen? Nicht sentimental werden. Ganz hinten entdeckte ich Alfred, er winkte mir scheu zum Abschied. Ich ging zu ihm. Ein fester Händedruck. Er wollte etwas loswerden, ich kannte ihn. »Alfred, sag es.« Er zögerte: »Du bist doch aus München?« »Ja«, sagte ich, »aus der Nähe, warum?« Er lächelte verschämt. »Eine große Bitte! Wenn du diese Pension in Giesing besuchst, sag denen nicht, dass ich kein Millionär war.« Das versprach ich ihm. Hoffentlich liest diese Geschichte keiner von denen, die 1966 dabei waren, als 1860 München zum letzten Mal Deutscher Fußballmeister war.

TEIL 3

My way
1966 bis heute

Heimkehr

Nach einem Abstecher nach San Francisco und Acapulco landete ich am 24. Dezember 1966, nach achtzehn Monaten Abwesenheit, in München-Riem. Heiliger Abend. Weihnachten 1965 hatte ich mit Kollegen in meinem kleinen Zimmer gefeiert. Damals hatte jeder von uns schreckliches Heimweh. Diesmal aber wollte ich Weihnachten unbedingt wieder mit meiner Familie feiern und freute mich auf das Wiedersehen. Meine Eltern warteten in der Ankunftshalle auf mich. Sie waren älter geworden, besonders meine Mutter. Aber ansonsten dieselben Kleider, derselbe Hut, derselbe Wagen, seltsam, es war gar nichts Neues dazugekommen, als ob die Zeit stehen geblieben wäre. Nur mir kam alles fremd vor. Klein und eng. Wir brachten mein Gepäck zum Wagen. Eine unangenehme Spannung lag in der Luft. Kein liebevolles Umarmen, keine Wiedersehensfreude. Sie waren mir fremd geworden. Und ich ihnen. Dieses Wiedersehen machte mich unzufrieden, irgendwie zornig, und ich wusste nicht, warum. Die Heimfahrt war schweigsam, fast feindlich. Ich wollte nichts reden, nichts erzählen, war irgendwie enttäuscht, meine Eltern wohl auch. Das Heimkommen hatte ich mir so euphorisch ausgemalt. Jubel, Umarmungen, Tränen der Rührung. Eine neue Nähe vielleicht, nach so langer Zeit. Und nun saßen wir zu dritt stumm im Wagen auf der Autobahn nach Rosenheim und waren uns fremder denn je. Je näher wir den vertrauten Voralpen kamen, desto gereizter wurde ich. Hatte sich denn gar nichts geändert? Selbst die Berge waren unverändert, so brav, so klein, so langweilig. Wie kühn waren dagegen die unberührten Berggipfel in Cassiar gewesen. In Kanada hatte ich oft vom vertrauten Blick ins Inntal geträumt, von den Kirchen mit ihren Zwiebeltürmen, den hübschen Bauernhäusern des Chiemgaus mit ihren breiten Balkonen und üppigen Geranienkästen. Sie waren für mich ein Synonym für Heimat gewesen, und jetzt schienen sie mir nichts mehr als Symbole einer kleinlichen, stehen gebliebenen Welt. Erinnerungen an alte, unschöne Zeiten stiegen in mir hoch wie Sodbrennen. Am liebsten wäre ich auf der Stelle wieder umgekehrt, zurück nach Kanada. Mich ärgerten die heimlichen prüfenden Blicke meines Vaters, er wollte mich einschätzen. Hatte der Sohn sich verändert, war er endlich vernünftig geworden? Ich war dieses Beobachten, Beurteilen, Kontrollieren nicht mehr gewöhnt und spürte, wie es im Inneren meines Vaters brodelte. Ich kannte das und hasste es. Nach einer weiteren schweigsamen Viertelstunde, die Atmosphäre war elektrisch geladen, kam die Frage, die seit meiner Ankunft in der Luft lag und auf die ich gewartet hatte:

»Was hast du denn jetzt vor? Was willst du nun machen?«

Es sollte beiläufig klingen, harmlos, wie die Frage nach dem Wetter in Kanada, aber es war die Frage der Fragen. Sie war wie eine glimmende Zündschnur an der Bombe. Warum fragte er mich schon jetzt auf der Heimfahrt, warum nicht erst nach ein paar Tagen? Gab es denn nichts Wichtigeres, nach eineinhalb Jahren? Hätte er sich zuerst nicht einfach nur freuen können, dass ich wieder da war? Nun gut, er sollte meine Entscheidung hören. Ich kannte die Reaktion und wollte sie bewusst provozieren: »Ich möchte Schauspieler werden«, sagte ich mit fester Stimme. Der Schock meines Vaters war nahezu körperlich zu spüren. Fast wäre er an die Leitplanke gefahren. Eine lange Pause des Schreckens, dann Kopfschütteln und ein abgrundtiefer Seufzer der Verzweiflung. »Um Gottes willen! Wir hatten gehofft, du seist nun endlich vernünftig geworden!« Er klang wie ein Mensch, dem man gerade eröffnet hatte, dass der Krebs trotz Bestrahlung zurückgekehrt war.

Er hatte gehofft, nach den achtzehn Monaten würde ich als geläuterter Mann zurückkommen, und nun war ich in seinen Augen offensichtlich noch unreifer, noch verrückter als vorher. Die Bombe explodierte. Ich war außer mir. Kaum in Deutschland, wollten sie mir meine Träume mit ihren Vorurteilen und kleinlichen Denkweisen zerstören. Eine nicht zu bändigende Wut packte mich aus der Tiefe meiner Seele, der ganze Frust der früheren Jahre, all die Niederlagen, all die Demütigungen kamen zurück, und ich kotzte sie aus wie verdorbenes Essen. »Ich verbitte mir das«, hörte ich mich brüllen, »ihr macht mir meinen Traum nicht kaputt! Das lasse ich nicht zu! Ich mache, was ich für richtig halte, ihr habt mir nichts mehr zu sagen!«

Langes Schweigen. Es war schrecklich. Meine Eltern waren von dieser geballten Aggression zu Tode erschrocken, und auch ich fühlte mich traurig, leer und erschöpft. Es tat mir unendlich leid, aber es war einfach so aus mir herausgekommen, wie eine elektrische Entladung, etwas, das ich weder beherrschen noch steuern konnte.

Die Weihnachtsstimmung und die nächsten Feiertage waren gründlich verdorben. Niemand war mehr an den Geschenken interessiert. Keiner wollte reden. Abends hörte ich meinen Vater im Schlafzimmer, wie er meiner Mutter seine tiefe Verzweiflung über mich mitteilte. Es tat mir alles sehr leid. Meine Rückkehr war eine einzige Enttäuschung – für meine Eltern und für mich. Die Tage zu Hause waren für mich unerträglich. Selbst wenn ich kein Schauspieler werden sollte, würde ich nicht hierbleiben. Ich würde wieder zurückgehen. Mir kam die Novelle *Der alte Mann und das Meer* von Hemingway in den Sinn. Ein alter Fischer hat den größten Fisch seines Lebens gefangen, der jedoch zu groß ist, um ihn ins Boot zu ziehen. Er will zurück und stolz seine Beute zeigen und muss machtlos zusehen, wie ihm die gierigen Haifische den Fang seines Lebens wegfressen, sodass nur noch ein Gerippe übrig bleibt. Mir ging es ähnlich. Ein junger Mann findet nach Jahren der Ratlosigkeit endlich ein Ziel im Leben, etwas, wofür er kämpfen will, und dann kommen die sogenannten Vernünftigen und Erfahrenen, in Wirklichkeit Feigen, Kleinmütigen, und zerreden ihm diesen Traum. Von meinem endlich gefundenen Ziel im Leben war nicht mehr übrig als ein mitleidiges Lächeln über diesen pubertären Unsinn, über diese Schnapsidee. Von Tag zu Tag erschien mir der Wunsch, Schauspieler zu werden, unrealistischer, unvernünftiger und nichts als ein verrücktes Hirngespinst aus den einsamen Tagen von Cassiar. Die kleinstädtische Atmosphäre um mich herum, die Zweifel, das fehlende Vertrauen in mich, das absolute Unverständnis meines Vaters machten auch mich wieder kleinmütiger und ängstlicher. Man nannte das »auf dem Boden bleiben«. Aber wenn man auf dem Boden bleibt, wie will man dann fliegen?

Meine Mutter hingegen, das spürte ich, hatte heimlich den festen Glauben, dass ihr Bubi es schaffen würde.

Schauspieler! Mein Zukunftstraum wurde stirnrunzelnd

und kopfschüttelnd auf den Müll der schwachsinnigen Ideen geworfen. »Wenn du mal so alt bist wie ich, dann wirst du das verstehen«, war einer der Kommentare meines Vaters dazu. Meine Zweifel wuchsen. Natürlich, wie hatte ich nur so einfältig sein und glauben können, dass ich so etwas werden konnte? Ich doch nicht. Mein Vater brachte überdies das scheinbar unwiderlegbare Argument meiner Lernfaulheit in die Diskussion ein. »Du hast ja nicht einmal deine Lateinvokabeln gelernt. Als Schauspieler müsstest du seitenweise Text lernen, das schaffst du nie.« Ich musste ihm recht geben. Es war eine Schwachsinnsidee. Nur um nicht mein Gesicht zu verlieren, meldete ich mich dennoch bei der berühmten Falckenberg-Schule zur Aufnahmeprüfung an. Ich wollte es zumindest versucht haben, allerdings war ich zu diesem Zeitpunkt längst wieder ohne Glauben an mich und mein Talent.

Und so stand ich also einige Zeit später vor diesem alten Haus und starrte auf die Tür. Eine Schicksalstür. Ich ging die steinernen Stufen empor. Kleine Schritte für mich, ein großer Schritt für mein weiteres Leben?

Ein circa fünfzig Quadratmeter großer Raum mit einer Steinsäule in der Mitte war voller Menschen, alle erkennbar jünger als ich. Es herrschte eine merkwürdig überhitzte Stimmung. Die Spannung war geradezu körperlich zu spüren. Ernste Gesichter, leises Murmeln von Texten. Einige starrten konzentriert vor sich hin, andere gingen ruhelos auf und ab, nahmen plötzlich Fechthaltung ein, rauften sich die Haare. Hin und wieder waren hysterisches Auflachen, Stöhnen, Schreie, Weinkrämpfe zu hören. Verunsichert blieb ich stehen. War ich in eine Irrenanstalt geraten?

Dann begriff ich. Das waren nur Aufwärmübungen für die Prüfung. Mein Blick fiel auf einen jungen Mann, der aussah wie der kleine Bruder von Klaus Kinski. Er las stoisch in einem Buch, scheinbar völlig unberührt von der mit Emotionen aufgeladenen Atmosphäre, selbstbewusst, ganz sicher, aufgenommen zu werden. So cool wäre ich auch gerne gewesen. Die jungen Frauen waren nicht unbedingt hübsch, aber mit interessanten Gesichtern, alle waren ungewöhnlich gekleidet und hatten ungewöhnliche Frisuren. Auf eine eigenartige Weise wirkten sie altmodisch. Solche Mädchen hatte ich in Rosenheim noch nie gesehen. Die jungen Männer wirkten auf mich bereits wie fertige Künstler mit ihren markanten Gesichtern und wilden Frisuren. Manche waren ausgesprochen hässlich. Was wollten die hier? Die Schauspieler, die ich aus den Filmen kannte, waren doch immer schön...

Ihre Sprache war perfektes Hochdeutsch. Zumindest für meine Ohren. Es klang sehr hochmütig, sehr selbstbewusst, ganz anders als mein kehliges Bayerisch. Ich fühlte mich wieder wie in den ersten Tagen nach dem Camp. Unsicher hatte ich in Vancouver in den Auslagen der Geschäfte immer mein Aussehen überprüft: Wie wirkte ich, sah ich gut aus, gefiel ich den Frauen? Fragen, die sich in Cassiar, in dieser reinen Männerwelt, nie gestellt hatten. Und jetzt kam dieses Gefühl erneut. Ich fühlte mich ungehobelt und hinterwäldlerisch, ein Fremdkörper zwischen diesen so gewandt und selbstbewusst wirkenden jungen Menschen. Was wollte ich hier? Das war doch eine ganz andere Liga. Ich ging in das Sekretariat. Zwei freundliche Damen begrüßten mich – auf Bayerisch. Gott sei Dank, es gab also auch Bayern hier. Sie waren beruhigend normal und unauffällig.

»Haben Sie Ihre Einladung dabei?«

Sie überprüften das Schreiben. War irgendwas falsch? Wieder hoffte ich, dass irgendwo ein Fehler vorlag, ein

Missverständnis und sie mich aus formalen Gründen wegschickten. Dann hätte ich zu Hause bei den Eltern und Freunden wenigstens eine Ausrede gehabt. Aber alles war in Ordnung.

»Halmer? Günther?«
»Ja!«
»Rosenheim?«
»Ja!«
»Warten Sie draußen, Sie werden dann aufgerufen.«
Ich ging wieder zurück in den stickigen Warteraum. Die Luft knisterte förmlich vor Intensität, Angst und Hoffnung. Wie im Wartezimmer eines Arztes. Krebs oder gesund? Auch hier würde sich mein Leben entscheiden. So oder so.

Alle fünfzehn Minuten wurde ein Name aufgerufen, und diese zuvor noch so selbstbewussten jungen Menschen gingen nervös, mit blassem Gesicht die knarzende Holztreppe hinauf in den ersten Stock. Der Weg zum Schafott?

Dann kamen sie zurück, entweder selig lachend oder von Weinkrämpfen geschüttelt. Sie hatten sich versprochen oder den Text vergessen... Ja, natürlich, konnte ich denn überhaupt noch meinen Text? Wie ging er gleich wieder? Dieser Mann in dem einen Stück, wie hieß er noch? Jetzt war mir sogar der Titel des Stückes entfallen. Nein, ich konnte nicht auftreten, ich wusste ja nicht mal mehr den Namen der Rolle. Mein Vater hatte recht, das war nicht mein Beruf. Wieder kamen zwei Prüflinge zurück in den Warteraum, ein schmales, blondes Mädchen und ein großer junger Mann mit beginnender Glatze. Man stürzte sich auf sie, bestürmte sie mit Fragen. »Was hast du improvisieren müssen?«

»Eine Blume«, sagte das Mädchen. »Das Leben«, der junge Mann. Improvisieren? Davon wusste ich gar nichts.

Und wie, um Himmels willen, spielt man eine Blume? Das Mädchen kauerte sich auf den Boden und erstarrte. Dann kamen ihre Hände und Arme nach oben, das sollten sicher die Blätter der Blume sein, und zum Schluss tauchte ihr Gesicht auf, zuerst mit geschlossenen Augen und dann die Augen weit auf, ein strahlendes Lächeln. Die Blüte, klar, eine Sonnenblume. Aber nur, wenn man die Aufgabe kannte. Und wie spielt man das Leben? Ich war beeindruckt. Der junge Mann legte sich in Embryohaltung auf den Boden und weinte wie ein Baby, dann krabbelte er auf allen vieren durch den Raum, sprang plötzlich hoch und tanzte ekstatisch, aha, die Jugend, um dann, gekrümmt wie ein Hundertjähriger, mit kleinen Trippelschritten und gespieltem Stock durch das Zimmer zu schlurfen, das Alter. Ich war beeindruckt. Aber was waren das denn für Aufgaben? Ich kannte nur Wildwestfilme aus Amerika oder deutsche Heimatfilme. Konnte man sich John Wayne vorstellen, wie er eine Blume spielte? Oder das Leben? Der schoss höchstens jemanden vom Pferd. Ich kannte Burt Lancaster, Marlon Brando in *Die Faust im Nacken*, James Dean in *Denn sie wissen nicht, was sie tun* und Gary Cooper, in *12 Uhr mittags*, aber ich kannte nicht *Hamlet*, *Richard III.*, *Warten auf Godot* oder den *Kaufmann von Venedig*. Außerdem könnte ich mich auch gar nicht auf den Boden legen, ich hatte wieder meinen dunklen Anzug an, wie es sich gehörte für eine lebenswichtige Prüfung.

Der Kulturreferent von Rosenheim, den ich noch aus meiner unglücklichen Zeit am Gymnasium kannte, hatte mir einige klassische und moderne Stücke genannt, die Leichenrede von Marc Anton aus *Julius Caesar*, einen Monolog des kleinen Mönchs aus Bertolt Brechts *Leben des Galilei* und einen Monolog aus *Andorra* von Max Frisch, den Andri. Alle diese Texte hatte ich auswendig gelernt: »Freunde, Mitbürger, hört mich an...«, oder der anrührende Monolog des Andri aus *Andorra*, der Junge, der glaubte, ein Jude zu sein, weil alle das behaupteten. »Ja, Hochwürden, ich bin anders...« Ich hatte fleißig geübt, mich dabei mit einem alten Tonbandgerät aufgenommen und wieder und wieder abgehört. Es klang bayerisch und dilettantisch.

Nein, ich gehörte nicht hierher. Diese jungen Menschen hier diskutierten über Theateraufführungen, über Schauspieler, deren Namen ich nie vorher gehört hatte, Therese Giehse, Peter Lühr, Maria Nicklisch, Martin Benrath, Rolf Boysen, sie sprachen von Regisseuren wie Fritz Kortner, Hans Schweikart, Hans Lietzau, Rudolf Noelte. Sie flüsterten geheimnisvoll, dass August Everding höchstpersönlich in der Prüfungskommission sitze. Wer sollte das sein? Wieder ein Name, der mir nichts sagte. Woher auch? Ich war ja in meinem ganzen Leben noch nie im Theater gewesen. Meine einzigen Theatererfahrungen hatte ich meiner Tante Georgine zu verdanken, die mir Stücke vorgelesen hatte.

»Halmer, Günther!«

Mein Name wurde aufgerufen. Er klang hier so fremd, »Halmer«, das passte gar nicht in diese Welt. Außerdem war mein Name immer mit etwas Unangenehmem verbunden gewesen. »Halmer, Verweis!« »Halmer, zum Direktor!« Kein gutes Vorzeichen. Aber was sollte passieren?

Ich gab mir einen Ruck und ging nach oben. Die Treppe knarzte unwillig, als hätte sie etwas gegen mich, als wollte sie nicht von mir betreten werden. Nein, nein, nein, ich gehörte hier nicht her. Aber nun musste ich durch.

Der Raum, in den ich eintrat, war ganz dunkel. Wie in einem Kino. Man konnte nur ahnen, dass Menschen hier saßen, sah aber nicht, wie viele es waren. Acht oder zehn? Auf der gegenüberliegenden Seite dieses etwa sechzig Quadratmeter großen Raums befand sich eine kleine Bühne, ausgekleidet mit schwarzen Tüchern. Grelle Scheinwerfer leuchteten sie aus. Oben auf der Bühne war man geblendet, und ich hatte unwillkürlich die Vorstellung eines Verhörs. Fragen und Feststellungen von dunklen Mächten: »Wie kommen Sie hier herein? Sie haben hier nichts verloren. Sie sind ein Hochstapler...!« Ein Albtraum.

Von weit her hörte ich eine preußische, metallische Stimme: »Ihr Name?«

»Günther Halmer.« Kam dieses dünne Stimmchen aus mir?

»Und woher kommen Sie?«

»Bitte?« Ich verstand die Frage nicht.

»Wo Sie herkommen!«

Ach so, ja, sie meinten, wo ich aufgewachsen war.

»Rosenheim...«

Hörte ich da ein Glucksen, fanden die das komisch?

»Wie alt sind Sie?

»Vierundzwanzig.«

»Da haben Sie ja noch mal Glück gehabt, Ältere nehmen wir nicht mehr zur Prüfung. Was haben Sie bisher gemacht?«

Mein Gott, was für eine deutliche Aussprache, einschüchternd. Wie Pfeile trafen mich diese hochdeutschen Sätze aus dem Dunkeln. Meine bayerische Aussprache klang dagegen so unerträglich provinziell und unbeholfen.

»Gearbeitet. Im Norden Kanadas.«

Ein Riesenlacher da unten.

»Ja, was haben Sie denn da gemacht? Holzfäller?« Wieder ein unterdrücktes Lachen.

»Nein, ich habe in einer Asbestmine gearbeitet.« Während ich das sagte, fühlte ich das Absurde dieser Situation. Wie hatte ich mir jemals einbilden können, Schauspieler zu werden? Ich muss verrückt gewesen sein. *Bushed.*
»Asbest? Wird das nicht synthetisch hergestellt?«
»Nein, das wird in den Bergen abgebaut, es ist eine Art Gestein.« Ich hörte sie tuscheln. Wahrscheinlich diskutierten diese Menschen da unten, ob das richtig war. Was sollte das hier werden? Das hatte doch nichts mit Schauspielerei zu tun. Jetzt kamen sie endlich zur Sache.
»Was haben Sie uns denn mitgebracht?«
»Die Leichenrede von Marc Anton im *Julius Caesar*. Die ist von William Shakespeare.« Wieder wurde gelacht.
»Fangen Sie an.«
Ich räusperte mich, meine Kehle war ganz trocken, meine Stimme irgendwo.
»Mitbürger! Freunde! Römer! Hört mich an!/Begraben will ich Cäsarn, nicht ihn preisen./Was Menschen Übles tun, das überlebt sie,/Das Gute wird mit ihnen oft begraben...«
Plötzlich stand neben mir ein zweiter Günther Halmer, unsichtbar, er hörte mir zu, beobachtete mich und sagte: Das ist schrecklich, was du da machst, das klingt so idiotisch! Lass doch diesen Unsinn, du bist nur lächerlich mit deinem dunklen Anzug. Außerdem schwitzt du, unter deinen Achseln ist alles nass.
Ich holte tief Luft. »...Hier, mit des Brutus Willen und der andern ... Komm ich, bei Cäsars Leichenzug zu reden...«
Der andere Günther neben mir: Hör auf, das ist nicht auszuhalten. Du machst dich zum Gespött!
»...Er war mein Freund, war mir gerecht und treu;/

Doch Brutus sagt, dass er voll Herrschsucht war,/Und Brutus ist ein ehrenwerter Mann...«

»Ja, danke«, sagte die preußische männliche Stimme von unten.

»Was haben Sie noch?«

»Den Andri aus *Andorra* von Max Frisch.«

»Ja, bitte!«

Ich holte mir einen Stuhl. Meine Knie waren ganz weich.

»Brauchen Sie ein Glas Wasser?« Die Frauenstimme aus dem Dunkeln klang mitleidig.

Ich nickte und spürte, wie mir der Schweiß den Rücken hinunterrann.

»Gerne.«

Die Langeweile des Auditoriums war fast körperlich zu spüren. Warum quälten sie sich und mich? Sie sahen doch, dass ich unbegabt war. Ich war ein Ackergaul, kein Lipizzaner, nicht geeignet für Pirouetten und elegantes Traben. Dennoch machte ich weiter.

»Seit ich höre, hat man mir gesagt, ich sei anders und ich bin anders, Hochwürden...«

Nach nur drei Sätzen rief eine anonyme Männerstimme aus dem Gremium müde: »Danke, das reicht.«

»Ich habe auch noch den Monolog vom kleinen Mönch von *Galilei* vorbereitet«, sagte ich. Noch ein letzter Versuch zu kämpfen.

»Nein, danke, das reicht uns.«

Ein Tiefschlag. Man wollte mich los sein. Geschlagen wollte ich schon den Ort der Schmach verlassen, da fiel dem Gremium noch ein Höhepunkt der Verächtlichmachung ein. Offensichtlich wollte man mich komplett demütigen: »Singen Sie ein Lied, und tanzen Sie dazu.«

Die Frauenstimme: »Tanzen Sie wie eine Frau.«

Das war die Höhe, ich sollte hier den bayerischen Tanzbären geben, diese Menschen da unten wollten sich einen Spaß mit dem Rosenheimer Provinzler machen. Ich überlegte kurz, sollte ich ihnen den Vogel zeigen und stolz gehen? Außerdem fiel mir kein Lied ein. Mein Gehirn war leer. Was sollte ich singen? Und wie tanzt eine Frau? Auf Spitzen, wie im Ballett? Mir fiel ein, dass ein kanadischer Arbeitskamerad immer einen Countrysong hinausgegrölt hatte, während wir bei vierzig Grad unter null die vereisten Asbestbrocken mit einem großen Vorschlaghammer zertrümmerten. Wie sehnte ich mich jetzt nach ihm, diesem so rauen, aber ehrlichen, wunderbar einfachen Mann. Ohne nachzudenken, begann ich zu singen:
»I've laid around and played around
This old town too long.

Summer's almost gone,
Yes, winter's comin' on
...And I feel like I gotta travel on...«
Ich tanzte wie früher im Café Papagei in Rosenheim, ich tanzte um mein Leben
»...Poppa writes to Johnny,
But Johnny can't go home,
...
No, Johnny can't come home,
...
Cause he's been on the chain gang too long.«

Mein zweites Ich stand neben mir und lachte mich aus: Du siehst aus wie ein wild gewordener Empfangsvolontär im dunklen Anzug, der von einer Hummel gestochen wurde.

Das war der Gipfel. Nie hatte ich mich so armselig, so verwundbar, so einsam gefühlt. Es dauerte eine Ewigkeit.

Ich dachte an meine Mutter, die in ihrer grenzenlosen Liebe und ihrem nie enden wollenden Vertrauen in mich all ihren Freundinnen und den schadenfrohen Verwandten schon vorab erzählt hatte, dass ihr Sohn nun Schauspieler werde. Warum hatte sie nicht den Mund gehalten? Nun stand ich hier oben auf dieser hell ausgeleuchteten Bühne mitten in München; die Bretter, die angeblich die Welt bedeuten, quietschten gequält im stampfenden Rhythmus meiner Beine, und ich krümmte mich vor einer schadenfrohen Prüfungskommission wie ein verwundeter Wurm. Es war alles so unwirklich.

»Danke, das genügt«, sagte schließlich eine Stimme im Dunkeln und beendete damit meine Qual.

»Sie hören von uns.«

Endlich ließen sie mich gehen. Geteert und gefedert. Die Folter war zu Ende. Benommen und verwirrt, beschämt wie nie zuvor – und ich hatte schon einige Niederlagen erlitten – wankte ich aus dem Raum. Unten im Aufenthaltsraum stürzten sich sofort die neugierigen, wartenden Prüflinge auf mich. »Wie war es? Was hast du machen müssen?«

Ich schüttelte nur stumm den Kopf, wollte nicht sprechen, wollte nur noch weg, hinaus, an die Luft. Draußen auf der Straße hatte ich ein Gefühl, als wäre ich in einer Waschmaschine geschleudert worden und als wäre inzwischen die Welt untergegangen.

Doch alles war wie immer. Die Autos stauten sich an den Ampeln, Passanten gingen vorüber, und die Trambahn schrillte wie sonst auch. Ich atmete tief ein. Schön. Auch gut, dann also wieder zurück nach Kanada, hier in Deutschland bleibe ich nicht. Es war ja nur ein Test. Ich wollte ja nur wissen, ob ein Talent vorhanden war. Das war ja der

Grund, weshalb ich die Prüfung gemacht hatte. Nichts anderes hatte ich erwartet, aber ich wollte mir später nicht vorwerfen müssen, dass ich mich nicht getraut hätte. Das Schicksal hatte entschieden. Kanada war also meine Zukunft. Alles klar, kein Problem.

Aber warum war ich dann so traurig?

Vor den Kammerspielen an der Maximilianstraße betrachtete ich die großformatigen Theaterfotografien. Diese Schauspieler da, die kannte ich alle vom Fernsehen oder Kino; da war Robert Graf aus dem Film *Buddenbrooks*, und das da war doch Helmuth Lohner aus dem Film *Das Wirtshaus im Spessart* mit Lilo Pulver. Und sogar Heinz Rühmann war dort abgebildet, einer meiner großen Helden, dem ich mich tief verbunden fühlte, seit er in diesem urkomischen Film *Die Feuerzangenbowle* als vermeintlicher Schüler die kauzigen Professoren genervt hatte. Die alle spielten hier Theater. Ich ging in das kleine Café neben den Kammerspielen, es hieß Die Kulisse. Rechts neben dem Eingang, da saß doch Horst Tappert, den kannte ich aus diesem Fernsehspiel *Die Gentlemen bitten zur Kasse*, und der Mann neben ihm kam mir auch bekannt vor. Ja klar, das war Hans Christian Blech aus dem Film *08/15* mit Joachim Fuchsberger in der Hauptrolle.

Ich kannte sie alle. War ihnen so nah und doch unendlich fern. Sie saßen da und tranken Kaffee. Einfach so, als ob sie ganz normale Menschen wären.

Ganz hinten, an einem kleinen Tisch, wartete mein Freund Günter:

»Na, wie war's?«

Ich setzte mich zu ihm und fing an zu reden, zu beschreiben und vorzuspielen. Wir lachten, dass uns die Tränen kamen. Aber ich war mir nicht sicher, ob meine Tränen nur vom Lachen kamen.

Diese krachende Niederlage war, als hätte man mir einen Eimer Eiswasser über den Kopf gegossen. Mein Vater hatte doch recht, es war eine schwachsinnige Idee von mir. Ich musste mich ablenken und flog mit meinem Freund Günter nach New York. Es war eine Flucht vor mir selbst, vor meinem verwundeten Ego. Diese Niederlage wollte ich verdrängen, vergessen konnte ich sie nicht. Niemand sollte mich durch dumme Fragen daran erinnern. In drei Wochen würde man erfahren, ob man angenommen worden war oder nicht. Mir war klar, dass ich nicht dazugehörte, aber die Hoffnung stirbt zuletzt. Wir besuchten New York, Philadelphia, Washington, und ich versuchte, mich nur auf diese Reise zu konzentrieren. Gab es nicht Millionen von Menschen, die keine Schauspieler und trotzdem glücklich waren? In Washington trafen wir meine farbige Freundin aus Paris, Kathleen. Es war der Höhepunkt der Black-Power-Bewegung, und Kathleen hatte wegen uns bei ihren dunkelhäutigen Landsleuten einen schweren Stand. Immer wieder wurde sie von Taxifahrern, von schwarzen Kellnern im Restaurant oder in der Diskothek recht ruppig darauf aufmerksam gemacht, dass sie sich schämen solle, mit Weißen zu verkehren. Dabei wollte sie uns beiden doch nur die Stadt zeigen. Wir entließen sie bald aus ihrer schwierigen Situation. Trotz vieler interessanter und aufregender Eindrücke war ich nie ganz bei der Sache. Meine Gedanken waren immer zu Hause. Wann würde die Absage eintreffen?

Vierzehn Tage später kam ich nachts zu Hause an. Die Wohnung war dunkel. Im Schlafzimmer meiner Eltern brannte jedoch zu meiner Überraschung noch Licht. Ich öffnete die Tür und wollte sie begrüßen. Beide lagen im Bett. Mir fiel ihr milder Gesichtsausdruck auf.

»Ist der Bescheid der Schauspielschule angekommen?«
Meine Eltern nickten. Die Augen meiner Mutter waren nass. Es war sicher Mitleid. Wahrscheinlich war sie traurig, dass ihr Bub es wieder einmal nicht geschafft hatte. Mein Vater hielt mir stumm den Brief hin. Ich wollte ihn nicht lesen, es war zu schmerzhaft, die Absage schwarz auf weiß bestätigt zu sehen. Kopfschüttelnd wollte ich die Türe wieder schließen, da sagte mein Vater mit Tränen in den Augen: »Du hast bestanden.«
Ich erstarrte. Wollten sie sich über mich lustig machen? Wie in Trance las ich den Brief. In kurzen Worten wurde mir mitgeteilt, dass ich aufgenommen worden sei und wann ich in der Falckenberg-Schule zu erscheinen hätte. Mein Kopf wurde leer. Ein Chor von tausend Engeln sang Halleluja, tausend Posaunen bliesen, die Erde bebte, der Himmel kam herab, die Welt drehte sich um mich, ich liebte alle Menschen auf Erden... kurz gesagt, es war der glücklichste Moment meines Lebens. Immer wieder musste ich diese Zeilen lesen. Sie haben bestanden, Sie haben bestanden, Sie haben bestanden. Ich konnte es einfach nicht fassen. Mein Traum war wahr geworden. Nun gehörte ich dazu. Ich würde Schauspieler werden, Theater spielen, Filme drehen. Tränen schossen mir in die Augen, und ich weinte, zusammen mit meinen Eltern, zum ersten Mal in meinem Leben Tränen des Glücks. Mein Herz hüpfte pausenlos, ich musste raus, ich konnte jetzt nicht schlafen. Ich war jetzt Schauspielschüler, das sollten alle wissen! Im Café Papagei, dem einzigen Lokal in Rosenheim, das noch geöffnet hatte, bestellte ich eine Flasche Champagner und trank sie ganz allein.

Merkten denn diese Gäste um mich herum nicht, dass ich auf die Schauspielschule gehen würde? Sah man mir das nicht an? Die fünf italienischen Musiker auf der Bühne, mit ihren weißen Anzügen, bat ich, ein Lied von Elvis Presley zu spielen: »Acapulco«. Schon bei den ersten Klängen löste ich mich auf in pures Glück und flog auf rosa Wolken aus dem Saal hinaus in den Nachthimmel zu den Sternen...

Wahrhaftigkeit und die Sache mit dem R

Vier Wochen später: Studienbeginn. Wieder stand ich in der Falckenbergstraße vor diesem alten Gebäude, aber diesmal nicht mit wackeligen Knien, sondern in einer ganz anderen Stimmung. Euphorie pur. Im Bühnensaal im ersten Stock, dem Ort meiner vermeintlichen Demütigung, trafen alle Neuen zusammen. Vierzehn waren aufgenommen worden. Sieben Frauen, sieben Männer. Ich war der Älteste. Man stellte sich kurz vor, dann Schweigen. Jeder machte sich seine Gedanken. Wir waren also die Auswahl von dreihundertfünfzig Geprüften. Man beäugte sich. Waren die Mädchen hübsch, wie waren meine männlichen Kollegen? Alle wirkten intellektuell, fast alle sprachen reines Hochdeutsch, meine Sprache wirkte dagegen bayerisch-plump. Schon deswegen fühlte ich mich als ein Außenseiter. Wir warteten auf Gerd Brüdern, den Leiter der Schule. Auf der Treppe hörten wir eigenartige, schleppende Schritte. Dann öffnete sich die Tür, und herein trat ein fast zwei Meter großer Mann mit Bart und langem schwarzem Schal, vielleicht fünfzig Jahre alt. Gerd Brüdern. Was für ein Auftritt. Er blieb an der Türe stehen, musterte uns alle für zehn Sekunden schweigend und sagte dann: »Viel zu viele.« Er sprach eher leise, und trotzdem hörte man jeden Buchstaben. »Höchstens drei von euch werden es schaffen, wenn überhaupt«, fügte er noch hinzu und ging mit einem seltsam weit ausschwingenden Oberkörper zu seinem Stuhl. Nun sah man, dass er eine Beinprothese hatte. Später erfuhren wir, dass er in den letzten Kriegstagen bei einem Bombenangriff sein Bein verloren hatte. Vor dem Krieg war er noch als *der* kommende Bühnenstar gefeiert worden. Damit war dann Schluss gewesen. Tragisch, man sah es ihm an. Er strahlte eine latente Traurigkeit aus. Aber trotz dieser Behinderung spielte er am Staatstheater in München noch immer große Rollen.

Um uns kennenzulernen, sollten wir noch mal unsere Prüfungsrollen vorspielen. Ich war beeindruckt, fast schockiert. Mein Gott, waren die alle gut, die waren doch schon perfekt. Was wollten die noch auf der Schule? Nun war ich dran: »Mitbürger! Freunde! Römer! Hört mich an!«

Wieder schämte ich mich wegen meines ausgeprägten bayerischen Dialekts. Was hatte ich hier verloren?

Das Schauspielstudium eröffnete mir eine vollkommen andere Welt. Stimmbildung bei Frau von Kalben, Sprechtechnik bei Frau Turowsky – klein wie eine Maus, ein Stimmvolumen wie ein Löwe –, dazu Gymnastik, Tanz, Fechten, Improvisation, Rollenstudium. Eine Traumwelt für mich. All die Eigenschaften, die mir im Gymnasium immer nur Probleme bereitet hatten, das genaue Beobachten von Menschen, das Imitieren von Lehrern zum Beispiel, waren hier an der Schule plötzlich Zeichen von Talent. Eigenarten wurden nicht kritisiert, sondern waren ein wichtiger Teil der Individualität. Man sollte eine eigenständige, unverwechselbare Persönlichkeit werden, das wurde gefördert, das wurde gewünscht. Schauspieler, die ich aus dem Fernsehen kannte, waren plötzlich meine Lehrer, zum Beispiel Heinz

Schubert, später bekannt als Ekel Alfred. Sie waren so ganz anders als meine früheren Lehrer am Gymnasium. Zu ihnen hatte ich vollstes Vertrauen. Sie imponierten mir, es waren Persönlichkeiten, zu denen ich aufschaute, wohlwollende Helfer und nicht zynische, überhebliche Professoren, die mich nur lächerlich machen wollten. Es wurden natürlich auch ganz andere Aufgaben gestellt, solche, die mir gefielen, mich interessierten und forderten. Im Gesangsunterricht wurde die Stimme geschult, der Körper durch Gymnastik und Jazztanz schon am frühen Morgen trainiert; mit Improvisationen und Etüden wurde die schauspielerische Fantasie gefördert, und im Rollenunterricht analysierte man Szenen aus Klassikern, um sie dann mit Kolleginnen oder Kollegen einzuüben. Mit der Zeit, nach kleinen Erfolgen und Lob von den Lehrern, wurde ich selbstsicherer, fühlte ich mich dazugehörig, nicht mehr fremd. Ich hatte meinen Beruf, nein, meine Berufung gefunden. Wie nach einer langen Wanderung durch die Wüste, halb verdurstet, hatte ich endlich die Oase mit dem rettenden Wasser erreicht. Der rote Faden meines Lebens hatte mich endlich zu meiner Bestimmung geführt. Ich war angekommen.

Allen Zweiflern und Spöttern wollte ich es ins Gesicht schreien: Schaut her, ich hatte recht, meine Mutter, die an mich geglaubt hatte, hatte recht, nicht mein pessimistischer, ständig von mir enttäuschter Vater, nicht die Lehrer am Gymnasium, die mich für einen hoffnungslosen Fall hielten. Mein altes, mächtiges Trauma, all meine Selbstzweifel, all meine Minderwertigkeitskomplexe wollte ich herausbrüllen wie einen befreienden Urschrei.

Die Schule war eng mit den Kammerspielen verbunden, und wir Schüler durften jederzeit die Theaterkantine besuchen. Da saßen sie dann alle zusammen, diese berühmten

Schauspieler, Peter Pasetti, Klaus Löwitsch, Helmut Griem, Peter Lühr, Martin Benrath, Therese Giehse, Grete Mosheim, Maria Nicklisch, und ich gehörte zu ihnen. Ein fast unwirkliches Gefühl. Träumte ich? Vor weniger als einem Jahr saß ich noch in staubiger Arbeitskleidung bei dreißig Grad unter null in einem Camp im Norden Kanadas und hatte keine Ahnung, was aus mir werden sollte, und nun war ich auf einmal all diesen Schauspielern, die ich früher auf der Leinwand bewundert hatte, so nah. Am Schauspielertisch diskutierten sie oft über ihre Rollen und ihre Schwierigkeiten mit der Konzeption des Regisseurs, und ich lauschte begierig am Nebentisch. Meine Ehrfurcht vor diesem Beruf wurde immer größer. Während der Proben schlichen wir uns manchmal in die hinteren Reihen des Theaters und beobachteten von dort aus heimlich die Arbeit der berühmten Regisseure. Dabei spürte man, wie ernsthaft und gnadenlos wahrhaftig die Schauspielerei sein konnte. Oft brüllten die Regisseure harte Rügen oder sogar Beleidigungen auf die Bühne – »Scheiße, was Sie da spielen!« –, und nicht nur einmal flossen Tränen, selbst von berühmten Schauspielerinnen und Schauspielern. Wir Schüler begriffen dabei, wie schwer dieser Beruf war und wie weit weg von dem Glamour, den er für Außenstehende ausstrahlte. Besonders Fritz Kortner war berüchtigt für seinen beißenden Spott. Viele Episoden seiner Regieanweisungen werden noch heute in den Schauspielkantinen erzählt.

Ein Schauspieler: »Herr Kortner, wo soll ich auftreten?«

Kortner: »Sie sollen nicht auftreten, sondern einfach kommen...«

Auch wenn ich im Schauspielunterricht naturgemäß viel über meinen künftigen Beruf lernte, veränderte er am meisten jedoch mich selbst. Man war gezwungen, heftige

Gefühlsäußerungen, wie hemmungsloses Weinen, Lachkrämpfe, Freudenausbrüche oder Todesangst, glaubwürdig darzustellen. Gefühle, die man seit seiner Kindheit vor den Augen Fremder verborgen hatte und – wenn überhaupt – nur vor seinen Eltern oder engen Vertrauten zu zeigen wagte, sollte man nun im gleißenden Scheinwerferlicht vor Hunderten von Zuschauern ausleben. Wir wurden aufgefordert, diese intimen Gefühle im wahrsten Sinne des Wortes schamlos auszustellen, dabei aber nicht eitel zu sein, sondern immer glaubwürdig und wahrhaftig. Man musste sich in den tiefsten Grund der Seele schauen lassen. Es gab Übungen wie: »Sie sind gerade glücklich verliebt und erfahren am Telefon, dass Ihre Mutter überraschend gestorben ist«, oder: »Sie kommen schlecht gelaunt nach Hause und erfahren, dass Sie eine Million Mark gewonnen haben.«

Die Schauspielerei verlangt extremen Mut zur Selbstentblößung, aber gleichzeitig auch Bereitschaft zu radikaler Selbsterkenntnis und brutaler Ehrlichkeit mit sich selbst. Ich durfte und konnte mich nicht mehr selbst belügen. Einmal, im Rollenunterricht, in der Rolle des sehr männlichen Kowalski in *Endstation Sehnsucht*, versuchte ich, Marlon Brando zu imitieren, wurde aber von Gerd Brüdern sofort unterbrochen und wütend angeschrien: »Sei du selbst, sei keine Imitation!« Aber wer war ich denn?

Ich glaube, in diesem Moment habe ich viel über meine Jugend begriffen, über meine (Sehn-)Sucht, fremde Bilder zu übernehmen, über meine verzweifelten, ratlosen Versuche, jemand anderes, jemand Besseres zu sein. Ich lernte, was es dagegen bedeutete, authentisch zu sein. So hat eben doch alles irgendwie seinen Sinn...

Das größte Problem während meiner Ausbildung war die Sprache, mein starker bayerischer Dialekt. Ich musste lernen, Hochdeutsch zu sprechen, was für mich wie eine Fremdsprache war. Emotionen wie Liebe, Zorn, Trauer und Freude, die ich im vertrauten Dialekt wahrhaftig und glaubwürdig ausdrücken konnte, klangen bei mir durch diese hochdeutsche Aussprache gestelzt und künstlich. Die Muttersprache ist Teil der Identität, und die wurde nun fast gewaltsam verändert. Es war ein schwerer Eingriff. Ich hatte plötzlich das Gefühl, nicht mehr derselbe zu sein. Es ging nicht nur darum, die Wörter deutlicher auszusprechen, sondern ich musste im buchstäblichen Sinne neu sprechen lernen. Jeder Buchstabe im Alphabet wurde geübt und musste praktisch neu erfunden werden. Stundenlang übte ich jeden Tag im Studio diese dämlichen Sprechübungen, die man mir als Hausaufgabe gegeben hatte:

Pfeife, pfiffige Pfeiferpfiffe, da wallen und wogen die Wipfel des Waldes, da brausen die Bäume und biegen sich bang...

Oder:

Zuwider zwingen zwar zwei zweckige Zwacker zu wenig zwanzig Zwerge, die sehnigen Krebse sicher suchend, schmausen, dass schmatzende Schmachter schmiegsam schnellstens schnurrig schnalzen.

Eine andere Übung sollte man in einem einzigen Atemzug sehr schnell sprechen:

All die Nischchen, all die Zellchen, all die Tischchen, all die Gestellchen, Fächelchen, Schreinchen, alle voll Quästchen, Perlchen und Steinchen, all in die Kästchen, blinkende Ringelchen, schimmernde Kettchen, goldene Dingelchen, silberne Blättchen, Nadel und Nädelchen, Haken und Häkchen, Faden und Fädelchen, Flecke und Fleckchen, allerlei Wickelchen, allerlei Schleifchen, allerlei Zwickelchen, allerlei Streifchen, in der Verwirrung buntem Verstrick, vor der Verirrung banget der Blick...

Wenn man diese Übung mehrmals wiederholte, oft auch

mit Korken im Mund, hatte man am nächsten Tag einen schmerzhaften Muskelkater an Lippen und Kaumuskeln.

Am schwierigsten waren für mich die sogenannten R-Übungen. Als Bayer spricht man das rollende R mit der Zunge, in der Bühnensprache sollte man das R im Gaumen sprechen, mit dem Rachenzäpfchen. Auch die Übungen dazu kann ich heute noch, nach fast fünfzig Jahren, auswendig, auch wenn ich sie – Gott sei Dank – nicht mehr üben muss:

Tränen trocknende Tränendrüse trutzt trotzig trauriger Trübsal.

Oder:

Am nördlichen Rand der nährenden Erde unter des Urbaumes äußerster Wurzel gingen zur Ruhe Gespenster und Zwerge.

Oder:

Wenn dir's in Kopf und Herzen schwirrt, was willst du Bessres haben, wer nicht mehr liebt und nicht mehr irrt, der lasse sich begraben!

Meine Sprechlehrerin riet mir, so wenig wie möglich nach Hause zu fahren und dort auf keinen Fall meinen Dialekt zu sprechen. Das gab dann Probleme mit meinen alten Freunden, die mich misstrauisch beäugten und meine gestelzte Ausdrucksweise für albern und eine typische schauspielerische Überspanntheit hielten. Ich muss zugeben, ich fühlte mich auch nicht wohl mit meiner Kunstsprache, es kam mir vor wie Verrat an der Heimat, meiner Herkunft, ein bisschen sogar an mir selbst, aber es half nichts, ich musste durch. Jeden Tag verbrachte ich Stunden im Probenraum und kämpfte hartnäckig gegen meinen Dialekt.

Nach drei Monaten schließlich war die Probezeit vorbei. Die Prüfungskommission tagte. Wir Schüler warteten im Bühnensaal auf die Entscheidung. Wen würde es treffen?

Keiner von uns wollte sich eine Blöße geben, alle gaben sich locker und unbekümmert, aber man spürte bei jedem die Angst, selbst betroffen zu sein. Gerd Brüdern trat vor die Klasse und verkündete mit seiner typischen, leisen Stimme die Entscheidung. Es herrschte Totenstille. Alle warteten atemlos. Wen würde es treffen? Zwei Kolleginnen und einem Kollegen wurde geraten, sich einem anderen Beruf zuzuwenden, ihr Talent reiche für die Bühne nicht aus. Tränen bei den Betroffenen, Erleichterung und geheuchelter Trost von allen anderen. An mir war der Kelch vorübergegangen. Mein Talent wurde zwar nicht angezweifelt, aber man verlangte weitere sprachliche Fortschritte. Und wieder übte ich tagelang, monatelang dieses verdammte Gaumen-R. Es klang bei mir so seltsam. Nicht nur einmal wurde ich von Fremden gefragt, ob ich aus der Schweiz käme.

Der wird nicht wirken viel, der gleich bei jedem Werk die Wirkung will bemerken, du wirke fort und fort in deinen Werkbezirken, wirkt nicht das Einzelne, so wird das Ganze wirken...

Das war nicht nur eine gute R-Übung, sondern ist auch ein wertvoller Tipp fürs Leben.

Der Kotzbrocken und die ganz große Liebe

Nach einem Jahr wurde erneut mit einem Vorsprechen neu ausgesiebt. Auch da wurde wieder drei Mitschülern mitgeteilt, dass ihr Talent nicht ausreiche. Knallhart und unsentimental. Ich durfte bleiben, trotz meiner noch immer andauernden Schwierigkeiten mit dem Hochdeutschen. Paradoxerweise sollte gerade mein Dialekt mir dann die entscheidenden Türen für meine weitere Karriere öffnen.

Es begann bereits damit, dass mich der damalige Intendant der Kammerspiele, August Everding, bei der Jahresprüfung der Falckenberg-Schule gesehen und mich dem Regisseur Peter Stein empfohlen hatte, der ein Stück von Martin Sperr, *Jagdszenen aus Niederbayern* an den Kammerspielen inszenieren sollte und dafür Schauspieler suchte, die Bayerisch sprechen konnten. Stein, der gerade zum Regisseur des Jahres gewählt worden war, galt als sehr streng und genau. Er bestellte mich auf die Probebühne und forderte mich auf, ihm eine einstudierte Rolle vorzuspielen. Es war meine Glanzrolle von der Jahresprüfung, eine Szene aus den *Räubern* von Schiller. Es handelte sich um eine Szene, in der Spiegelberg, berauscht von sich und dem Alkohol, prahlt,

was für ein berühmter Mann er einmal werden würde. Ich war absolut von mir überzeugt, fand mich unheimlich gut. Am Ende der Szene stieg ich als Spiegelberg auf den Tisch und schrie hitzig und wild die Schiller'schen Sätze: »Und Spiegelberg wird es heißen in Osten und Westen. Und in den Kot mit euch, ihr Memmen, ihr Kröten, indes Spiegelberg mit ausgebreiteten Flügeln zum Tempel des Nachruhms emporfliegt...«
Mit dem letzten Satz stürzte ich, äußerst spektakulär, wie ich fand, vom Tisch auf den Bühnenboden.
Stille.
Ich schielte hoch zu Stein. War er beeindruckt? Ich rappelte mich auf und wartete gespannt, was er zu meiner Leistung sagen würde. Er schwieg. Dann, nach einer längeren Pause, räusperte er sich und murmelte. »Na ja...«, und dann fing er an, jedes einzelne Wort, jeden Satz von mir zu zerlegen und zu kritisieren. Er zeigte mir, wie oberflächlich, nur auf äußere Wirkung abzielend, mein Spiel war. Am Ende meinte er noch: »Sie haben in Ihrem Text das Wort ›Substituten‹ gebraucht, wissen Sie, was das heißt?«
Ich: »Nein.«
Er: »Das merkt man!«
Er hatte recht! Betroffen schlich ich von der Probebühne. Mein Selbstbewusstsein schrumpfte zu einem Nichts. Was für ein schwerer Beruf. Eine Erfahrung fürs Leben. Ich hatte noch viel zu lernen... Später hat dann nicht Peter Stein, der nach einem Riesenkrach wegen einer Sammlung für den Vietcong im Rahmen der Aufführung des Stücks *Viet Nam Diskurs* von Peter Weiss das Theater verlassen musste, sondern Ulrich Heising die *Jagdszenen* inszeniert, und ich durfte den Knecht Georg spielen. Das Stück handelt von einem jungen Mann, der wegen seiner

1 Tante Georgine, der ich stundenlang zuhören konnte, wenn sie mir Theaterstücke vorlas. Hier mit ihrem Mann Oskar, dem Schneider.

2 Mein erster Schultag in Rosenheim.

3 Mit meinen Eltern Weihnachten 1943.

4 Als ich geboren wurde, war mein Vater Soldat im Zweiten Weltkrieg.

5 Das Einzige, was mir beim Militärdienst gefiel, war die blaue Uniform.

6 Die harte Arbeit in einer Asbestmine in Kanada gab meinem Leben eine entscheidende Wende. Im *Crusher* wurden die Gesteinsbrocken zu Asbeststaub zermahlen.

7 Während meiner Zeit an der Falckenberg-Schule.

8 Claudia und ich kurz vor der Hochzeit 1976.

9 1979: Die Familie ist komplett: Claudia und ich mit unseren Söhnen Dominik (1 Jahr) und Daniel (3 Jahre).

10 Claudia, die Frau meines Lebens.

11 Bei dem Märchenstück *Aladdin und die Wunderlampe* in Oberhausen spielte ich 1970 den Großwesir …

12 … und lernte Claudia Gerhardt, meine spätere Frau, kennen und lieben. Sie spielte in dieser Inszenierung die Fatime.

13 Hoch zu Ross durchs Siegestor: *Der lange Weg nach Sacramento*, die berühmteste Folge der Kultserie *Münchner Geschichten*.

14 Links oben: In *Jagdszenen aus Niederbayern* von Martin Sperr. Mit Walter Sedlmayr, Hans Brenner, Maria Singer und Veronika Fitz.

15 Links Mitte: Mit Beles Adam in *Das Sennentuntschi* von Hansjörg Schneider. In dieser Inszenierung entdeckte mich Helmut Dietl.

16 Links unten: Mit Hans Stadtmüller und Maria Singer in *Lass ma's bleiben*, inszeniert von Helmut Dietl 1976.

17 Oben: Als nichtsnutziger Tagträumer Tscharlie mit seiner Oma (Therese Giese) in *Münchner Geschichten*.

18 Links: Von links nach rechts: Michaela May, Towje Kleiner und, vor mir sitzend, Frithjof Vierock in der Folge *Dreiviertelreife*.

19 Oben: Die Oma (Therese Giehse) und der Zimmerherr (Karl-Maria Schley).

20 Links: Mit Toni Berger in *Dreiviertelreife*.

21 Oben: In der Rolle des Dr. Hermann Kallenbach mit Ben Kingsley (Gandhi) in der Hollywood-Produktion *Gandhi* von Richard Attenborough.

22 Links: Pferde waren für mich immer wieder eine Herausforderung, etwa bei der internationalen Produktion *Tödliches Geheimnis* (1980).

23 Als Lord Falkland mit Diane Stolojan in *Tödliches Geheimnis*.

24 Der echte und der Filmlord: mit Lord Romsey, einem Cousin von Prinz Charles, bei den Dreharbeiten zu *Tödliches Geheimnis*.

25 Als Peter Tolstoi in *Peter der Große* (1984/85).

26 Mit Jan Niklas, Hanna Schygulla und Maximilian Schell bei den Dreharbeiten zu *Peter der Große* in der Sowjetunion.

27 1990: Mit Hanna Schygulla in *Abrahams Gold* (Regie Jörg Graser und Max Färberböck).

28 Links: Mit der Filmlegende Eddie Constantine bei den Dreharbeiten zu der Serie über den zauberhaften Zirkus Roncalli (1986).

29 Unten: Eines meiner schlimmsten Erlebnisse bei Filmaufnahmen war der vermeintliche Biss einer Klapperschlange *Rebellion der Gehenkten* von B. Traven (1987).

»Rebellion der Gehenkten«: Bei den Dreharbeit zu diesem Abenteuer-Film ging es auch abenteuer

30 Von 1988 bis 2001 drehten wir zwanzig Folgen der Serie *Anwalt Abel*, in der ich die Titelrolle spielte. Hier mit Bruno Ganz.

31 Immer, wenn es die Drehpausen zulassen, machen meine Frau Claudia und ich uns auf zu Reisen rund um die Welt. Hier beim Karneval in Rio.

Homosexualität im Gefängnis saß und nun in sein Dorf zurückkehrt. Seine Mutter, gespielt von Therese Giehse, wird deswegen von den Dorfbewohnern angegriffen und verhöhnt. Einer der Rädelsführer ist dieser Knecht. Für mich als Schauspielschüler war diese Rolle eine echte Herausforderung. Viele berühmte und erfahrene Schauspieler waren meine Partner: Gustl Bayrhammer, Monica Bleibtreu, Helmut Fischer, Walter Sedlmayr, Ruth Drexel, Hans Brenner und viele andere, allen voran jedoch Therese Giehse, damals schon eine Legende, deren Namen man nur mit Ehrfurcht aussprach. Als Knecht Georg musste ich sie verhöhnen, lautstark beschimpfen und mich vor der ganzen Dorfgemeinschaft über sie lustig machen. Das fiel mir unglaublich schwer, der Respekt vor dieser Frau war anfangs einfach zu groß. Erst sehr langsam verlor ich meine Hemmungen, und mit jeder neuen Vorstellung wurde ich immer mehr zu dem höhnisch grinsenden, gehässigen Knecht, den das Stück verlangte. Man wurde auf mich aufmerksam. Zufällig wurde gerade im Residenztheater *Pioniere in Ingolstadt* von Marieluise Fleißer geprobt, und ich wurde von dem Intendanten Henrichs für eine sehr schöne Rolle engagiert. Ich war glücklich. Meine Karriere fing ja ganz gut an. Nun war es eigentlich an der Falckenberg-Schule nicht erlaubt, noch während der Ausbildung Verträge als Schauspieler abzuschließen, aber in meinem Fall wurde eine Ausnahme gemacht. Ich war daher nun Mitglied an den Kammerspielen und am Bayerischen Staatstheater und verdiente an beiden Theatern eine gute Gage. Viel Geld für einen Anfänger, aber auch ein Grund, gegenüber meinen Mitschülern ein schlechtes Gewissen zu haben. Es gab nämlich auch Schüler, die ihr Geld sehr viel schwerer verdienen mussten, mit schlecht bezahlten und berufsfremden Arbeiten wie

Zeitungen austragen oder Taxi fahren. Deshalb schlug ich, als Schulsprecher, zu dem ich gewählt worden war, dem neuen Schulleiter, Hans-Reinhard Müller, vor, eine Gemeinschaftskasse zu gründen, in die alle Falckenberg-Schüler, die bereits Rollen im Fernsehen oder im Theater hatten, zehn Prozent ihrer Gage einzahlen sollten, um anderen Schülern aus finanziellen Klemmen zu helfen. Er stimmte zu. Mit dieser neuen Regelung wurde gleichzeitig auch das Verbot, während des Schauspielstudiums Engagements anzunehmen, gelockert.

Ich habe keine Ahnung, ob es diese Kasse heute noch gibt, doch ich erinnere mich, wie stolz ich damals darauf war, dass ausgerechnet ich, vor dem man im Gymnasium die anderen Schüler gewarnt hatte, in der Falckenberg-Schule nicht nur Schulsprecher wurde, sondern auch noch etwas durchsetzen konnte, was allen Schülern zugutekam.

Aber diese kleinen Erfolge machten mich nicht milder oder weniger widerborstig. Das Leben ist ein ständiger Kampf, auch oder besonders in der Schauspielerei. Man muss die Kraft haben, sich durchzusetzen und auch durchzuhalten. Das ist fast noch wichtiger als Talent.

Aber gehen wir noch mal einen Schritt zurück, ins Jahr 1968. Die Notstandsgesetze, die die Regierung im Mai verabschiedete, waren schon im Vorfeld Anlass für heftige Proteste in ganz Deutschland gewesen. Die APO rief zum Widerstand auf, und viele junge Studenten in ganz Deutschland folgten diesem Aufruf. In München wurden die Theater gestürmt, die Vorstellungen unterbrochen und Schauspieler und Publikum stattdessen zur Diskussion aufgefordert. Schrecklich in ihrem Zorn waren die um ihren Kunstgenuss gebrachten distinguierten Herren in den dunklen Anzügen und ihre Begleiterinnen im kleinen Schwarzen. Diese »langhaarigen, faulen Nichtsnutze« sollten studieren und nicht auf Kosten ihrer Eltern protestieren, Drogen nehmen und in Kommunen miteinander schlafen. Ich fand dieses Aufeinanderprallen der Generationen spannender als das Theater auf der Bühne. Ich erinnere mich, dass Helmuth Lohner und seine Frau Karin Baal in den Kammerspielen mitten in der *Schwarzen Komödie* das Spiel unterbrachen und eine Resolution verlasen, in der sie alle Kollegen von anderen Bühnen zum Streik aufforderten. Beifall brandete auf. Eine absurde Situation. Schauspieler steigen aus einer Komödie aus und werden für zehn Minuten düstere Verkünder des Protests, um sich anschließend wieder in Komödianten zu verwandeln und weiterzuspielen. Man stoppte das Lachen, wurde für zehn Minuten sehr ernst, dann durfte wieder gelacht werden. Ich empfand das als eine deutsche Komödie für sich. Deutschland war aus den Fugen. Vietnamkrieg, Prager Frühling, der umstrittene Besuch des Schahs von Persien mit seinen »Jubelpersern« und nicht zuletzt der Tod von Benno Ohnesorg hatten die Studenten radikalisiert. Es ging dabei nicht nur um die aktuelle Politik, sondern vor allem um die Abrechnung mit den Strukturen der Nazizeit sowie der Welt der Adenauer-Generation und deren Aufarbeitung. Auch wir Schauspielschüler wurden aufgefordert zu protestieren und das »reaktionäre« Theaterspielen sein zu lassen. Das kam für mich jedoch nicht infrage. Auf gar keinen Fall wollte ich mit dem Theaterspielen aufhören, war ich doch so glücklich, endlich meine Bestimmung gefunden zu haben. Sollte ich das etwa aufgeben? Wofür? Würde das irgendetwas verändern? Würden dann die Notstandsgesetze gestoppt? Außerdem erschienen mir die Studenten allzu hysterisch. Übertrieben und pubertär. Ich konnte sie und ihr Gerede einfach nicht ernst nehmen.

Immer wieder verglich ich sie mit den Männern im kanadischen Minencamp. Sie hatten doch noch nichts erlebt, sie wussten doch gar nicht, wovon sie redeten. Ihr Widerstand war nicht mein Widerstand. Ich hielt mich aus der überdrehten Stimmung dieser Zeit heraus, ging in die Schauspielschule und übte mein Gaumen-R: *Sturz, Wurzel, Gewürz, Schmerz, herzlich, Krabbe, Kragen, karg.*

Nach drei Jahren Ausbildung schließlich war die Schule zu Ende. Die politische Lage hatte sich zumindest auf den Straßen einigermaßen beruhigt. Die Abschlussprüfung wurde mir wegen hervorragender Leistung – so steht es tatsächlich in meinem Bühnenreifezeugnis – auf der Bühne erlassen, und sowohl die Kammerspiele als auch das Residenztheater boten mir einen Anfängervertrag an.

Ich entschied mich anders. Der rote Faden meines Lebens sollte mich in eine andere Richtung führen, und rückblickend weiß ich, dass das mein großes Glück war. Auf Rat meiner Lehrer entschloss ich mich, in die sogenannte Provinz zu gehen, um mich dort erst einmal »freizuspielen«, wie man am Theater sagt. Außerdem würde sich so meine immer noch deutlich erkennbare bayerische Sprachfärbung verbessern, wie ich hoffte. So trat ich mein erstes Engagement in Oberhausen in Nordrhein-Westfalen an. Das Theater dort hatte einen guten Ruf und galt als Sprungbrett für talentierte junge Schauspieler. Der neue Intendant war Ernst Seiltgen, und der neue Oberspielleiter hieß Dieter Dorn, der später ein legendärer Intendant der Münchner Kammerspiele werden sollte.

Die Anfängergage betrug fünfhundert Mark. Es reichte kaum zum Leben, und schon am ersten Tag stand mein Entschluss fest, dass ich hier nicht bleiben würde. Nein, das gehörte nicht zu meiner Lebensplanung, das war ein Irrtum, hier wollte ich ganz sicher nicht Wurzeln schlagen. Deshalb suchte ich auch keine eigene Wohnung, sondern mietete ein winziges Zimmer in einem kleinen Hotel in der Nähe des Theaters. Ich saß sozusagen zehn Monate auf gepackten Koffern. Die freundlichen Wirtsleute passten die Miete meiner Gage an. Das angeschlossene Restaurant wurde mein Wohnzimmer, und die täglichen Stammgäste wurden meine vertraute Familie. Auch wenn ich nicht den Wunsch hatte, dort zu bleiben, und auch wenn es sicher schönere Städte in Deutschland gibt als Oberhausen, so habe ich die sympathischen Menschen doch sofort fest ins Herz geschlossen. Humorvoll, ehrlich, geradeheraus. Ruhrpott eben. Zu meinen Wirtsleuten von damals habe ich heute noch Kontakt.

Eigentlich wäre dieses knappe Jahr im Theater Oberhausen nicht weiter erwähnenswert gewesen, vor allem nicht künstlerisch. Wenn ich jedoch die Geschichte meines Lebens erzählen will, darf es nicht fehlen. Zunächst einmal sträubte sich alles in mir, irgendetwas an diesem Theater gut zu finden. Immerhin kam ich aus München, war am Residenztheater und an den Kammerspielen aufgetreten. Das war doch etwas ganz anderes! Bei allen Proben verglich ich die künstlerische Arbeit mit meinen Erfahrungen aus München, kritisierte alles und jeden und ging damit den Kollegen gehörig auf die Nerven. Natürlich war es leichter, mit einer Therese Giehse zu spielen als mit einer altgedienten, routinierten Provinzschauspielerin, die sich seit vierzig Jahren nur in kleinen Theatern bewährt hatte. Leider ließ ich das meine Kollegen immer wieder spüren und machte mir damit naturgemäß keine Freunde, umso mehr, als ich ja nur ein Anfänger war und noch sehr viel zu lernen hatte. Durch meine Überheblichkeit bekam ich während der Proben oft Streit mit den Regisseuren wegen unterschiedlicher künstlerischer Auffassungen, und einmal musste ich sogar vor das Bühnenschiedsgericht, weil ich im Zorn über eine Rolleninterpretation die Probe verlassen hatte. Ich wurde zwar freigesprochen, aber das machte das Ganze nicht besser. Ich war kein angenehmer Kollege. Oder, um es kurz zu machen: Ich war ein Kotzbrocken. Es ist mir ein Bedürfnis, einmal deutlich zu sagen, dass ich vor allen Schauspielern, die an den Theatern der sogenannten Provinz arbeiten, allergrößten Respekt habe. Wenn man weiß, wie viele Proben sie für all die Premieren im Jahr haben, wie viele Seiten schwierigsten Textes sie lernen müssen, wie oft sie auch an den Wochenenden und Feiertagen Vorstellungen spielen müssen, und wenn man auch weiß, wie wenig sie dabei verdienen, dann kann man vor so viel Idealismus nur den Hut ziehen. Dazu kommt noch die ständige Unsicherheit, ob der Vertrag im nächsten Jahr verlängert wird, ob man arbeitslos wird oder ob man wieder mit seiner Familie in eine andere Stadt, mit einem anderen Theater, umziehen muss. Ich glaube, ich hätte diese Kraft auf Dauer nicht gehabt.

Aber der rote Faden meines Lebens, oder nennen wir es besser Schicksal, hatte in Oberhausen etwas mit mir vor. Bei einer Besprechung im Theater, während der ich wieder einmal lautstark vom künstlerischen Niveau der Münchner Kammerspiele schwärmte, war auch eine sehr hübsche junge Schauspielerin anwesend, Anfängerin wie ich, mit pechschwarzem Haar und einem bezaubernden Lächeln. Dieses umwerfende, leicht ironische Lächeln schenkte sie ausgerechnet mir, dem großmäuligen Angeber. Sie hieß Claudia Gerhardt, kam von der Schauspielschule Bochum und stand wie ich am Anfang der Karriere. Zuerst fand ich sie viel zu jung und naiv, war sie doch erst zweiundzwanzig Jahre alt und ich schon siebenundzwanzig. Sie hatte im

Gegensatz zu mir, der ich immerhin das harte Leben in der kanadischen Wildnis kennengelernt hatte, noch nichts anderes erlebt als Abitur und Schauspielschule. Was wusste so ein junges Ding schon vom wahren Leben? Bei den Proben zu dem alljährlichen traditionellen Weihnachtsmärchen des Theaters lernten wir uns näher kennen und verliebten uns. Das Märchen hieß *Aladdin und die Wunderlampe* und wurde von Wolfgang Müller und Hendrik Vögler inszeniert. Claudia verkörperte die Sklavin Fatime und ich den eitlen Großwesir. Den Aladdin spielte Diether Krebs, dieser wunderbare Komiker, der leider viel zu früh verstorben ist. Wir tingelten mit dem Märchen durch das ganze vorweihnachtliche Ruhrgebiet. Weihnachtsstimmung, Weihnachtsmärchen und große Liebe, was passt besser zusammen? Aber diese Liebe vertrug sich so gar nicht mit meiner persönlichen Lebensplanung. Mit aller Macht trieb es mich wieder zurück nach München. Ich hielt diese Liebesgeschichte nur für eine dieser kurzen, romantischen Episoden, wie sie häufig am Theater aufflackern, und rief mich harsch zur Vernunft: Karriere hatte Vorrang vor sentimentalen Theaterliebschaften. Aber der Mensch dachte, und Gott lachte...

Kaum wieder in München, dem Ziel meiner Wünsche, hatte ich – ganz gegen meinen Willen und meine doch so klaren ehrgeizigen Ziele – große Sehnsucht nach Claudia. Ich sträubte mich gegen diese Gefühle, wollte mich doch ganz und gar auf meine Karriere konzentrieren, aber ich konnte Claudia einfach nicht vergessen. Ich hatte mit dem Feuer gespielt, und nun stand das ganze Haus in Flammen. Schließlich gab ich meinen Widerstand auf. Gegen Liebe ist kein Kraut gewachsen, sagt ein altes Sprichwort. Es stimmt.

Claudia war inzwischen in Pforzheim am Theater engagiert. In der Folge kam es zu einem regen Pendelverkehr zwischen München und Pforzheim. Wann immer es möglich war, kam Claudia die dreihundert Kilometer zu mir nach München in meine kleine, möblierte Wohnung im Lehel. Und immer, wenn sie da war, ging es mir gut. Aber auch ich fuhr in jeder freien Minute nach Pforzheim. Keine Autobahn in Deutschland kannte ich schließlich besser als die A 8 von München nach Pforzheim, einschließlich aller Baustellen. Doch diese Prüfung unserer Wochenendliebe, über so viele Kilometer und Monate hinweg, war für uns beide ein Beweis für die Ernsthaftigkeit unserer Beziehung. Manchmal ist es gut, auf sein Herz zu hören, aber man sollte den Verstand dabei nicht ganz ausschalten.

Seit über vierzig Jahren sind Claudia und ich nun verheiratet und unzertrennlich. Claudia wurde für mich – den ehrgeizigen Egomanen – ein unersetzlicher, intelligenter, kluger und warmherziger Lebenspartner in allen Bereichen und nicht zuletzt die Mutter unserer beiden Söhne. Wenn ich nun nicht mehr ganz so schroff, ganz so dickköpfig auftrete, ist das ganz allein ihr Verdienst. Sehr diplomatisch und liebevoll machte und macht sie mich noch immer auf mein manchmal allzu widerborstiges und sperriges Benehmen aufmerksam.

In meiner Geschichte ist immer wieder von einem roten Faden die Rede, und manchmal habe ich tatsächlich das Gefühl, dass eine unsichtbare Hand unsere Geschicke lenkt. Vielleicht stimmt das auch, und es gibt keine Zufälle im Leben. Claudia hat mir später gestanden, dass sie schon nach zwei Monaten ihren Eltern geschrieben habe, sie habe ihren künftigen Ehemann gefunden. Nämlich mich. Wie auch immer, dieses eine Jahr in Oberhausen war für mein weiteres Leben und das von Claudia und dadurch natürlich für unsere Söhne von schicksalhafter Bedeutung.

Immer wieder und mit der Zeit immer öfter werden wir beide bei Interviews nach dem Geheimnis unserer Verbindung gefragt. Schauspieler, die so lange verheiratet sind, gelten als ungewöhnliche Exemplare. Was sollen wir darauf antworten? Ist das ein Geheimnis, wenn man den festen Willen hat, trotz mancher Meinungsverschiedenheiten zusammenzubleiben und Vertrauen zueinander zu haben? Das verlangt Respekt, Ehrlichkeit und Verständnis für den anderen. Ob ich allerdings mit mir verheiratet sein wollte, weiß ich nicht. Eine andere Frau hätte mich mit meinem störrischen Charakter und meiner Egomanie vielleicht schon lange in die Wüste geschickt. Es hat doch sehr viel Liebe und Verständnis von Claudia gefordert, mich auszuhalten. Dafür bin ich ihr sehr, sehr dankbar.

Nach diesem einen Jahr in Oberhausen hatte ich mich für die Saison 1970/1972 bei den Münchner Kammerspielen beworben. Der Intendant August Everding erinnerte sich zum Glück an mich und bot mir einen Zweijahresvertrag an. Wahrscheinlich nur, weil ich so billig war. Mir war das egal. Ich war glücklich, wieder in München zu sein und wieder zum Ensemble zu gehören. Aber kurz vor meinem Antritt hatte ein Riesenskandal die Kammerspiele erschüttert. Heinar Kipphardt, der Chefdramaturg des Theaters, war schon nach einem Jahr wieder entlassen worden. Kipphardt war Arzt und Schriftsteller und hatte sich mit seinem Theaterstück *In der Sache J. Robert Oppenheimer* einen Namen gemacht. Es ging um ein Programmheft des Stückes *Der Dra-Dra* von Wolf Biermann, in dem neben anderen Münchens Oberbürgermeister Hans-Jochen Vogel als Drache bezeichnet wurde, der symbolisch getötet werden sollte. Dieses Programmheft war schon im Vorfeld zurückgezogen worden. Das Ensemble solidarisierte sich mit Kipphardt und wertete die Entlassung als Versuch der Politik, Einfluss auf die Freiheit der Kunst auszuüben. Ich war kaum angekommen und hatte noch keinen Satz auf der Bühne gesagt, als ich schon aufgefordert wurde, aus politischen und solidarischen Gründen die Kammerspiele zu boykottieren und zu verlassen. Ich war doch gerade erst engagiert worden, hatte eine hübsche Wohnung gefunden, war glücklich, wieder in München zu sein, und sollte nun diese Chance aufgeben wegen eines Konflikts, den ich nicht nachvollziehen konnte, der mir egal war. Wieder erschien mir all die Aufregung der Schauspieler, wie schon bei den Notstandsgesetzen, künstlich und hysterisch. Was sollte das bringen, wenn ein junger unbekannter Schauspieler die Kammerspiele aus Protest verließ? Keiner der verantwortlichen Politiker wäre deshalb erschüttert zurückgetreten. Also blieb ich. Von vielen Kollegen, die damals im Zorn gegangen sind, habe ich nie mehr etwas gehört. Die Kammerspiele aber blieben bestehen. Doch der Exodus so vieler Kollegen brachte den kompletten Spielplan durcheinander. Viele Stücke konnten nicht gespielt werden, sodass man nur mehr ein Stück im Repertoire hatte, *Martin Luther & Thomas Münzer oder Die Einführung der Buchhaltung*, inszeniert von Paul Verhoeven. Ich musste eine kleine Rolle übernehmen. Die Inszenierung begann damit, dass alle circa zwanzig Schauspieler in Kostüm und Maske gemeinsam die Bühne betraten und sich dann im Hintergrund auf Stühle setzten. Je nach Szene traten sie vor, spielten ihren Part und gingen anschließend wieder zurück zu ihrem Stuhl. Ein wunderbarer Kollege, Norbert Kappen, spielte als Ersatz für Vadim Glowna, der wegen Kipphardt gekündigt hatte, die Rolle des Martin Luther. Er war großartig. Aber wahrscheinlich aus politischen Gründen wurde er am nächsten Tag von der Kritik böse verrissen. Am selben Abend saß ich neben ihm an der Theke im Stammlokal der Schauspieler, der Kulisse, in der Maximilianstraße und spürte, dass ihn diese Kritik schwer erschütterte. Er war nicht zu trösten und trank ein Bier nach dem anderen.

Am nächsten Abend kurz vor der Vorstellung war das ganze Ensemble wieder in Kostüm und Maske versammelt. Das Publikum wartete gespannt, der Gong ertönte, der Saal wurde dunkel, alle Darsteller waren bereit aufzutreten, doch da wurde plötzlich Norbert Kappen vermisst. Wo war er? Der Portier sagte, er sei im Haus, er habe ihn gesehen. Er war auch in der Maske gewesen. Nun begann eine große Suchaktion. Das Publikum wurde vertröstet. Nur Geduld, noch ein paar Minuten, ein technischer Defekt. In der Zwischenzeit schwärmten wir Schauspieler in unseren altertümlichen Kostümen und Masken im gesamten Theater aus und suchten den Kollegen. In den Toiletten, auf der Unterbühne, in den Garderoben, in der Maske, auf der Probebühne, überall wurde nach ihm gerufen. Peter Lühr, weißhaarig, im ehrwürdigen roten Gewand des Kardinals, suchte ihn unter den Tischen der Kantine. Es war eine bizarre Situation. Während das gespannte Publikum im Zuschauerraum geduldig auf die Vorstellung wartete, suchte das gesamte Ensemble hinter den Kulissen den verschollenen Hauptdarsteller. Man fand ihn nicht. Nach einer halben Stunde wurden die immer unruhiger werdenden Zuschauer wegen einer angeblich nicht zu behebenden technischen Panne nach Hause geschickt, aber die Suche nach Norbert Kappen ging hinter den Kulissen weiter. Man machte sich große Sorgen. Kappen neigte zu Depressionen, hatte er sich etwas angetan? Zwei Stunden später fand man ihn, hoch oben im Schnürboden, zehn Meter über der Bühne. Eine Bierflasche war krachend auf dem Bühnenboden zersplittert. Er hatte die ganze Zeit voller Vergnügen im Kostüm von Martin Luther und mit mehreren Bierflaschen die Suche nach ihm beobachtet. Die nächsten Vorstellungen fielen aus.

Diese Probleme und Diskussionen des Theaters waren mir durch neue, tiefe Sorgen mit einem Mal völlig gleichgültig. Zum ersten Mal in meinem Leben traf mich ein furchtbarer Schicksalsschlag und erschütterte mich bis ins Mark. Meine Mutter erkrankte schwer und lag im Krankenhaus in Rosenheim, wo sie nach vielen qualvollen Wochen nach einer Operation schließlich verstarb. Meine geliebte Mutter zu verlieren war das schwerste Unglück, das mich treffen konnte. Nie hatte ich bis dahin einen so brutalen Seelenschmerz erlebt. Wie unwichtig waren von einem Moment zum nächsten all die Karrieregedanken. Bei der Nachricht ihres Todes schüttelte mich ein heftiger, unkontrollierbarer Weinkrampf. Ich war verzweifelt, und die Kluft zwischen mir und meinem Vater, der kurz danach wieder auf Brautschau ging, wurde in der Folgezeit immer größer. Mein einziger Trost war, dass sie mich noch auf der Bühne als Schauspieler hatte erleben dürfen, leider nicht mehr als Tscharlie. Aber wenigstens wurde sie doch noch etwas entschädigt für die vielen Sorgen, die ich ihr bereitet hatte, und sie war sehr stolz, dass ich zum Ensemble der Münchner Kammerspiele gehörte.

Dazuzugehören war schön, aber ich musste mich ganz hinten anstellen. Ich wurde zwar eingesetzt, aber nur in kleinen Rollen. Wenn neue Stücke geprobt wurden, fand ich mich regelmäßig auf der Besetzungsliste am Schwarzen Brett ganz unten, bei den kleinen Rollen, »Herr Graf, die

Pferde sind gesattelt« oder ähnliche »Wurzen«, wie man am Theater sagt. Das war zwar ärgerlich, aber ich hatte wenig Argumente dagegen, ich war ja noch Anfänger, und die neue Selbstbestimmung der Schauspieler wurde an den Kammerspielen nicht praktiziert. Also spielte ich brav, mit wachsendem Grimm, diese Wasserträgerrollen. Mir war aber klar, dass ich mich irgendwann dagegen wehren musste. Die Intendanten geben gerne die ungeliebten kleinen Rollen denjenigen, die sich fügen und ruhig verhalten, das ist bequemer, dann haben sie keine Unruhe im Ensemble. Verständlich. Wenn ich daran etwas ändern wollte, musste ich also wieder anfangen, widerborstig zu werden. Das konnte ich ja. Bald bot sich dazu die Gelegenheit. Ein neues Stück wurde geprobt, und natürlich fand ich mich auf der Besetzungsliste am Schwarzen Brett schon wieder ganz unten, bei den kleinen Rollen. Nun gab es aber in diesem Stück, den Titel habe ich vergessen, eine sehr gute Rolle, die ich sowohl vom Alter als auch von der optischen Beschreibung her gut hätte spielen können. Dafür wurde aber eigens ein Gastschauspieler aus Wien geholt. Ein Beweis, dass man mir diese Rolle nicht zutraute. Das ging gegen meine Ehre, so wollte ich nicht verheizt werden. Nun wollte ich kämpfen. Sofort war ich oben im ersten Stock bei der Intendanz, um mich zu beschweren. Das ist gar nicht so einfach. Die Menschen in den Führungspositionen am Theater kennen natürlich all die Eitelkeiten und Entrüstungen der Schauspieler mit ihren Rollenwünschen und lassen diese gerne mit ihren aufgeladenen Emotionen ins Leere laufen. Dieses Spiel beginnt immer gleich: Die Chefsekretärin im Vorzimmer des Intendanten fragt den Aufgebrachten, was denn sein Anliegen sei, um dann aber gleich mitzuteilen, dass der Intendant nicht im Hause sei und erst in ein paar Tagen zurückerwartet werde. Das ist die erste Stufe. Man hofft in der Führung, dass sich das Problem von allein erledigt. Gibt man nun nicht klein bei und ist hartnäckig, bekommt man endlich einen Termin beim Chef. Es ist unbedingt notwendig, pünktlich im Vorzimmer bei der Chefsekretärin zu erscheinen, sonst ist der Chef schon wieder bei einer wichtigen Besprechung. Dann wird man gezwungen, auf einem unbequemen Stuhl je nach Grad der Aufregung mindestens eine halbe Stunde zu warten, bis man endlich vorgelassen wird. Das kühlt ab. Der Intendant, natürlich schon informiert, was den Beschwerdeführer erregt, schaut sogleich beim Eintreten hektisch auf die Uhr, weil er eigentlich gar keine Zeit für solche Lappalien hat. Gleich nach diesem Gespräch muss er nämlich zu einem Meeting mit dem Kultusminister oder Oberbürgermeister. Schon fühlt man sich schäbig und unbedeutend und schämt sich, diesem so wichtigen Mann mit seinen armseligen, egozentrischen Anliegen die Zeit zu stehlen. Der hat bei Gott Wichtigeres zu tun. Er lässt sich dann etwas zerstreut, weil er anderes, Bedeutenderes im Kopf hat, in kurzen Worten das Problem erklären, und während man noch sein Anliegen, schon weniger selbstbewusst, vorträgt, ruft die Chefsekretärin vom Vorzimmer aus an und mahnt zur Eile. Nach drei Minuten verlässt man das Chefbüro und weiß eigentlich gar nicht mehr, was man wollte und was das Problem war, aber man ist glücklich, weil der Chef einem sogar freundlich lächelnd auf die Schulter geklopft hat und vollstes Verständnis hatte, aber leider waren ihm die Hände gebunden oder so ähnlich. So ging das eine ganze Weile, bis es mir zu dumm wurde.

In der Buchhandlung Hugendubel kaufte ich mir ein kleines Handbuch: *Wie führe ich erfolgreich Verhandlungen*. Das machte mich auf so manche Verhandlungskniffe aufmerksam, und endlich durchschaute ich ein wenig die Taktik der Vorgesetzten. Eigentlich ist man immer in einer schlechteren Verhandlungsposition. Zum einen hat man keine Routine und ist nervös, zum anderen sind es immer nur ganz persönliche, vielleicht eitle Anliegen, für die man kämpft, während der Intendant das große Ganze im Auge behalten muss. Und zu guter Letzt: Was hat man als Argument? Nur die lächerliche Drohung, das Theater zu verlassen und seine berufliche Existenz auf den Pokertisch zu werfen. Damit schadet man sich ja nur selbst, besonders als junger, unbekannter Schauspieler. Trotz dieser Erkenntnis teilte ich der Intendanz mit, dass ich mich aus verschiedenen Gründen weigerte, diese kleine Rolle in diesem Stück zu spielen. Das war natürlich gegen den Inhalt meines Vertrages und wäre Grund zur fristlosen Kündigung gewesen. So wurde mir das auch von der Intendanz in dem Antwortschreiben mitgeteilt. Ab nun begann der Kampf. Ich bat die Intendanz um die Aufhebung meines Vertrages. Natürlich wollte ich das Theater nicht wirklich verlassen, aber ich hatte nur diese kleine Drohung im Köcher, und ich meinte es ernst. Nein, dieser Bitte wurde nicht entsprochen; stattdessen wurde mir in dem Schreiben der Beginn der Proben mitgeteilt, am nächsten Tag um zehn Uhr Probebühne, mit dem dringenden Rat zu erscheinen. Vor hohen Konventionalstrafen wegen Vertragsbruch wurde ich gewarnt. Das kleine Aufgebot der Mächtigen. Was sollte ich tun? Nachgeben wollte ich auf gar keinen Fall. Also ging ich zur ersten Leseprobe, übergab dem Regisseur einen Protestbrief, in dem ich mitteilte, mich nicht weiter an den Proben zu beteiligen. Es waren nervenaufreibende Tage. Meine Kollegen in der Kantine verfolgten dieses Ringen von David gegen Goliath und rieten mir dringend, den Kampf aufzugeben. Ich hätte keine Chance. Aber ich wurde immer sturer und widerborstiger. Es war für mich eine Frage der Selbstachtung. Wieder war ich in einer Situation, die für meinen weiteren Lebensweg entscheidend war. Zumindest glaubte ich das. Mir war aufgefallen, dass immer nur die Kollegen ihr Leben lang kleine Rollen spielten, die sich fügten, die nicht kämpften. Also auf keinen Fall nachgeben. Aber was konnte ich tun? Herr Everding war wieder, wie so häufig, in den USA und inszenierte eine Oper in San Francisco, und sein Stellvertreter, Herr Gier, gab mir zu verstehen, dass er keine Entscheidungsbefugnis habe. Die liege nur beim Intendanten. War ich nun schachmatt? Eine hohe Konventionalstrafe hätte ich nicht bezahlen können, und taktisch krank zu werden, fand ich feig. Da wurde ich von einem Kollegen auf die Hausordnung aufmerksam gemacht. In der waren der Intendant oder sein Stellvertreter verpflichtet, zwei Stunden in der Woche für Mitglieder des Ensembles zur Verfügung zu stehen. Das war die rettende Idee für den entscheidenden Schachzug. Ich verlangte ein Gespräch mit dem Intendanten persönlich, da ja sein Stellvertreter keine Entscheidungsbefugnis habe. Es war natürlich klar, dass Herr Everding nicht aus San Francisco zu diesem Termin kommen würde. In einem Brief der Intendanz wurde mir mitgeteilt, dass ich von dieser Rolle freigestellt würde. Man hatte begriffen, und ich bekam später eine wichtige Rolle in einem anderen Theaterstück, das meine Karriere wesentlich beeinflusst hat. Dieser scheinbar unwichtige Sieg war mir für mein weiteres Leben immer ein Beispiel für die Notwendigkeit, Mut und Zivilcourage zu zeigen, trotz großer Existenzangst und unruhiger Nächte seinen Weg zu gehen, sich treu zu bleiben. Es besteht natürlich immer die Gefahr, dass man aus Sturheit und Dickköpfigkeit durch die Wand will oder einen falschen Weg einschlägt und sich dadurch manches verbaut, doch lieber so, als gleich aufzugeben. Aber solche Fehler zu vermeiden, half mir ja eine kluge Ratgeberin: meine Claudia.

Helmut Dietl und die *Münchner Geschichten*

Die neue Dramaturgin der Kammerspiele, Frau Dr. Yvonne Sturzenegger, brachte aus der Schweiz ein neues Theaterstück mit, *Das Sennentuntschi*, eine alte Schweizer Sage, umgesetzt von dem Dramatiker Hansjörg Schneider. Drei Senner, die schon monatelang frauenlos auf einer Alm leben, basteln sich in angetrunkenem Zustand aus Weinflaschen, Mistgabeln, Lumpen und Kissen eine lebensgroße Puppe, mit der sie ihre sexuellen Lüste ausleben. Im Lauf der Wochen wird diese Puppe lebendig, fordert in angelernten obszönen Worten mehr und mehr Sex und macht diese drei Männer zu ihren Sklaven. Am Ende verlassen zwei die Alm, während der dritte bleibt und von der Sennentuntschi getötet wird. So weit diese derbe Geschichte von der Gefährlichkeit der Sexualität. Später hat dieses Stück bei einer Ausstrahlung im Schweizer Fernsehen für einen Skandal gesorgt und eine Anzeige wegen Gotteslästerung nach sich gezogen. In München wurde *Das Sennentuntschi* im Werkraumtheater der Kammerspiele aufgeführt, und ich spielte den älteren, dominanten Knecht. Endlich hatte mir die Intendanz eine große Rolle zugetraut. Sicherlich eine Folge meines Kampfes vorher. Meine beiden Partner waren Felix von Manteuffel, mein alter Freund aus der Falckenberg-Schule, und Charly Renar. Frau Sturzenegger führte Regie. Die Probenarbeiten waren schwierig. Das lag an mir. Immer wieder unterbrach ich die Proben durch lange Diskussionen, weil ich ganz sicher war, wo die Komik in diesem Stück lag, wie die jeweilige Szene gespielt werden musste, und das wollte ich auch gegen den Widerstand der Regisseurin hartnäckig durchsetzen. Es verlangte Geduld von allen. Aber es hatte sich gelohnt. Die Premiere war ein großer Lacherfolg mit viel Applaus für die Schauspieler. Die immer etwas hochnäsige Münchner Kritik fand das Stück nur albern. Kann ja sein. Trotzdem spielten wir es immer vor ausverkauftem Haus. Für mich sollten diese Rolle und dieses Stück zum Karrieresprung werden.

Für den Charakter des älteren Almsenners hatte ich mich stark verkleidet. Ich hatte mir für einen Bauch Kissen unter einer viel zu großen Strickjacke umgebunden, trug einen Vollbart und versteckte meine langen Haare unter einer dicken Wollmütze. Als Claudia, die mich jede Woche von Pforzheim aus besuchte, mich zum ersten Mal in diesem Kostüm sah, war sie erschrocken und erkannte mich kaum wieder. Nach fünf Vorstellungen bekam ich einen Anruf einer Filmfirma am Nikolaiplatz in Schwabing, ich möge mich doch bei einem Herrn Dietl melden. Ich war gespannt. Theater fand ich zwar sehr wichtig, weil man nur da das Verständnis für den Beruf von Grund auf zu begreifen lernt, aber Film oder Fernsehen waren meine eigentliche Sehnsucht. Pünktlich erschien ich bei der Sekretärin, neugierig darauf, was nun auf mich zukommen würde, aber man ließ mich wieder einmal fünfzehn Minuten warten, das übliche Spiel der Macht. So hatte ich Muße, die vielen Szenenfotos anzuschauen, die dort an der Wand hingen. Von Bernhard Wicki und Helmut Qualtinger aus dem bekannten Film

Das falsche Gewicht. Diese Filmfirma hatte diesen mit vielen Preisen ausgezeichneten zweiteiligen Fernsehfilm produziert. Das imponierte mir. Herr Dietl, ein junger, sehr gut aussehender Mann mit einem gepflegten schwarzen Vollbart, empfing mich in seinem schicken Büro mit den Füßen auf dem Schreibtisch. Nach den üblichen Begrüßungen kam er zum Thema. Er werde eine Fernsehserie in München drehen und suche dafür noch den Hauptdarsteller. Ich sei eine von vielen Möglichkeiten. Ich war enttäuscht. Zum einen waren Fernsehserien immer ein sehr zweischneidiges Schwert, weil man abgestempelt wurde und keine anderen ernsthafteren Rollen mehr angeboten bekam. Popularität war in diesen Jahren eher schädlich, man wurde dann nicht mehr als ernsthafter Künstler betrachtet. Eine sehr deutsche Eigenart! Zum anderen war eine Vorabendserie in München das Letzte, was ich wollte. Vorabendserien waren damals nur Pausenfüller für die Werbeblöcke und galten als Karrierekiller, künstlerisch unter jedem Niveau. Noch dazu war ich nur eine von vielen möglichen Besetzungen. Meine Begeisterung hielt sich deshalb in Grenzen. Außerdem fand ich Dietl arrogant, er sollte erst mal die Füße vom Schreibtisch nehmen. »Nein, mit einer Vorabendserie, noch dazu in Bayerisch, möchte ich meine Karriere nicht beginnen«, sagte ich, »tut mir leid.« Dietl kam sich wahrscheinlich vor wie jemand, der mit einem großzügigen Geschenk winkt, das dankend abgelehnt wird. Er war sicher etwas enttäuscht, aber er zuckte nur mit den Schultern. Dann eben nicht. Das war unser erstes Zusammentreffen, dann war Pause. Aber immer wieder hörte ich von Kollegen, dass Helmut Dietl für seine Serie *Münchner Geschichten* weiter nach einer Besetzung für eine Hauptrolle suchte, einen Vorstadtstrizzi. Na also, er hatte anscheinend noch immer nicht den richtigen

Darsteller, von wegen, ich sei eine von vielen möglichen Besetzungen. Bei mir meldete er sich lange nicht mehr. Wahrscheinlich war er beleidigt. Inzwischen hatte ich beim Bayerischen Rundfunk ein Vorsprechen für ein Fernsehspiel, *Goldfüchse* von Kurt Wilhelm. Es ging um die Hauptrolle in einem Abendprogramm des Bayerischen Rundfunks. Keine kleine Vorabendserie. Ich sollte einige Textpassagen in Bayerisch vorlesen. Das war für mich, wie man in Bayern sagt, eine »g'mahte Wies'n«. Selbstbewusst trat ich an und las souverän mit meinem original bayerischen Idiom die Textpassagen. Herr Wilhelm hörte ganz genau, mit geschlossenen Augen, zu. Dann war ich zu Ende und schaute voller Selbstbewusstsein auf den Regisseur. Herr Wilhelm aber schüttelte den Kopf. Leider nein. Mein Bayerisch klinge zwar nicht schlecht, in Hamburg würden sie mir den Bayern abnehmen, aber er als Fachmann für lupenreines Bayerisch höre er zu sehr meine preußische Herkunft heraus. Nicht glaubwürdig genug, um einen echten Münchner darzustellen. Schade, meine Sprechlehrerin auf der Falckenberg-Schule war einfach zu gut. Fast war ich stolz.

Nach Wochen meldete sich Dietl wieder. Er wollte sich mit mir treffen, aber ich hatte am Abend Vorstellung und keine Zeit. Auch ich war beleidigt und widerborstig. Sollte er doch eine der vielen Möglichkeiten besetzen, die er angeblich für die Hauptrolle hatte. Helmut Dietl ließ nicht locker. Immer wieder rief er mich an. Sein Interesse gefiel mir. Ich gab nach. Wir trafen uns von da an immer öfter am Abend zum Billardspielen oder nach der Vorstellung an den Kammerspielen in der Kulisse. Er wollte mich und meine Eigenarten kennenlernen, das war mir klar. Aber auch ich war neugierig, was er für ein Mensch war. Wir belauerten uns gegenseitig. Wir lachten und redeten miteinander, spielten Billard. Nur langsam gaben wir beide unsere Zurückhaltung auf, aber mit der Zeit wurden wir vertrauter miteinander. Sein Humor war fein und intelligent. Er war ein Menschenbeobachter, genau wie ich. Einmal war ich bei ihm zu Hause in Schwabing. Da war ich tief beeindruckt von seinem teuren Geschmack. Moderne Bilder hingen an den Wänden, klassische Sessel und englische Möbel ergaben eine elegante Mischung. Mit seinen siebenundzwanzig Jahren war er schon mit einer erfolgreichen Journalistin verheiratet und Vater eines kleinen Mädchens. Er imponierte mir sehr, und ich war sicher, so jemand könne nur niveauvoll schreiben. Die Figur, um die es ging, hieß Tscharlie, so viel hatte er mir verraten. Ansonsten blieb er immer vorsichtig und ließ sich lange nicht in die Karten schauen. Er schien Männern gegenüber immer ein latentes Misstrauen zu hegen. Nur bei schönen, vollbusigen Frauen wirkte er entspannt. Man wusste nie genau, was er im Schilde führte. Auch das machte ihn für seine Umwelt geheimnisvoll, interessant und rätselhaft. Nach vielen gemeinsamen Billardabenden, an denen er mich ständig beobachtet und getestet hatte wie ein Forscher sein Versuchstier während eines Experiments, gab er mir eines Abends ein Drehbuch und bot mir die Rolle des Tscharlie an. Neun Folgen à fünfundvierzig Minuten sollten es werden. Er war Drehbuchautor, Regisseur und Produzent. Noch war ich nicht sicher, ob ich zusagen sollte, ich müsste dann sechs Monate aus dem Vertrag mit den Kammerspielen ausscheiden, und auch meine Bedenken wegen der Vorabendserie blieben. Da überraschte er mich mit der Zusage von Therese Giehse, die die Großmutter von Tscharlie spielen sollte. Mit ihr wurde die Vorabendserie etwas ganz Besonderes, und ich unterschrieb sofort den Vertrag. Wie Helmut es geschafft hat, diese großartige Künstlerin zu verpflichten, die nie vorher für das Fernsehen gearbeitet hatte, schon gar nicht für eine Vorabendserie, war mir ein Rätsel, aber es zeigte wieder die Magie von Dietl. Jeder spürte seine Klasse, seine Intelligenz und seinen Humor. Die Menschen folgten ihm blind. Noch heute bin ich erstaunt über den Bayerischen Rundfunk und die damalige Leiterin des Vorabendprogramms Frau Lausen, dass sie den Mut und die Überzeugung hatten, einem Anfänger wie Helmut Dietl jede künstlerische Freiheit zu lassen. Obwohl sie mit meiner Besetzung als Tscharlie nicht sehr glücklich waren und lieber einen anderen Schauspieler in dieser Rolle gesehen hätten, gaben sie ihm die Verantwortung und schenkten ihm das Vertrauen für seine allererste Regie. Das wäre heute, bei dem Sicherheitsdenken der Fernsehsender, undenkbar. Aber wie schon gesagt, Helmut hatte auf Menschen und insbesondere auf Frauen eine magische Wirkung. Im Übrigen bin ich, wie Helmut Dietl, der festen Überzeugung, dass Frauen mit ihrem Instinkt und Einfühlungsvermögen, mit ihrem Mut zu Neuem und ihrer Unbestechlichkeit wesentlich schneller, klarer und besser Talente und Qualitäten erkennen können als die meisten Männer mit ihren doch mehr konservativen, hierarchischen und auf Sicherheit ausgerichteten Verhaltensmustern.

Später gestand mir Helmut, dass er die Aufführung von *Sennentuntschi* ursprünglich wegen eines anderen Kollegen angesehen hatte und dann aber, trotz meiner Verkleidung als alter Senner, überzeugt war, dass ich der Richtige sei. Er sagte, er habe es an meinen Augen erkannt. Da musste er aus fünfzehn Metern Entfernung vom Zuschauerraum zur Bühne schon sehr genau hingeschaut haben. Aber ich war immer wieder verblüfft, wie schnell und wie genau er Menschen durchschaute. Wie mit Röntgenaugen erkannte er ihr wahres Wesen und ihre Schwächen. Nicht umsonst konnte er die Rollen seiner Haupt- und Nebendarsteller so perfekt besetzen: Helmut Fischer als Monaco Franze, Franz Xaver Kroetz als Baby Schimmerlos oder mich als Tscharlie Häusler. Außerdem, so gestand er mir später, hatte er mich nach der Vorstellung am Bühnenausgang abgepasst und heimlich wie ein Privatdetektiv auf meinem Heimweg beschattet. So genau wurde ich nie mehr von jemandem beobachtet. Nun waren wir nicht nur Freunde, sondern wurden enge Vertraute. Fast jeden Tag trafen wir uns bei ihm oder in einem Lokal, wie Kinder im Sandkasten, und ständig war der imaginäre Tscharlie als Dritter im Bunde dabei. Tscharlie Häusler wurde mir so vertraut wie ein Zwillingsbruder. Das war sicher die Absicht von Helmut, das war sein Ziel. Wir redeten wie Tscharlie, wir dachten und lachten wie Tscharlie und verinnerlichten seine Lebensphilosophie und seine Romantik, seine Egozentrik, aber auch seine Liebe zur wunderbaren Oma. Tscharlie Häusler ließ mich aufblühen und wurde mein Alter Ego. Dietl vertraute mir nun voll, wollte mich jeden Tag sehen und ließ mich bei der Besetzung der anderen Rollen mitreden. So schlug ich zum Beispiel für die Rolle des Freundes von Tscharlie, des treuen Gustl, Frithjof Vierock vor, mit dem ich schon im Staatstheater in *Pioniere in Ingolstadt* gespielt hatte, und die bildhübsche, blutjunge Michaela May, die ich in dem Fernsehspiel *Goldfüchse* zum ersten Mal gesehen hatte. Sie war die ideale Susi. Hübsch, loyal, gutmütig, mit einem liebevollen Herzen. Helmut hatte sehr genaue Vorstellungen von den einzelnen Figuren und überließ selbst bei kleinsten Rollen nichts dem Zufall. Und er hatte keine Hemmungen vor großen Namen. So schrieb er dem berühmten österreichischen Hollywood-Schauspieler Oskar Werner nach Wien, um ihn für die Rolle des Herrn Heinrich, des Geige spielenden Untermieters, zu begeistern. Ich glaube, die Antwort war negativ, denn diese Rolle spielte dann Karl-Maria Schley. Nie vorher und auch nie nachher, außer in den Serien von Dietl selbst, gab es eine solche Auswahl von großen Schauspielern, des Weiteren unter anderen Ruth Drexel, Hans Brenner, Karl Obermayr, Walter Sedlmayr, Gustl Bayrhammer, Fritz Straßner und Barbara Gallauner. Es war großartig, im Ensemble mit solchen Größen spielen zu dürfen. Ihnen allen ist dieser große Erfolg der Serie zu verdanken. Und natürlich Helmut Dietl, der uns diese wunderbaren, altersweisen Texte geschrieben hatte und mit seiner unbestechlichen Genauigkeit keine Schlampereien im Text oder im Spiel zuließ. Man musste und man konnte alle Texte ohne irgendwelche Änderungen übernehmen. Sie waren jeder Figur auf den Leib geschrieben. Jeder Charakter, auch in der kleinsten Rolle, hatte seine eigene unverwechselbare Sprache... Selbst wenn man nur den Text des Drehbuchs las, wusste man sogleich, wer diese Sätze zu sagen hatte. Seine unbedingte Perfektion war in allen Bereichen zu spüren. Er war Kunstliebhaber, kaufte schon in jungen Jahren moderne Kunst und war ein großer Ästhet. Sein Büro, seine Wohnungen zeugten immer von erlesenem Geschmack. Er war ein ständiger Verbesserer, Veränderer. Nie war er zufrieden. Wegen seiner Ehekrise zog er mehrmals um. Innerhalb Schwabings in den »Fuchsbau«, einen Terrassenbau aus grauem Beton in unmittelbarer Nähe der Münchner Freiheit, dann in eine kleine Dachgeschosswohnung in der noblen Maximilianstraße neben dem Hotel Vier Jahreszeiten. Ständig musste ich mit ihm zusammen in der jeweils neu bezogenen Wohnung die Möbel hin und her schieben. Immer wieder rückten wir den englischen Schreibtisch von einer Ecke in die andere und hängten Bilder um. Und wenn alles umgeräumt war, begannen wir von Neuem. Die Enge der kleinen Wohnung nutzte er als Vorwand, um dem Druck von Barbara Valentin, seiner neuen Lebensgefährtin, zu entkommen, die mit Vehemenz darauf drängte, mit ihm zusammenzuziehen. War er nicht schlau? Helmut grinste mich an. Eines Tages war diese kleine, elegante Wohnung vollgestopft mit fremdartigen Möbeln, die gar nicht zu seinem Geschmack passten. Ein schwerer Kristallleuchter hing knapp über seinem Schreibtisch. Im winzigen Schlafzimmer machte sich ein riesiges rot gepolstertes, herzförmiges Doppelbett breit, und im Wohnzimmer stand neben einer eleganten englischen Kommode ein überdimensionaler barocker Schrank mit Meißener Porzellan. Barbara hatte seine Ausrede, die Wohnung sei zu klein für beide, dicke und war einfach mit einem Teil ihrer Möbel bei ihm eingezogen. Er zog dann sehr bald in eine riesige Altbauwohnung, gleich hinter den Kammerspielen. Auch da hat er sofort seinen kostbaren, eleganten Geschmack gegen den etwas bunteren Hollywood-Stil von Barbara machtvoll durchgesetzt. Sehr zum Vorteil der Wohnung.

Die Dreharbeiten zu den *Münchner Geschichten* waren am Anfang gar nicht so lustig, wie man beim Humor und der Leichtigkeit der Serie meinen könnte. Während der Proben war alles in Ordnung, aber wenn die erste Klappe fiel, wenn das rote Licht an der Kamera flackerte, wurde ich nervös und verhaspelte mich im Text oder stand nicht auf meiner vorgeschriebenen Marke am Boden. Ich musste ja so viel beachten. »Bei diesem Satz hast du geraucht, dann hast du die Kaffeetasse in die linke Hand genommen, links neben der Kaffeekanne abgestellt und mit der rechten Hand die

Zigarette zum Mund geführt!« All diese Handgriffe musste ich exakt ausführen und dazu noch meinen Text sprechen. Und das Ganze noch mal in fünf Einstellungen genau wiederholen. Sonst kann man den Film nicht schneiden. Das alles war für einen nervösen Anfänger beim Fernsehen sehr kompliziert. Viele bekannte und erfahrene Bühnenschauspieler haben vor diesem schweigenden, unbestechlichen Kameraauge einen gehörigen Respekt. Viel lieber spielen sie vor einem Publikum, das mit seinen Reaktionen und seinem Applaus die schauspielerische Leistung spontan begleitet.

Durch meine Freundschaft mit Helmut durfte ich jeden Abend bei den sonst streng geheimen Mustervorführungen dabei sein. Das war eine absolut notwendige Erfahrung. Erst bei diesen Vorführungen erkannte ich, wie ich vor der Kamera zu agieren hatte. Die Unterschiede von Totale, Halbtotale oder Großaufnahme verlangen jeweils eine andere Spielweise. Meine besondere Hochachtung galt natürlich Therese Giehse. Nicht nur wegen ihrer großen Schauspielkunst, sondern auch wegen ihrer bewundernswerten Geduld und Disziplin am Drehort. Aufgrund ihres Alters hatte sie Probleme mit längeren Textpassagen und lernte deshalb schon Tage vorher ihre Sätze als Oma Häusler. Am Drehort erschien sie dann immer mit perfekt gelerntem Text. Dort saß sie schweigend, ruhig und diszipliniert auf ihrem Stuhl und wartete darauf, zu ihrer Szene gerufen zu werden. Auch wenn um sie herum Trubel herrschte, die Kollegen flachsten, die Beleuchter ihre Scheinwerfer umstellten, saß sie da wie ein Buddha. Nichts brachte sie aus ihrer stummen Konzentration. Ich muss zu meiner Schande gestehen, dass ich zu Beginn der Dreharbeiten nie so diszipliniert war und den Text selten im Voraus lernte, sondern glaubte, ihn während der Proben verinnerlichen zu können. Das ging manchmal gut, aber wenn es längere Szenen waren, vergaß ich immer wieder meine Sätze oder verhaspelte mich, sodass die Szenen ständig wiederholt werden mussten. Jeder andere Schauspieler, noch dazu ein solcher Star, wäre vom Set gegangen mit der Begründung, der junge Kollege solle doch erst mal seinen Text lernen. Nicht so Frau Giehse. Sie blieb immer freundlich, konzentriert und professionell. Nie hat sie mich auf meine Undiszipliniertheit angesprochen oder gerügt. Aber diese Erfahrung hat mich gelehrt, immer vorbereitet zum Dreh zu kommen und Verständnis für textunsichere Kollegen zu haben.

Die Zusammenarbeit mit Helmut blieb weiterhin spannend und wurde immer intensiver. Die neuen Drehbücher wurden während des Drehens geschrieben. Oft saßen wir nach Drehschluss zusammen mit unserem dritten Ego, dem imaginären Tscharlie, und sammelten Stoff für weitere Folgen. Alle meine früheren Probleme im Gymnasium, beim Militär, bei der Hotellehre flossen nun in den Charakter von Tscharlie ein. Seine Träume, seine Romantik, dieser hartnäckige Optimismus, dieser Widerstand gegen Erwachsene – all das sprach mir tief aus der Seele. Tscharlie wurde mein Rächer an all den Lehrern und Vorgesetzten, die mir ein schlimmes Ende prophezeit hatten. Wie gerne sprach ich solche Sätze wie in der Folge *Dreiviertelreife* bei einem Vorstellungsgespräch von Tscharlie in einem Reisebüro:

»Was ist eine Mittlere Reife, eine Mittlere Reife ist gar nix.... Was ich sagen wollt', is', dass diese Begriffe alle ganz falsch sind. Weil Reife, das ist ja nix, was man in Zahlen ausdrücken kann, jedenfalls nicht bei einem Menschen. Bei einem Käse vielleicht, da ist das was anderes, aber doch nicht bei einem Menschen, verstehen S'. Schauen S', eine Mittlere Reife wären ungefähr fünfzig Prozent, und das wären ... mit meinen siebeneinhalb Klassen, wären das ungefähr fünfundsiebzig, achtzig Prozent, das ist ja ein Blödsinn, weil ... dann hätte ich ungefähr eine Dreiviertelreife. Das ist doch ein Blödsinn, das sehen Sie ja selber.«

Dietl hatte eine besondere Art, Drehbücher zu schreiben. Er hatte es immer sehr gerne, wenn beim Schreiben der Szenen jemand mit am Schreibtisch saß. Nicht um ihm dabei zu helfen, sondern, wie es in der Abhandlung von Kleist *Über die allmähliche Verfertigung der Gedanken beim Reden* heißt: »Wenn du etwas wissen willst und es durch Meditation nicht finden kannst, so rate ich dir, ... mit deinem nächsten Bekannten ... darüber zu sprechen.« Auch von Molière sagt man, ihm sei beim Schreiben immer die Meinung seiner Magd wichtig gewesen. Helmut wollte jemanden in seiner Nähe, um seine Fantasie anzuregen. Für die Folge *Der lange Weg nach Sacramento* zum Beispiel hatte er vorerst nur eine Szene im Kopf. Zwei als Clowns kostümierte Gastgeber zählen nach einer offensichtlich langen durchzechten Nacht ihre Stühle in der Wohnung und vermissen drei davon. Auf diesen Stühlen sitzen in der nächsten Szene Tscharlie, Gustl und Achmed als Cowboys verkleidet an der rauschenden Isar unterhalb des Landtags. Das war seine Grundidee. Mehr gab es noch nicht. Nun begann unsere Fantasie zu blühen. Brainstorming in höchster Vollendung. Dabei konnte ich endlich meine gesamte Erfahrung von Hunderten Wildwestfilmen einbringen. Ich war John Wayne, Clint Eastwood und Gary Cooper zusammen. Zorro, Gringo, Zapata wurden geboren. Es waren traumhafte Dreharbeiten. Meine ganze Kindheit kam wieder hoch. Endlich durfte ich einen Wildwestfilm drehen, durfte cool und gefährlich schauen wie Clint Eastwood in *Eine Handvoll Dollar* und mit tief ins Gesicht gezogenem Hut, Sporen und Revolver auf einem schwarzen Pferd durch das Siegestor reiten. Seit meiner Kindheit, als ich im Fasching Cowboy mit Kapselpistole sein durfte, war das doch mein eigentlicher Urtrieb zur Schauspielerei. Endlich als Erwachsener durfte ich ihn ganz realistisch ausleben, mit echten Sporen an den Stiefeln und mit einem echten, lebendigen Pferd. Das schwarze Pferd machte mir dann allerdings doch noch Probleme. Man hatte versprochen, mir ein ganz zahmes, filmerfahrenes Pferd zu geben, das wie die alten Gäule im Hippodrom auf dem Oktoberfest stoisch und unbeeindruckt vom Reiter dahintrotten würde... Darauf hatte ich bestanden, denn ich hatte Angst vor Pferden. Stattdessen kam ein feuriger Hengst, der schon bei meinem Anblick unruhig wurde und von zwei Stallburschen nur mit Mühe zu bändigen war. Kaum saß ich im Sattel, bäumte er sich auf und wollte mich abwerfen. Nun mussten schon drei Betreuer das Tier fest am Zügel halten. Einer dieser Pferdebändiger hatte zu meiner Beunruhigung ein Glasauge in einem halb eingedrückten Gesicht. Das sah nicht gut aus. Vor Jahren habe ihn da ein Pferdehuf erwischt, erklärte er mir, aber das sei halb so schlimm. Meine zorrohafte Lässigkeit schwand immer mehr. Der Höhepunkt aber stand mir noch bevor. Zum Drehen mussten die Pferdehelfer meinen Rappen loslassen. Ganz vorsichtig blieb ich im Sattel sitzen, wagte mich kaum zu bewegen, als säße ich auf einer Bombe, die bei jeder Bewegung hochgehen konnte. Beim ersten Ritt durch das Siegestor war alles o.k. Auch beim zweiten Mal ging wieder alles gut. Ich wurde sicherer und selbstbewusster. Hoch oben auf dem Rücken des Pferdes fühlte ich mich ein bisschen wie John Wayne in dem Film *Kampf am roten Fluss*. Reiten war ja doch nicht so schwer. Aber dann wurde ich leichtsinnig und machte einen Fehler. Meine riesigen golddollargroßen Sporen berührten die Flanken des Tieres, und wie wenn man bei einem fünfhundert PS starken Sportwagen zu stark das Gaspedal durchdrückt, ging der Gaul hoch und galoppierte auf die Leopoldstraße, wo die Ampel gerade auf Grün sprang. Eine Reihe von Autos kam uns entgegen, ich hatte komplett die Kontrolle über das Pferd verloren, meine Stiefel rutschten aus den Steigbügeln, der Hut flog mir vom Kopf, und ich klammerte mich in Todesangst an den gestreckten Hals des Pferdes, bereit, mich meinem Schicksal zu ergeben. Die heranrasenden Autos bremsten quietschend, perplexe Gesichter hinter den Steuerrädern. Die Fahrer trauten ihren Augen nicht. Eine optische Täuschung? Was war denn das, ein schwarz gewandeter Cowboy mit zwei silbernen Revolvern an den Seiten auf einem wild gewordenen Rappen am helllichten Tag mitten auf der Leopoldstraße vor dem Siegestor? Alle Betreuer vom Film ließen ihre Pferde los, die sich sofort unruhig aufbäumten, und stürzten in Panik auf die Straße. Laut rufend und mit ausgebreiteten Armen versuchten sie, meinen hysterischen Gaul, der sich inzwischen vor den Augen der erschrockenen Autolenker mit mir an seinem Hals wie ein Kreisel um sich selber drehte, zu beruhigen. Riesenaufregung vor dem Siegestor! Es dauerte eine Weile, bis sich Pferde und Schauspieler von dem Schrecken wieder erholt hatten. Wir alle brauchten eine Pause. Die riesigen Sporen an meinen Stiefeln wurden mir abgenommen. Zum Glück drehten wir mit drei Beamten von der berittenen Polizei, sodass wir keine Anzeige bekamen. Mein Respekt vor Pferden und vor John Wayne wuchs.

Der 26. November 1974, der Tag der ersten Ausstrahlung von *Münchner Geschichten* kam. Ich hatte mit meiner Claudia in unserer neuen Wohnung am Herzogpark zu einer kleinen Party eingeladen. Alte Freunde aus meiner Jugend waren da. Sie sollten sehen, was aus mir geworden war. Auch Helmut und Barbara Valentin waren dabei. Die Verantwortlichen beim Fernsehen waren positiv gestimmt. Wir waren gespannt. Wie würden die Zuschauer reagieren? Im Bayerischen Regionalfernsehen wurde von der Ansagerin diese neue Vorabendserie vorgestellt. Dann, nach der Titelmusik und nach dem Vorspann, begann die erste Folge. Ich war aufgeregt. Noch nie zuvor hatte ich mich auf dem Bildschirm gesehen oder meinen Namen im Abspann gelesen. Dieser Name, Halmer, der doch mit so vielen Problemen und negativen Erinnerungen für mich verbunden war, stand plötzlich an erster Stelle der Besetzungsliste im Fernsehen. Ich dachte an meinen Vater und an meine verstorbene Mutter. Zuerst empfand ich Genugtuung wegen meines Vaters, er hatte nicht recht behalten, ich war doch kein Versager, dann Traurigkeit wegen meiner Mutter. Schade, dass sie es nicht mehr erlebt hat. Sie war die Einzige, die immer an mich geglaubt hatte, und ihre Zuversicht hatte sich bewahrheitet. Wie stolz wäre sie auf mich gewesen. Dieser Tscharlie hatte ihren Charme, ihre freundlichen Augen, ihr Lächeln. Er war ganz und gar ihr Sohn. Zwiespältige Gefühle kamen in mir hoch. Jede Szene konnte ich mitsprechen, und ich wusste, wo und wann sie gedreht worden war, fand mein Spiel übertrieben, fand mich schlecht fotografiert, die Nase zu groß, fand meine Stimme schrecklich. Nach fünfundvierzig Minuten war der Film zu Ende, und das weitere Programm nahm seinen ganz normalen Lauf. Die Welt stand nicht kopf. Es gab keine respektvolle Pause, sondern nahtlos folgte alberne Werbung. Ernüchternd, enttäuschend. Eine leise Depression wehte mich an. So lange hatte man an dieser Serie gearbeitet, sich mit den Figuren identifiziert, monatelang sich Tag und Nacht damit beschäftigt, war fast eins geworden mit seiner Rolle, und dann war nach fünfundvierzig Minuten die erste Folge so sang- und klanglos vorbei. Der Alltag hatte uns wieder. Kein Telefonanruf, nichts, auch nicht von meinem Vater. Hatte er die Folge überhaupt gesehen? Es war, als ob sie gar nicht gesendet worden wäre. Auch am nächsten Tag keine Zeichen von Wiedererkennen auf den Straßen, so, als ob nichts passiert wäre. War das möglich? Konnte man fast ein Jahr lang mit Herzblut an einer Sache arbeiten, und das Ergebnis verschwand dann ohne jegliche Bedeutung wie in einem schwarzen Loch? Was hatte ich erwartet? Natürlich war eine neue Fernsehserie nichts Besonderes, das wusste ich ja. Aber die Hoffnung blieb. Auch die zweite und die dritte Folge gingen scheinbar den gewohnten Weg des Vorabendprogramms. Sendung aus, und nun die Werbung. Wer schaute denn schon um sieben Uhr abends fern? Auch die Münchner Tageszeitungen erwähnten uns kaum. Doch dann kam die vierte Folge, und es war wie eine Erweckung. In den nächsten Tagen läutete das Telefon pausenlos. Journalisten wollten Interviews, Fernsehzeitschriften baten um Homestorys von Claudia und mir. Von einem Tag auf den anderen war ich ein gefragter Mann geworden. Dieses plötzliche Interesse an mir überraschte, ja erschreckte mich geradezu. Was war da los? Warum auf einmal? Ich hatte keine Erklärung. Auf der Straße sprachen mich wildfremde Menschen nur noch als Tscharlie an, klopften mir jovial auf die Schulter, keiner kannte meinen wirklichen Namen, und jeder duzte mich. Ich war Allgemeingut geworden. Manche glaubten gar, ich sei gar kein Schauspieler, sondern der echte Tscharlie Häusler. Ich fühlte mich wie von einem Tsunami überrollt. Diese Beliebtheit fühlte sich fremd an. Ausgerechnet ich, der Halmer, der seit seiner Kindheit ständig in Schwierigkeiten steckte, dessen Namen man immer mit diesem besonderen, negativen Ton aussprach, »der Halmer schon wieder«, war von nun an der Tscharlie, populär und beliebt. Aber sehr bald merkte ich, dass viele Bewunderer auf diesen Tscharlie herabblickten wie auf einen Clown. Ein lustiger Vogel, aber ein Loser. Sie klopften mir auf die Schultern, lachten überlegen: »He, Tscharlie, setz dich her!« Die Rolle hatte sich verselbstständigt. Mit jeder weiteren Folge steigerte sich das öffentliche Interesse an mir, beziehungsweise nicht an mir, sondern am Tscharlie. Nach der Folge *Der lange Weg nach Sacramento* versteckte ich mich in meiner Wohnung und ließ mich erst mal nicht mehr in der Öffentlichkeit blicken. Immer hatte ich ein Bild aus der Sportwelt vor Augen: Ein Spieler wird von seinen Mannschaftskollegen nach einem Sieg gefeiert, alle werfen ihn jubelnd in die Höhe, dann drehen sie sich um und gehen, und der Gefeierte knallt allein gelassen auf den Boden. Ich wollte wieder die Kontrolle über mein Leben zurück, ich war ja noch jung und erst am Anfang meiner Karriere. Aber das Leben ging weiter und stellte mir ganz neue, viel wichtigere Aufgaben. Claudia überraschte mich mit der glücklichen Botschaft, dass sie schwanger sei.

Neue Wege

Die *Münchner Geschichten* waren zu Ende. Die Zeitungen schrieben Hymnen, und die Zuschauer verlangten nach weiteren Folgen. Sie waren enttäuscht, dass Susi und Tscharlie kein Paar wurden. Wenn schon nicht im richtigen Leben, wie die Yellow Press hoffte, dann doch wenigstens im Fernsehen. Helmut Dietl und ich waren uns jedoch einig, dass die Geschichten fertig erzählt waren. Was sollte noch kommen? Immer wieder neue lustige Einfälle von Tscharlie? Sicher, das wäre möglich gewesen und hätte auch sein Publikum gefunden, aber es hätte die Serie verwässert und harmloser gemacht. Das wollten wir beide nicht.

Im richtigen Leben hatten Claudia und ich, nach fünf Probejahren des Zusammenlebens, sehr still und ohne Presserummel auf dem Standesamt in der Au, einem Münchner Stadtteil, geheiratet. Wir beide wollten uns ohne großen Rummel das Jawort geben. Ich in einer Lederjacke und Claudia in einem Umstandskleid, feierten wir nur mit ein paar Freunden und den Trauzeugen, ohne Verwandte und sogar ohne unsere Eltern, bescheiden mit Weißwürsten im Käfer. Ich war etwas abergläubisch. Schon oft hatte ich Ehen scheitern sehen, die mit großem Pomp und vielen Gästen geschlossen worden waren. Das sollte uns nicht passieren. Trotzdem fanden manche Münchner Zeitungen unsere Eheschließung heraus und titelten:»Tscharlie wird Vater.«

Ich konnte mich wehren, wie ich wollte, den Journalisten immer wieder erzählen, dass ich nur eine Rolle spiele und eigentlich ganz anders sei – es hatte keine Wirkung. Der Stempel Tscharlie, den man mir aufgedrückt hatte, ging nicht mehr ab und verstärkte sich nur. Später gab ich es auf, in Interviews alles zu relativieren, es war sinnlos. Auch das war ein Grund, warum ich diese Rolle nicht mehr spielen wollte. Es waren nur neun Folgen, sechs waren von Dietl geschrieben und inszeniert, drei Folgen stammten von Bernd Schröder und Franz Geiger und wurden unter der Regie von Herbert Vesely gedreht, aber für die Zuschauer waren es gefühlte fünfzig. Natürlich wurden mir nun immer wieder ähnliche Rollen angeboten, aber ich lehnte alle ab. Die Qualität von Helmut Dietl war nicht mehr zu erreichen, und ich wollte keine schlechte Kopie der wunderbaren, romantischen Figur Tscharlie werden.

Nach diesem Erfolg engagierte Hans-Reinhard Müller, der neue Intendant der Kammerspiele, Helmut Dietl für ein neues Projekt. Die Idee war, dass die Kammerspiele hinausgehen sollten in die Vorstadt, in Seniorenheime oder zu kleinen Bühnen irgendwo um München, um Werbung für das Theater zu machen. Es waren fünf sehr lustige Einakter, und Helmut wollte, dass ich alle männlichen Rollen in verschiedenen Masken spielte. Diese fünf Einakter waren überschrieben mit *Lass ma's bleiben*. Maria Singer, Veronika Fitz und Gerd Lohmeyer waren meine Partner. Nun aber ist die Regie am Theater von Grund auf verschieden von den Dreharbeiten beim Fernsehen und vor allem ganz anders, als Helmut zu inszenieren gewohnt war. Während man im Fernsehen improvisieren kann, die guten Sequenzen sofort mit der Kamera einfängt und die eigentliche Inszenierung später im Schneideraum entsteht, verlangen Theaterproben ein ständiges genaues Wiederholen von schon Erarbeitetem. Das ist sehr wichtig, weil sonst ganze Szenen vom Zufall oder von der jeweiligen Stimmung der einzelnen Schauspieler abhängen. Während der Proben war Dietl deshalb enttäuscht, dass ein Akt, der am Vortag noch sehr flüssig und humorvoll war, am nächsten Probentag völlig danebenging und ohne Spannung dahinplätscherte. Wir Schauspieler hatten keine klaren Vorgaben und Anhaltspunkte, sondern spielten eben je nach Stimmung und Laune unsere Szenen. Immer wieder machte ich Helmut bei unseren täglichen intensiven Gesprächen nach den Proben darauf aufmerksam. Ein Haus ohne Stützen fällt zusammen, eine Bühneninszenierung ohne klare Vorgaben ist beliebig. Gänge, Pausen, Blicke – all das muss gefunden, aber dann auch geprobt und immer wiederholt werden. Irgendwann wurden Helmut meine ständigen Warnungen und Mahnungen zu dumm, und er sagte diesen einen Satz, der mich sofort zu seinem Gegner machte: »Der Regisseur bin ich! Du bist nur der Schauspieler! Ich entscheide.« Etwas Schlimmeres hätte er nicht sagen können. Für mich war das der klare Beweis, dass unsere Freundschaft nicht auf Augenhöhe stattfand. Meine Widerborstigkeit und mein Stolz verlangten sofortige Genugtuung. Im 18. Jahrhundert hätte ich ihn auf der Stelle zum Duell gefordert. Das ging nicht, aber zur vollkommenen Überraschung von Hans-Reinhardt Müller bestand ich darauf, sofort aus dieser Inszenierung auszusteigen. Er verstand die Welt nicht mehr. Was war denn da los? Aus zwei unzertrennlichen Freunden waren nun unversöhnliche Gegner geworden... Ein gemeinsames Vermittlungsgespräch brachte keine Klärung. Helmut bestand auf meiner Mitwirkung, sonst würde er die Regie niederlegen. Die Proben waren von da an quälend für uns alle. Enttäuschte Freundschaft. Ich wurde immer widerborstiger, aber auch Helmut wurde immer sturer. Jede seiner vagen Regieanweisungen stellte ich infrage und versuchte, ihm zu beweisen, dass er kein Bühnenregisseur war. Helmut und meine Kollegen litten unter der Situation. Heute tut es mir sehr leid, es war kein schönes Ende unserer Freundschaft. Vielleicht aber war es auch nur eine unbewusste Befreiung von der fordernden, egozentrischen Freundschaft Dietls, der selbstverständlich erwartete, dass man nachts sofort aus dem Bett aufstand und zu ihm kam, wenn er anrief. Er war immer Sherlock Holmes, der Freund immer Dr. Watson. Durch unser gemeinsames Interesse und den erstaunlichen Erfolg der *Münchner Geschichten* waren diese seine Eigenschaften nicht so deutlich, nun aber fielen sie mir unangenehm auf.

Die Inszenierung *Lass ma's bleiben* war trotz unseres Streites ein Erfolg. Alle wollten Tscharlie sehen. Aber Helmut und ich haben danach nie mehr zusammengearbeitet. Es war etwas zerbrochen.

Über vierzig Jahre später machte Helmut Dietl seine schwere, tödliche Erkrankung öffentlich. Ich war geschockt. Zu seinem siebzigsten Geburtstag am 22. Juni schrieb ich ihm auf drängendes Bitten von Claudia einen Brief. Es fiel mir nicht leicht; denn sie war immer noch da, meine Widerborstigkeit, noch immer wollte ich nicht nachgeben. Wie würde er reagieren? Abweisend, gleichgültig, desinteressiert? Aber noch am selben Tag hat Helmut angerufen, und wir trafen uns in seiner Schwabinger Wohnung. Selten habe ich einen so berührenden Nachmittag erlebt. Mein sturer Stolz war verflogen, und eine tiefe Zuneigung zu Helmut rührte mich, als er mir, vom Tod gezeichnet, die Tür öffnete. Wir zwei Siebzigjährigen schwärmten dann bei Tee und Keksen von den alten Zeiten. Die *Münchner Geschichten* und Tscharlie wurden wieder lebendig, die wunderbare Oma und Herr Heinrich, der Zimmerherr mit seiner Geige. Wir freuten uns diebisch über die *Dreiviertelreife*, ritten noch mal kichernd wie Teenager durch das Siegestor und fanden »ois Chicago«. Wir waren wieder so vertraut miteinander wie zu Beginn unserer Freundschaft. Tscharlie hatte uns nach über vierzig Jahren wieder zusammengebracht. Noch nie habe ich das Alter und die Begrenztheit unseres Lebens deutlicher empfunden als in diesen Stunden, die das Ende von Helmuts Leben schon ahnen ließen. Mein Vorschlag, er solle doch noch einmal Regie führen mit den ganzen früheren Stars seiner legendären Serien, die sich zufällig alle im Altersheim wiederträfen, gefiel ihm außerordentlich, und ich spürte, wie diese Idee seine Fantasie beflügelte und ihn aus seiner tiefen Melancholie riss. Er rief mich immer wieder an und bat um Vorschläge. Leider kam sein viel zu früher Tod dazwischen.

Doch ich greife vor. Noch sind wir in den Siebzigerjahren. Die letzte Folge von *Münchner Geschichten*, *Ois anders*, war schon vor über achtzehn Monaten gesendet worden, aber noch immer schwärmten die Menschen von Susi und Tscharlie. Die Sprüche »logisch« oder »ois Chicago« gehörten zum Sprachgebrauch der bayerischen Jugend. Diese enorme Popularität von Tscharlie hatte natürlich auch kuriose Folgen und zeigte mir, wie eitel, wie vergesslich und wie naiv die Menschen sind. Viele Bekannte und Schulkameraden, die mich früher nur vom Wegsehen kannten, waren jetzt fest davon überzeugt, dass sie doch schon immer meine Freunde gewesen waren, und erzählten hanebüchene Geschichten, die sie angeblich mit mir erlebt hatten. Selbst Gymnasiallehrer, denen ich zufällig in Rosenheim über den Weg lief, erinnerten sich daran, schon damals, in der Schule, meine Begabung erkannt zu haben. Ich ließ ihnen ihren Glauben. Beim Rosenheimer Herbstfest musste ich die Blaskapelle dirigieren und eine kleine Ansprache halten. Auch an ein anderes Erlebnis erinnere ich mich: Es war ungefähr ein gutes Jahr nach Ende der *Münchner Geschichten*, ich war mit Claudia und unserem kleinen Sohn Daniel, der 1976 zur Welt gekommen war, vom Herzogpark nach Gern in eine große Maisonettewohnung umgezogen. An einem friedlichen Sonntagmorgen, wir waren gerade im Morgenmantel zu dritt beim Frühstücken, störte lautes Dröhnen von schweren Motorrädern die sonntägliche Stille. Das Dröhnen kam näher und hörte vor unserem Haus auf. Ungefähr fünfzehn Motorradfahrer in Lederkluft und Helm stellten ihre Maschinen vor unserem Haus in der Böcklinstraße ab. Jugendliche Gesichter starrten durch das Fenster unserer Parterrewohnung, und wir hörten Stimmengemurmel wie: »Da wohnt er!«

Gleich darauf läutete es bei uns Sturm. Ich ahnte Schreckliches. Claudia ging mit unserem kleinen Buben auf dem Arm zur Tür. Von draußen hörte ich fröhliches, gut gelauntes Gelächter und laute Männerstimmen. Daniel weinte erschrocken. Was war los? Eine Gruppe motorisierter Tscharlie-Fans war eigens von Niederbayern aufgebrochen, um mit ihrem Idol bei ihm zu Hause zu frühstücken. Der sei doch so cool, der würde sie sicher zu einer zünftigen Brotzeit einladen. Die Diskussion an der Türe dauerte

lange, und meine Frau hatte große Mühe, sie zu überzeugen, dass Tscharlie nicht zu Hause sei. Ich versteckte mich auf der Toilette. Enttäuscht und verärgert stiegen sie wieder auf ihre Maschinen und rauschten mit dröhnenden Motoren ab. Seit dieser Zeit halte ich meine Adresse geheim.
Schon vorher war mir dieser Erfolg immer unheimlicher geworden, und ich wollte nichts mehr davon hören. Gleich zu Beginn meiner Schauspielkarriere wollte ich nicht sofort in diese Schublade gesteckt werden. Wie sollte ich da je wieder herauskommen? Das hieß für mich, ganz andere Wege zu gehen: Obwohl ich nun bald die Verantwortung für eine kleine Familie zu tragen hatte, es war 1976, und Claudia war schwanger, entschied ich mich zusammen mit ihr, das Theater mit seinem festen Jahresvertrag zu verlassen und freischaffend zu werden. Kein leichter Entschluss. Es hieß nämlich, zu verzichten auf das sichere Gefühl, ein monatliches regelmäßiges Einkommen zu haben und zu einem Ensemble zu gehören, das ich mochte, auf gemeinsame Proben und auf fröhliche Premierenfeiern. Ich verließ den vertrauten Kreis meiner Kollegen und wurde ein Einzelkämpfer. Aber ich hatte, und das war der wichtigste Grund, keinen Chef mehr, der mir vorschrieb, was ich zu spielen hatte. Nun war ich mein eigener Herr. Nun konnte ich selbst entscheiden, was ich spielen wollte und was nicht. Vorausgesetzt, ich wurde angefragt. Niemals aber hätte ich diesen Schritt gewagt ohne die beiden Frauen, die mich dabei unterstützten. Sie gaben mir die Gewissheit, dass ich auf dem richtigen Weg war. Natürlich war das zuallererst meine Claudia. Und dann meine Agentin Erna Baumbauer. Man braucht solche starken Frauen auf seinem Weg durchs Leben. Meine Claudia für meine Seele, für meinen inneren Halt, für meinen Sinn im Leben und Frau Baumbauer mit ihrer Lebenserfah-

rung und ihrer Klugheit für den Beruf. Sie hatte Vertrauen zu mir und wollte mich von diesem »Tscharlie«-Image befreien. Durch sie kam ich in eine andere Welt, weg vom nur Bayerischen, und ich hatte auch plötzlich Kontakt zum internationalen Film. Meine Kanadaerfahrung mit den daraus resultierenden Englischkenntnissen trug Früchte.

Claudia inzwischen hochschwanger. Im Juni 1976 sollte unser Kind auf die Welt kommen. Ich hatte noch einen Vertrag mit dem Residenztheater und spielte im Cuvilliés-Theater *Die Gaunerstreiche des Scapin*, eine Commedia-dell'arte-Inszenierung. Außerdem hatte ich gerade einen Vertrag für eine amerikanische Filmproduktion über das Olympia-Massaker von 1972, *Die 21 Stunden von München,* unterschrieben, in der ich eine israelische Geisel spielen sollte. Das ging trotz des Theaters, weil die Amerikaner fast nur nachts drehten. Dazu kam noch, dass die Inszenierung des *Scapin* tagsüber vom Bayerischen Fernsehen aufgezeichnet wurde. Und all das war im Juni, zu der Zeit, als meine Frau dringend meine Hilfe gebraucht hätte. Ich war rund um die Uhr beschäftigt. Deshalb entschlossen wir uns, die Geburt unseres ersten Kindes nach Pforzheim zu verlegen, wo wenigstens die Schwiegereltern sich um die junge Mutter kümmern konnten. Noch heute bin ich meinen Schwiegereltern dankbar für diese großartige Unterstützung. Am 22. Juni wurde unser Sohn Daniel geboren. Zufälligerweise am gleichen Tag, an dem auch Helmut Dietl Geburtstag hatte. Was für eine Freude, was für eine Aufregung, aber auch gleichzeitig: was für eine Verantwortung. Unser erstes Kind. Nach langen Diskussionen und gemeinsamem Nachdenken hatten wir uns auf den Namen Daniel Philipp geeinigt. Nun war unser Daniel auf der Welt, dreihundert Kilometer von mir entfernt, und ich konnte meine Glückwünsche an Claudia und meine Freude über unser erstes Kind nur über das Telefon mitteilen. Und Fragen über Fragen. Wie geht es dir? Wie lange hat die Geburt gedauert? Wie sieht er aus? Wie ist seine Augenfarbe, ist er blond oder schwarzhaarig wie du? Wem sieht er ähnlich? Wie schwer ist er? All das nur am Telefon. Denn ich wurde durch meine verschiedenen Engagements in München komplett festgehalten. Tagsüber wurden in den Studios Unterföhring die *Gaunerstreiche* aufgezeichnet, am Abend spielte ich die Vorstellung im Theater, und nach der Vorstellung im Theater, um zweiundzwanzig Uhr, holte mich ein Wagen der US-Produktionsfirma zum Drehen in den Olympiapark ab. Ich spielte in dem Film den Trainer der israelischen Fechtmannschaft, André Spitzer. Meine Partner waren unter anderen William Holden, als Polizeipräsident Manfred Schreiber, und der Italiener Franco Nero als Anführer der Terroristen. Ich hatte nicht bedacht, wie anstrengend das alles für mich werden würde. Die Dreharbeiten dauerten die ganze Nacht und wurden erst bei Morgengrauen von der Sonne beendet. Nach drei Stunden Schlaf musste ich dann schon wieder nach Unterföhring zur Aufzeichnung des *Scapin*.

Im Gegensatz zu meiner Rolle als Geisel war ich in der Wirklichkeit eigentlich in einer sehr glücklichen Phase meines Lebens. Claudia hatte in Pforzheim einen gesunden Jungen zur Welt gebracht, ich hatte gut zu tun, die Karriere ging voran.

Aber die Rolle einer Geisel, hilflos, die Hände auf dem Rücken gefesselt, ständig mit lauten, barschen Befehlen und Todesdrohungen herumkommandiert, den Gewehrlauf vor dem Gesicht, hat natürlich auch Auswirkungen auf die eigene Psyche. Selbst als Schauspieler, der diesen Horror nur zu spielen hatte, ahnte ich die schreckliche Machtlosigkeit, Hoffnungslosigkeit und Todesangst, die diese israelischen Gefangenen gefühlt haben mussten. Es war besonders tragisch, dass ausgerechnet hier in Deutschland diese israelischen Sportler, die ja auch zur Versöhnung mit unserer Generation nach München gekommen waren, ein unbarmherziges Schicksal traf. Ich erinnere mich noch an die Schockstarre, die ganz Deutschland und die Welt ergriff, als bekannt wurde, dass fast alle israelischen Geiseln bei dem Befreiungsakt getötet worden waren. Diese Olympiade, die so freundlich und fröhlich begonnen hatte, mit denen sich das neue, positive Deutschland der internationalen Öffentlichkeit zeigen wollte, endete so traurig und schrecklich. Totenfeier statt Siegesfeier.

Wir drehten immer nur nachts im Olympiadorf, und man konnte sich in die israelischen Sportler hineinfühlen, die dort von zu allem entschlossenen Terroristen brutal aus dem Schlaf gerissen wurden. Es waren die Originalräume, in denen wir diese Szenen drehten, und man spürte förmlich die Angstgefühle, die die hilflosen, gefesselten Sportler in diesen kleinen Räumen gehabt haben mussten. Die quälend langen Verhandlungen des Terroristenanführers mit dem Polizeipräsidenten Schreiber und dem damaligen deutschen Innenminister Genscher. Dann der Horror, nachts hilflos durch die düsteren, betonierten Wege des Olympiadorfs getrieben zu werden. Das letzte Telefonat André Spitzers mit seiner jungen Frau in Israel, diese Traurigkeit, all das musste ich nachempfinden und darstellen. Die Szene mit Franco Nero, der als Führer der Geiselnehmer mit eisigen Augen mir mein düsteres Schicksal ausmalte, wenn die Regierung von Israel nicht auf seine Forderungen einginge. Die Ungewissheit, als die drei Hubschrauber mit uns knatternd in den

Nachthimmel stiegen und über das Olympiastadion nach Fürstenfeldbruck flogen, und immer die Gesichter der zu allem entschlossenen Terroristen, mit Gewehr im Anschlag. Beklemmend, dieser furchtbar verunglückte Rettungsversuch der deutschen Polizei, bei dem die Hubschrauber explodierten, in Flammen aufgingen und Geiseln sowie Geiselnehmer getötet wurden. All das wurde perfekt im Film nachgestellt. Solche Szenen zu spielen, die genauso in Wirklichkeit stattgefunden hatten, gingen doch sehr auf das Gemüt. Wir, die wir die Geiseln darstellten, hatten merkwürdiger- oder auch verständlicherweise eine starke Abneigung gegen die Schauspieler, die die Terroristen mimten. Wir waren zwar Kollegen, aber irgendwie doch Gegner. Während der Drehpausen saßen Geiseln und Terroristen weit voneinander entfernt. Absolut keine Kommunikation. Absichtlich wurden wir von den Assistenten der Produktionsfirma wie hilflose Gefangene behandelt.

»Die Geiseln dahin, Terroristen dorthin! Schnell, schnell«, brüllten sie im Befehlston durch ihre Megafone.

»Die Leichen sollen sich wieder zurück auf den Boden legen!«

»Wo sind die Maschinenpistolen für die Terroristen?«

»Die Geiseln, die auf der Toilette waren, sofort wieder fesseln.«

Dann der laute Ruf: »Action!«

Schüsse krachten, Männer schrien, Hubschrauber explodierten und standen in Flammen, Verwundete stöhnten. Ein riesiges Durcheinander, genauestens inszeniert.

»*Once again!*«

Noch einmal das Ganze von vorn.

»Geiseln und Terroristen sofort wieder in die Hubschrauber. Los, schneller, gleich wird es hell. Tempo! Action!« In den Drehpausen dachte ich unentwegt an meine Frau und unseren neugeborenen Sohn Daniel in Pforzheim. Ich wollte sie drücken und in die Arme nehmen. Genauso hat sicher André Spitzer, den ich darstellte, auch gefühlt, als er mit seiner jungen Frau in Israel telefonierte. Die Telefonate mit Claudia wurden immer länger. Das war nicht so einfach wie heute. Damals gab es ja noch kein Handy, und ich musste von zu Hause anrufen oder irgendwo eine Telefonzelle finden. Hat sich Daniel in den Tagen schon verändert, ist er schwerer geworden, kannst du ihn stillen? Ja, ja, ja, er hat unglaublichen Appetit. Schon viereinhalb Kilo schwer. Und er hat schon gelächelt. Ich konnte es kaum mehr erwarten, es waren doch schon drei Tage nach der Geburt...

Nach weiteren nicht enden wollenden sechs Tagen durfte ich endlich zu meiner kleinen Familie nach Pforzheim. Ja, da war er, mein Sohn. Ich war sprachlos. So sieht also ein Neugeborenes aus. Mein Sohn, ein neuer Mensch. Sein Gesicht war noch etwas verschrumpelt, der Kopf durch die lange Geburt etwas verformt. »Wächst sich das noch aus?«, fragte ich die Stationsschwester. Tränen schossen Claudia in die Augen. Ich schämte mich, ich bin halt ein Büffel.

Fast zwei Jahre waren inzwischen seit den *Münchner Geschichten* vergangen. Noch immer lehnte ich bayerische Dialektstücke im Fernsehen ab, aber so langsam wurden mir auch hochdeutsche Rollen angeboten. Zum Beispiel die ZDF-Serie *Mirjam und der Lord vom Rummelplatz*. Es waren aber nicht immer Angebote, die meinen Wünschen entsprachen, deshalb lehnte ich manche auch ab, das konnte ich mir erlauben, weil Claudia mit ihrer Schmuckfirma mitverdiente. Claudia hatte den Schauspielberuf nach zwei Jahren aufgegeben. Ihr Idealismus und ihre Liebe zur Schauspielerei waren etwas abgekühlt, und sie stieg stattdessen, nach einer Industriekaufmannslehre, in die Schmuckfabrik ihrer Eltern ein, um dort eine eigene Kollektion nach ihrem Geschmack zu entwickeln. Das entsprach mehr ihrem freien Wesen, als im Theater nach Rollen zu schielen. Später hat sie dann ihre eigene Firma gegründet: »Art & Trend«. Immer wieder fuhr sie mit dieser Schmuckkollektion zu Messen und in die Städte Deutschlands und Österreichs und sammelte Kaufverträge. Das brachte lange Autofahrten und schwierige Vertragsverhandlungen mit sich. Keine leichte Arbeit für eine junge Frau, wenn sie ihren Schmuckkoffer durch die Innenstädte schleppte. Aber sie war sehr erfolgreich, und dieser Erfolg war wichtig für ihr Selbstbewusstsein und auch für unsere Familie. Wenn sie auf Reisen war, kümmerte ich mich um unseren kleinen Sohn Daniel. Wenn ich auch zu Dreharbeiten weg war, sprang die Oma aus Pforzheim ein. Wir hatten uns ganz gut arrangiert. Aber, wie das Leben so spielt – es kamen neue Aufgaben auf uns zu. Es war der 25. Mai 1978. Claudia war wieder schwanger. Bei strahlendem Sonnenschein spazierten wir durch den Englischen Garten. Claudia ging schwer. Jederzeit konnte unser zweiter Sohn zur Welt kommen. Dass es wieder ein Sohn werden würde, wussten wir von den Ultraschallaufnahmen. Wir hatten schon lange den Termin in der Frauenklinik in der Maistraße in München vereinbart und warteten nun auf die Wehen. Claudia wollte unbedingt das dort praktizierte neue Prinzip, »Rooming-in« genannt, ausprobieren, eine damals neue, moderne Art der Mutter-und-Kind-Betreuung, bei der die Mutter nach der Geburt das Neugeborene den ganzen Tag bei sich behalten durfte. Daniel war Claudia vor zwei Jahren nur zum Stillen gebracht und dann sofort wieder weggenommen worden. Man wollte die Mutter nicht mit dem neugeborenen Kind belasten. Neue Erkenntnisse hatten aber gezeigt, dass sowohl die Mutter als auch das Kind dieses Zusammensein genießen und brauchen. Auch ich sollte und wollte dieses Mal unbedingt bei der Geburt dabei sein, obwohl mir bei dem Gedanken schon etwas mulmig war. Kannte ich doch Geburten nur aus vielen Filmen, in denen die werdenden Mütter sich immer vor Schmerzen krümmten und aufgeregte Hebammen nach heißem Wasser riefen. Noch heute frage ich mich: Wozu all das heiße Wasser? Nun würde ich, auf Wunsch von Claudia, und auch auf meine, bei diesem unglaublichen Ereignis dabei sein. Hoffentlich würde ich nicht bewusstlos. Bei solch wichtigen Dingen sind die Frauen so tapfer und wir werdenden Väter so erbärmlich feige.

Als es dann so weit war und ich in der Klinik die problemlose Geburt von Dominik miterleben durfte, war das einer der größten und bewegendsten Momente meines Lebens. Ich war wie in Trance. Wie aus der Ferne hörte ich den ersten Schrei des Neugeborenen und den Satz des Geburtshelfers: »Gratuliere zu einem gesunden Sohn.« Niemals werde ich dieses Wunder vergessen, wenn ein neuer Mensch wirklich das, wie man so sagt, Licht der Welt erblickt und nun für immer zur Familie gehört. Ein fast heiliger Moment. Wer ein solches Ereignis erlebt hat, wird immer die Würde des Menschen zu dem höchsten Gut zählen, und man möchte, ob man religiös ist oder nicht, an einen Gott glauben. Was für ein Gefühl, als wir nach fünf Tagen mit unserem neugeborenen Sohn Dominik Emanuel in der Tragetasche die Schwelle zu unserer Wohnung überschritten. Die Familie war nun komplett.

Zwei Menschen,
die ich nie vergessen werde

Durch meinen Beruf und die langen Jahre habe ich natürlich sehr viele Menschen kennengelernt. Manche blieben mir wegen der Umstände, unter denen ich ihnen begegnet bin, lebenslang im Gedächtnis, andere wegen ihrer ganz besonderen Persönlichkeit. An zwei dieser Menschen möchte ich erinnern.

Während ich mich also zu Hause um meine Familie kümmerte, Windeln wechseln, Fläschchen geben, Bäuerchen machen lassen und so weiter (Claudia hat das selbstverständlich von mir erwartet, und ich war gerne bereit, diese Aufgaben mit zu übernehmen), war meine Agentin Frau Baumbauer nicht untätig. Sie verschaffte mir eine interessante, hochdeutsche Rolle in einem Fernsehspiel vom Südwestfunk in Baden-Baden nach einer Novelle von Anton Tschechow: *Erzählung eines Unbekannten*. Es war die erste Regiearbeit des bekannten Schauspielers Peter Vogel. Dieser war der Sohn von Rudolf Vogel, einem großen Schauspieler der Nachkriegszeit, und ich hatte ihn bereits in unzähligen Filmen als Komiker bewundert. Er war mir sehr vertraut, zumal wir uns ähnlich sahen, und ich freute mich, ihn kennenzulernen. Meine Rolle war die des radikalen, schwindsüchtigen, russischen Adligen mit Namen Stepan, der sich als Diener bei einem hohen Petersburger Beamten einschleicht, um ihn auszuspionieren. Aber er verliebt sich in dessen Geliebte und flieht mit ihr nach Venedig. Die Rolle der Geliebten spielte Gila von Weitershausen. Dieser Diener Stepan war eine undankbare, schwierige Rolle. Meine Aufgaben waren, die Gäste zu bedienen, ihnen aus dem Mantel zu helfen, Gläser nachzufüllen, Geschirr abzudecken – eben die Aufgaben eines Lakaien. In fast jeder Szene stand er als schweigsamer Diener dabei und beobachtete die Gesellschaft. Die größte Schwierigkeit dieses Drehs aber lag woanders. Mit der Zeit stellte sich heraus, dass der wunderbare Peter Vogel depressiv war und seine Krankheit heimlich mit Alkohol und Tabletten bekämpfte. Durch seine ständige Angst, einer von uns könnte seine Sucht bemerken, beobachtete er jeden im Team mit krankhaftem Misstrauen und vermutete überall einen Spion, der hinter ihm herschnüffelte. Wenn ich mit einem Kollegen in den Pausen zusammen lachte, fühlte er sich angegriffen, vermutete eine Intrige und wollte sofort die Regie niederlegen. Immer wieder mussten wir mit vielen guten Worten sein Misstrauen beruhigen, aber natürlich merkte jeder, dass er ein starkes Alkoholproblem hatte, das sein Wesen immer wieder negativ veränderte. Sein ständiger Begleiter war ein schwarzer Arztkoffer, den er nie aus den Augen ließ. Dieser schwarz glänzende Koffer hatte etwas sehr Geheimnisvolles, Düsteres, Unheimliches und entwickelte während der Drehzeit fast ein Eigenleben. Peter Vogel nahm ihn überall mit, sogar auf die Toilette. Meistens kam er dann schon nach kurzer Zeit in merkwürdig veränderter Stimmung zurück. Die Dreharbeiten wurden dadurch äußerst kompliziert. Jede Frage zur Rolle oder die Bitte um eine kleine, harmlose Veränderung einer Szene war für ihn ein Angriff auf seine Autorität als Regisseur, und er reagierte entweder übertrieben aggressiv oder aber ging zur Intendanz und legte die Regie nieder. Wieder und wieder musste man ihm bestätigen, dass er eine ganz großartige Arbeit machte. Es war mühsam. Er tat mir sehr leid, weil ich mich ihm durch seine Filmrollen, die ich so mochte, und auch durch unsere äußerliche Ähnlichkeit irgendwie verbunden fühlte. Mit Helmut Dietl ging es mir genauso. Helmut und Peter Vogel waren sich tatsächlich im Aussehen und in ihrer Melancholie sehr ähnlich. Eine Art Seelenverwandtschaft.

Bei den Außenaufnahmen in Venedig kam ich Peter Vogel näher, und er war mir gegenüber weniger misstrauisch, sogar erstaunlich offen. Ich lernte einen Mann von einundvierzig Jahren kennen, der trotz seiner großen Popularität und Erfolge unendlich einsam und traurig war. Zum Frühstück nahm er statt Kaffee und Brötchen mit durstigen Zügen ein großes Wasserglas Grappa zu sich. Meine Warnungen und Aufmunterungen waren erfolglos und bestärkten ihn nur in seiner Verzweiflung über den Sinn des Lebens. Seine Depressionen und Wahnvorstellungen wurden immer schlimmer, niemand konnte ihm helfen, auch nicht seine Lebensgefährtin Erika Pluhar. Statt zu schlafen, dirigierte er in ihrem schönen Haus in Grinzing nächtelang Mozarts *Requiem* vor einem imaginären Orchester, und noch bevor er den Film in Baden-Baden fertiggestellt hatte, nahm er sich am 21. September 1978 in Wien das Leben. Ich war sehr traurig.

An seinem Grab auf dem kleinen Bogenhauser Friedhof, auf dem so viele berühmte Künstler liegen, wie zum Beispiel Rainer Werner Fassbinder, Erich Kästner, Helmut Fischer und auch Peter Vogels Vater Rudolf Vogel, las ich, auf Wunsch seiner Mutter, bei seiner Beerdigung statt Reden einen langen Nachruf aus einer Wiener Zeitung vor. Unter der großen Trauergemeinde waren Erika Pluhar, seine Exfrau Gertraud Jesserer, seine beiden Söhne und viele, viele bekannte Schauspieler. Ein eigentümliches, melancholisches Gefühl überkam mich. Da stand ich am Grab eines Menschen, den ich in meiner Jugend in den Rosenheimer Kinos bewundert hatte, dem ich angeblich ähnlich sah, der damals als Filmstar so unendlich weit weg war, der so war, wie ich immer sein wollte, den ich für sein glanzvolles Leben beneidet hatte, der einen roten Porsche Targa fuhr, den die Frauen liebten, der mit ein Grund war, warum ich Schauspieler werden wollte, und war nun auf diese traurige Weise für immer mit ihm verbunden.

Wien war für mich schon als Jugendlicher eine Stadt, der ich mich durch die unzähligen Filme, die ich im Kino miterlebt habe, verbunden fühlte. Die Hofburg, der Prater, die Oper, das Burgtheater, die Kärntner Straße, die Fiaker, der Heurige in Grinzing, Johann Strauß und seine Musik waren mir genauso vertraut wie die berühmten Schauspieler, die mit der Stadt verbunden sind: Hans Moser, Paul Hörbiger, O. W. Fischer, Oskar Werner, Paula Wessely und Romy Schneider sind Legenden. In keiner Stadt der Welt werden Schauspieler so verehrt wie in Wien. Und nun hatte mich diese Stadt gerufen. Ernst Häusermann, der legendäre Intendant des Theaters in der Josefstadt in Wien, hatte mich für ein relativ selten gespieltes Stück von Ödön von Horváth engagiert, *Die Unbekannte aus der Seine*. Die *Münchner Geschichten* waren auch in Österreich ein großer Erfolg gewesen, und Herr Häusermann dachte kommerziell. Ich hatte gerne zugesagt. Theater spielen in Wien, was gab es Schöneres?

Allerdings hat es kein festes Ensemble gern, wenn für die Hauptrolle ein Gast von auswärts engagiert wird, aber hier in der Josefstadt für ein österreichisches Stück ausgerechnet einen Piefke, einen Deutschen, zu holen, das empfanden viele Kollegen als Provokation. Es gab sicher einige im Ensemble, die sich für die Rolle des Albert viel besser geeignet fühlten. Ich konnte das gut nachfühlen, es erinnerte mich an meinen Kampf mit der Intendanz an den Kammerspielen. Da war es umgekehrt, da hatte mir ein Wiener Schauspieler die Rolle weggeschnappt. Ich stellte mich auf eine schwierige Probenzeit ein. Fritz Zecher, ein ausgewiesener Horváth-Spezialist, führte Regie. Er war offensichtlich mit meiner Besetzung nicht einverstanden, wahrscheinlich war er gar nicht gefragt worden, und zeigte mir seinen Unmut gleich bei der ersten Leseprobe.

»Herr Halmer, wir machen hier kein Fernsehen, sondern spielen Theater, das ist ein großer Unterschied«, sagte er mit leiser Stimme und schaute dabei lächelnd in die Runde meiner versammelten österreichischen Kollegen am Tisch. Es wurde süffisant gegrinst. Willkommen in Wien. Die Bühnenproben begannen auch so. Kaum war ich auf mein Stichwort hin aufgetreten, unterbrach Fritz Zecher sofort und fand mein Spiel völlig falsch. Dabei hatte ich nur »Grüß Gott« zu sagen. So ging das eine ganze Weile. Mein Stichwort, mein erster Auftritt, mein erster Satz, schon falsch und noch mal von vorne. Zecher wollte mich hinausekeln, ganz klar, ich sollte von mir aus aufgeben. Wahrscheinlich saß schon ein anderer, befreundeter Schauspieler in Wien am Telefon und wartete ungeduldig auf den Anruf: »Gratulation, der Halmer hat hingeschmissen.«

Aber so einfach, ohne Kampf, wollte ich mich nicht verabschieden. Die Rolle gefiel mir, und Theater spielen in

Wien »in der Josefstadt«, wo schon so viele Größen wie Curd Jürgens, Romy Schneider, Senta Berger, Helmuth Lohner oder Otto Schenk auf der Bühne gestanden hatten, fand ich spannend. Die Ahnengalerie im Foyer des Hauses mit all ihren berühmten Mitgliedern war für mich Erinnerung an viele Filme, die ich in meiner Jugend gesehen hatte. Es war eine Ehre, hier zu spielen, aber so waren die Proben nicht auszuhalten. Es war wieder einmal Zeit, sich zu wehren. Kein Problem, darin hatte ich Übung. Meine Widerborstigkeit meldete sich. Nach einigen längeren Disputen mit dem Regisseur brach ich die Probe ab und verlangte ein Gespräch mit dem Intendanten. Fritz Zecher und ich trafen uns im Büro von Ernst Häusermann, diesem gewieften Diplomaten. Der wiegte den Kopf hin und her und wusste zuerst nicht, wie er sich entscheiden sollte, aber als ich anbot, den Vertrag nur nach Zahlung einer hohen Abfindung aufzulösen, siegte der Kaufmann in ihm. Zecher und ich einigten uns zwar nicht auf Frieden, aber doch auf einen Waffenstillstand. Ein kleiner Sieg. Wien war zu dieser Zeit noch nicht so prachtvoll renoviert wie heute, und wenn man am späten Abend durch die menschenleeren, nur vom fahlen Licht der alten Straßenlaternen beleuchteten Straßen ging und hinaufsah zu den düsteren Wohnungen der Josefstadt, dann erinnerte mich das an den Film *Der dritte Mann*. Die Kollegen gingen nach den Proben immer gleich nach Hause oder trafen sich privat, keiner war an mir interessiert, keiner lud mich ein, und ich fühlte mich etwas verloren und ausgeschlossen in der fremden Stadt. Die Wohnung, vom Theater gestellt, war nüchtern und zweckmäßig eingerichtet und lud nicht zum längeren Verweilen ein. Meine kleine Familie war zu Hause, Handys waren noch nicht erfunden, auch Skype gab es nicht, und so suchte ich mir eine

Art Wohnzimmer in der Gaststube eines gemütlichen Wiener Lokals, einem Beisl nahe der Wohnung. Das Essen war gut, wie von Muttern, und preiswert. Bald war ich da ständiger Gast, und mit der »goscherten«, also schlagfertigen Bedienung und der freundlichen, füllligen Wirtin stand ich auf gutem Fuß.

Fast jeden Mittag oder Abend vor oder nach den Proben und später nach den Vorstellungen saß ich an meinem Stammplatz am Fenster und hatte von dort aus das ganze Lokal im Blick. Es war eine Art Hochsitz zur Menschenbeobachtung, mein stilles Hobby und unerschöpfliches Reservoir für meine Rollen. Im Lauf der Zeit fiel mir immer wieder ein mittelgroßer Mann, vielleicht fünfundfünfzig Jahre alt, auf. Er kam mittags oder auch abends mit einem Taxi vor dem Lokal angefahren, stieg mühselig mit zwei Krücken aus und schleppte sich dann ins Lokal zu seinem Stammplatz. Die Begrüßung der Wirtin und der Bedienung, die ihm routinemäßig die Tageskarte reichte, nahm er wie selbstverständlich zur Kenntnis. Sein Gesicht war offensichtlich durch einen Schlaganfall oder Unfall etwas entstellt. Ein Mundwinkel hing herunter, und Speichel tropfte auf seine Jacke. Umständlich, aber wie in einem Ritual holte er seine dunkle Hornbrille aus dem Etui, die seinem Gesicht einen merkwürdig professoralen Ausdruck verlieh. Dann studierte er lange und gründlich die Speisekarte, stellte Nachfragen über die Art der Zubereitung der einzelnen Gerichte, ließ sich alles von der Wirtin genau erklären und bestellte dann ein üppiges Mahl, oft das ganze Menü mit Vorspeise, Hauptgericht und Dessert. Die süßen Nachspeisen manchmal doppelt. Die Gäste im Lokal beachtete er nicht, sondern schaute nur konzentriert auf seinen Teller, kaute, fast gierig, seine großen Portionen, trank zum Abschluss noch einen »kleinen Braunen« und ließ sich schließlich, gesättigt, nach etwa einer Stunde ein Taxi rufen, in das er wieder mühselig mit der Hilfe des Taxifahrers hineinkletterte. Wer war das, was für einen Beruf hatte dieser seltsame Mann? Seine Kleidung war schwer zu definieren. Nicht armselig, sondern gepflegt, manchmal sogar teure Designerjacketts, aber mit eindeutig gestopften Löchern am Ärmel oder an den ausgefransten Hosenbeinen. Oft waren seine Anzüge zu groß, so als ob sie ihm gar nicht gehörten. Auch die Schuhe hatten schon bessere Tage gesehen, waren aber stets sauber geputzt. Trotz Krücken war sein Auftritt würdevoll, und immer gab er mit lässiger Gebärde ein großzügiges Trinkgeld. Er machte mich neugierig. Warum konnte ich ihn nicht einordnen? Mein Interesse an den Lebensläufen so merkwürdiger Menschen war wieder wie ein Jagdinstinkt erwacht.

Eines Tages fragte ich die Wirtin nach diesem sonderbaren Stammgast. Ich brauchte ihn ihr gar nicht lange beschreiben.

»Ach, Sie meinen unseren Bettler«, lachte sie, »der kommt schon jahrelang zu uns, wollen Sie ihn kennenlernen?« Also ein Bettler war das. Darauf wäre ich nie gekommen. Etwas verschämt sagte ich Ja. Menschen am Rande der Gesellschaft hatten mich schon immer interessiert. Aber es war mir peinlich. »Nur, wenn ich ihn nicht störe. Ich möchte nicht indiskret sein.«

»Nein, nein«, meinte sie, »der freut sich, wenn jemand mit ihm spricht. Der hat ja niemanden.«

»Wie heißt er denn?«, fragte ich.

Die Wirtin schaute mich erstaunt an: »Des woas i ned, wir nennen ihn nur unsern Bettler.«

An einem Abend, nach einer mühsamen, durch heftige,

lautstarke Diskussionen unterbrochenen Probe, saß ich wieder allein und nachdenklich in der fast leeren Gaststätte vor meiner Weinschorle und rekapitulierte die nicht geprobten Szenen vom Vormittag. Irgendwas lief falsch. So hatte ich mir Wien nicht vorgestellt. Der Regisseur und ich verstanden uns nicht, und mit meiner Partnerin hatte ich auch meine Schwierigkeiten. Ich hatte das Gefühl, wenn sie ihren Text nicht gelernt hatte, schob sie eine Erkältung oder ein Unwohlsein vor. Krankheit war in der Josefstadt immer das Stichwort, die Theaterproben sofort zu unterbrechen, und mit Gänsehaut in der Stimme raunten dann die Wiener Kollegen von erst jüngst verstorbenen Bekannten, die wegen nicht erkannter Krankheiten nun auf dem Zentralfriedhof liegen würden. Ein Wimmerl war dann schnell ein Karzinom, und ein lauter Furz konnte das Vorzeichen eines beginnenden Darmkrebses sein. Wenn ich dann nach einiger Zeit anmahnte, wieder zum eigentlichen Sinn der Proben zu kommen, meinte der Regisseur:»Herr Halmer, Sie san so deitsch.« In dieser trüben Nachdenklichkeit saß ich vor meinem Glas, sah das Taxi mit dem Bettler ankommen, und meine Stimmung verwandelte sich in neugieriges Interesse. Wie immer nahm er mühsam seinen Stammplatz ein, wieder das Ritual mit Brille und Speisekarte, dann beugte er sich mit konzentrierter Entschlossenheit über sein Brathendl mit Reis. Zum Nachtisch gab es noch fünf »Buchteln«, so nennt man in Wien sehr schmackhafte kleine Rohrnudeln mit Puderzucker und Zwetschgenfüllung. Nach dem »kleinen Braunen«, der wie immer das Ende der Mahlzeit anzeigte, flüsterte ihm die Wirtin ins Ohr und deutete auf mich. Zuerst verstand er nicht, sie wiederholte es und deutete wieder auf mich. Er drehte sich erstaunt zu mir um, mir war das sehr peinlich, aber sein entstelltes Gesicht bekam einen freundlichen Ausdruck, wahrscheinlich war das ein Lächeln, und mit einer eleganten Handbewegung lud er mich an seinen Tisch.

»Die Wirtin hat g'sagt, Sie san Schauspieler«, begann er mit starkem Wiener Dialekt die Unterhaltung und grinste: »Dann samma ja fast Kollegen, ich bin ein Bettler.« Das war natürlich ein starker Beginn des Gesprächs, und innerhalb einer halben Stunde plauderten wir wie alte Bekannte. Er war wie jeder Wiener Bürger sehr interessiert an meinem Beruf und suchte Parallelen zu seiner Tätigkeit. Wir kamen zu der Überzeugung, dass auch er in manchen Szenen ein Schauspieler oder zumindest in künstlerischer Weise kreativ war. Darauf legte er Wert. Er wollte nicht nur dumpf am Boden sitzen und die Hand bettelnd aufhalten. Einen Hund als Mitleidsverstärker lehnte er als unehrlich ab. Das gefiel mir sehr. Nein, er hatte einen gewissen beruflichen Ehrgeiz. Auch er spiele den Menschen Krankheit und Armut nur deswegen vor, um sie innerlich zu berühren, um ihr hartes Herz zu erweichen. Er gebe ihnen sogar das Gefühl, ein besserer Mensch zu sein, wenn sie Groschen – seine Gage – in seinen Hut werfen und, von seinen Dankesrufen begleitet, innerlich geläutert wie nach einer Beichte, wieder ihres Weges gehen würden. Seine Tätigkeit habe deshalb auch etwas Seelsorgerisches. Interessant, aus dieser Perspektive hatte ich seinen Beruf noch gar nicht gesehen. Sein Humor gefiel mir, außerdem bewunderte ich seine Selbstsicherheit. Nichts an ihm war devot oder unterwürfig. Nein, er strahlte das Selbstbewusstsein eines Menschen aus, der sich seiner Würde bewusst war. Der Abend wurde noch lang.

In den nächsten Wochen wurden wir zwei Einsamen immer mehr zu Freunden, blieben aber beim distanzierten

»Sie«. Er wurde mir zunehmend vertrauter. Ich erzählte ihm meine Probleme als Schauspieler, er war ein guter und kluger Zuhörer, und ich bekam auch Einblick in die damalige Wiener Bettlerszene. Es waren Geschichten wie aus der *Dreigroschenoper* von Bertolt Brecht. Auch da gab es unter den Bettlern raue Revierkämpfe um die besten Bettelplätze. Fast wie in der Hochfinanz wurde da getrickst und getäuscht. Man bestach Hausmeister mit Geld, Schnaps oder Zigaretten, um an den bei Touristen beliebten Orten seinen Hut aufstellen zu dürfen. Der »Graben« mit seiner Pestsäule und die Spanische Hofreitschule waren gesuchte Standorte. Um mir, dem Schauspieler, mit seinem guten Gedächtnis zu imponieren, leierte er minutenlang Passagen aus dem Alten und Neuen Testament herunter, die er freigebigen Passanten zum Dank nachrief oder um damit Touristen zum Spenden zu animieren. Wer trotzdem nichts gab, wurde dann wenigstens mit einem schlechten Gewissen bestraft, so hoffte er. Er demonstrierte mir, zum Schrecken mancher Gäste an den Nebentischen, wie man durch Anspannen der Pomuskeln ein schüttelfrostartiges Zittern des gesamten Körpers im Liegen stundenlang durchhalten konnte. Sehr wirksam, wenn man mit dieser Nummer den halben Gehsteig blockierte und damit die Passanten zwang, über den gequälten, von Krämpfen geschüttelten Körper zu steigen. Die wenigsten taten das, ohne zumindest einen Schilling zu geben. Die Kleidung, erklärte er mir, müsse immer sauber und ordentlich sein, aber an den geflickten Hosen und abgeschabten Rändern der Jacken und Pullover müsse die Armut durchschimmern. Die Anzüge und Schuhe bekam er immer von älteren Damen, sehr oft Witwen, die ihm mitleidig die Garderobe ihrer verstorbenen Männer überließen; deswegen also die teure Kleidung, die er manchmal trug. Weihnachten war, wie bei allen Geschäftsleuten, seine Hauptsaison. Schon Wochen vor dem Weihnachtsabend besuchte er die alten Damen in den verschiedenen Bezirken und wurde bei Kaffee und Weihnachtsstollen großzügig beschenkt. Mit frommen Gebeten aus seinem erstaunlich großen Bibelsprüchereservoir und mit heuchlerischem Blick gen Himmel beschwor er inniglich wie ein Mönch Gottes Segen für die Schenkenden herab. Und all diesen frommen Menschen schenkte er das erhebende Gefühl, edel, hilfreich und gut zu sein. Was will man sich mehr wünschen zu Weihnachten? Ist das nicht der eigentliche Sinn dieses Festes? Alles, was er mir erzählte, vielleicht auch erfand, war wie eine Vorlesung im Fach: die hohe Kunst des Bettelns oder wie man Mitleid bei den Menschen erzeugt. Er hätte ein Buch schreiben sollen.

Eines Abends kam er, mit seinen Krücken humpelnd und lausbübisch grinsend, zu mir an den Tisch und bestellte auf seine Kosten zwei Gläser gespritzten Wein. Offensichtlich war ihm etwas Glückliches widerfahren. Was war los? Er wartete, bis die Bedienung die Gespritzten gebracht hatte, freute sich an meiner ungeduldigen Neugier und erzählte mir dann, wie er am Vormittag zwei Polizisten, die ihn auf einer nicht zum Betteln freigegebenen Seitenstraße entdeckt hatten, reingelegt habe. Wie das? Polizisten, so versicherte er mir, dürften, wenn sie jemanden bei einer unerlaubten Bettelei ertappten, Taschenpfändungen durchführen. Die beiden eifrigen Beamten, denen wahrscheinlich langweilig war, überprüften seine Papiere und wollten bei ihm zur Strafe das eingenommene Geld pfänden. Er aber wollte verständlicherweise seinen mühsam erworbenen Lohn auf gar keinen Fall hergeben. Deshalb wehrte er sich hartnäckig und weigerte sich lautstark, sein Bettelgeld herauszurücken. Der Disput wurde heftiger. Passanten wurden aufmerksam und nahmen Partei für den armen Mann. Die beiden Gendarmen wurden nun ganz störrisch und gesetzlich und versuchten, unter den Protestrufen der Zuschauer, mit körperlicher Gewalt an das Geld zu kommen. Einer hielt den zappelnden Bettler fest, während der andere versuchte, an die Münzen in seinen Taschen zu gelangen. Die Menschentraube wurde größer. Pfuirufe gegen die Polizei ertönten. Die beiden Beamten schwitzten. Fast berührten die Hände des Polizisten das mühsam erbettelte Geld in den Tiefen seiner Tasche, da hatte mein Freund in seiner Not den im wahrsten Sinne des Wortes erlösenden Einfall. Er löste seine psychische Hemmschwelle und pinkelte hemmungslos den Inhalt seiner ganzen Blase in seine Hose. Der Polizist riss seine vom lauwarmen Urin feuchten Hände aus der Hosentasche, fluchte »Pfui Deife, die Drecksau hat in d'Hosen g'schifft«, und suchte unter dem höhnischen Gelächter der Umstehenden mit seinem Partner das Weite. Mein Bettler aber triumphierte, er behielt sein Geld, zwar nass, aber nicht weniger wert. Zu allem Überfluss gaben ihm die Zuschauer noch zusätzlich großzügige Gaben für die erlittene Aufregung und bedauerten ihn wegen seiner Herzattacke, die er gleich danach simulierte. Er war so überzeugend, sagte er mir, dass sie ihn fast ins Krankenhaus bringen wollten. Das konnte er aber abwenden. Ob ich nicht eine Rolle am Theater für ihn hätte, fragte er mich. Ich glaube fast, er meinte es ernst.

Eines Abends erzählte er mir geheimnisvoll eine erstaunliche Geschichte. Vor zwei Jahren habe ihn ein Auto überfahren, und seitdem sei er auf diese Krücken angewiesen. Er hasste sie. In einigen Wochen würde nun endlich an einem Wiener Gericht der Prozess gegen die Versicherung wegen seiner Schadenersatzforderungen beginnen. Wenn er gewänne, wäre er ein reicher Mann. Davon war er überzeugt. Man hatte ihm zwar vor einem Jahr eine hohe Summe als Entschädigung angeboten, aber bei Weitem nicht genug. Die Anwälte der Versicherung seien mit allen Wassern gewaschen und hätten schon Privatdetektive mit Kameras auf ihn angesetzt. Man wollte Beweise suchen, ob er nicht nur ein Simulant sei, der sich sehr gut ohne Krücken fortbewegen könne. Jetzt fand also endlich die mit allerlei juristischen Spitzfindigkeiten hinausgezogene Verhandlung statt. Hoffentlich haben Sie einen guten Anwalt«, sagte ich. Er grinste schelmisch. Er habe schon eine Strategie, wie er den Prozess gewinnen könne, ich dürfte es aber niemandem weitererzählen. Mir war das unangenehm, aber ich spürte, dass es ihm ein dringendes Bedürfnis war, mir seine schlauen Gedanken zu verraten. Ich gab nach, er hatte ja sonst niemanden, dem er sie erzählen konnte, und er war so stolz darauf. Hier sein Plan.

Die Verhandlung bei Gericht war irgendwann an einem Donnerstag auf neun Uhr angesetzt. Um diese Zeit würden die Anwälte der Versicherung, sein eigener Anwalt und der Richter im Sitzungssaal anwesend sein. Kurz vor neun wollte er vor den Gleisen der Straßenbahn, die am Gericht vorbeiführte, warten. Wenn nun die Trambahn losfuhr, würde er, bei genauer Beobachtung der Bremsverzögerung, in genügendem Abstand, mit den Krücken auf die Gleise stürzen und benommen und hilflos liegen bleiben. Die Räder der Tram würden kreischend kurz vor ihm zum Stehen kommen, und die entsetzten Passanten würden ihn, den Verletzten, vielleicht sogar Blutenden, mit einem großen Theaterauftritt in den Gerichtssaal führen und diesen, fast tödlichen Unfall vor den versammelten Juristen schildern. Er würde während der Verhandlung auf einer Bank liegen und vor Schmerzen kein Wort sprechen. Niemand im Gerichtssaal würde bei so einer gefährlichen Situation einen Trick vermuten. Selbst ein voreingenommener Richter hätte gar keine andere Wahl, als ihm einen hohen Schadenersatz zuzusprechen. Jeder hätte ihn vor einem so gefährlichen Abenteuer gewarnt, ich natürlich auch, aber dann lachte er und sagte, das sei nur Spaß gewesen, er sei doch kein Hasardeur.

Wochen vergingen, die Premiere in der Josefstadt war vorbei, die Kritiken mittel, ich war wieder zu Hause und kam nur noch alle acht oder zehn Tage zu den Vorstellungen nach Wien. Meistens fuhr ich gleich nach der Vorstellung wieder nach München zurück. Das Café Maria Treu und meinen Bettlerfreund hatte ich fast vergessen. Meine kleinen Söhne und Claudia waren wichtiger. Ich musste mich textlich auf meine neue Rolle in England vorbereiten und war nur mit meiner Karriere beschäftigt. Irgendwann war ich zufällig wieder im Maria Treu und fragte die Wirtin nach meinem Bettlerfreund. Ihr Gesicht wurde ernst. Ja, meinte sie, das sei ganz tragisch. Kurz vor einer Gerichtsverhandlung, die ihn vielleicht zu einem reichen Mann gemacht hätte, sei er unglücklicherweise unter die Räder einer Straßenbahn gekommen und verstorben.

»Vielleicht«, meinte sie, »war das besser für ihn; er war ja so einsam, er hatte ja niemanden. Immer wieder hat er nach Ihnen gefragt.« Ich wurde sehr nachdenklich. Mir fiel auf, dass ich nichts Privates von ihm wusste, nicht, wo er wohnte, nicht, wie er wohnte, nicht einmal seinen Namen kannte ich. Nicht ein einziges Mal hatte ich ihn gefragt, welches Schicksal ihn zum Bettler gemacht hatte. Wieder wurde mir klar vor Augen geführt, dass ich nichts anderes als ein egomanischer Schauspieler war, der nur neugierig auf andere Menschenschicksale war. Sein Grab, wahrscheinlich ein Armengrab, konnte ich nicht besuchen. Keiner wusste, wer er war.

Der deutsche Lord

Es war im Frühjahr 1980. Noch immer spielte ich in Wien in der Josefstadt meinen Horváth. Jede Woche fuhr ich mit dem Auto dorthin. Die Stimme meiner Agentin, der legendären Erna Baumbauer, klang am Telefon noch höher als sonst. Das geschah immer, wenn sie aufgeregt war. »Herr Halmer, Sie müssen sofort zu Tele München kommen, ein englischer Regisseur will Sie kennenlernen.« »Wann denn?« »Na gleich. Sofort.« Nun war auch ich aufgeregt. Noch war ich in Wien und musste eine Vorstellung in der Josefstadt spielen. Spät in der Nacht fuhr ich nach Hause. In drei Stunden war ich diesmal daheim, bei normaler Fahrt dauert es vier...

Ein englischer Regisseur, das hieß, wieder international zu drehen! Sehr spannend! Eine Hauptrolle, hatte sie gesagt. Am nächsten Morgen fuhr ich mit dem Taxi in die Kaufingerstraße. Die zwei deutschen Produzenten und der englische Regisseur, Herbert Wise, warteten schon auf mich. Es ging um den berühmten Weihnachtsvierteiler des ZDF. Jedes Jahr an den Weihnachtstagen zur besten Sendezeit wurde dieser Straßenfeger gesendet. Das bedeutete über zwölf Millionen Zuschauer pro Abend. Die berühmteste dieser Miniserien war *Der Seewolf*. Seit dieser Zeit war es eine besondere Ehre, im Weihnachtsvierteiler mitzuspielen. Nun also vier neue Folgen in Koproduktion mit England und Frankreich. Der Titel war *Tödliches Geheimnis – Die Abenteuer des Caleb Williams*. Vorlage war ein sozialkritischer Roman, der im ausgehenden 18. Jahrhundert spielte. Ich sollte den Lord Falkland spielen, einen vornehmen englischen Lord, der an sich höchste Ansprüche von Mut und Ehre stellte. Bei einem Duell wird er von seinem Gegner lächerlich gemacht, und er rächt sich, indem er diesen heimtückisch ermordet. Als amtlicher Richter verurteilt er wegen dieses Mordes, den er selbst begangen hat, einen armen Bauern zum Tode. Aber dieses ungerechte Urteil quält ihn im Innersten, und er nimmt deswegen dessen verwaisten jungen Sohn bei sich auf. Sein schlechtes Gewissen aber wird er nicht los; darüber wird er wahnsinnig und erhängt sich am Ende des Films. Die Rolle klang sehr interessant und schauspielerisch anspruchsvoll. Sehr viel englischer Text in einer altertümlichen Sprache, drei Monate Drehzeit in der Nähe von London, sehr viele Reitszenen. Da musste ich erst einmal schlucken. Konnte ich das überhaupt? Mein Englisch hatte ich nur im Camp der Asbestmine gelernt, und deshalb war es kanadisch eingefärbt und rudimentär. Drei Monate weg von meiner jungen Familie war auch nicht leicht, und beim Reiten dachte ich an meine Erfahrungen mit Pferden auf meinem »langen Weg nach Sacramento« in den *Münchner Geschichten*. Aber so eine Chance bekam man nicht jeden Tag, ich konnte sie mir nicht entgehen lassen. Nach einem kurzen Gespräch mit meiner Frau Claudia sagte ich zu. Noch heute bin ich ihr dankbar, dass sie mich immer ohne zu zögern unterstützte und trotz zweier kleiner anstrengender Buben, inzwischen zwei und vier Jahre alt, und einem stressigen Beruf in ihrer eigenen Schmuckfirma mit meiner langen Abwesenheit einverstanden war. Das war alles andere als selbstverständlich. In vier Wochen sollten die Dreharbeiten außerhalb von London beginnen.

Mein erster Kontakt mit England zwei Wochen später war schon aufregend. Ich musste mit der Lufthansa fliegen, weil in England wegen Maggi Thatcher wieder einmal gestreikt wurde. Diesmal war es das Bodenpersonal der British Airways. In England angekommen, wurde ich von einem uniformierten Fahrer mit höflichen Umgangsformen in einem dunkelgrünen Jaguar vom Flughafen abgeholt. Kostümprobe und Maskenprobe standen auf dem Plan. An den Linksverkehr musste man sich erst gewöhnen, ständig warnte ich meinen schmunzelnden Chauffeur vor vermeintlichen Geisterfahrern. In dem berühmten Kostümverleih »Berman's and Nathan's« mitten in der Londoner Innenstadt, mehrere Stockwerke hoch, wurde mir von dem sehr britisch höflichen Kostümbildner und zwei Assistenten eine Menge von roten, silbernen, blauen, grünen Brokatjacken und Samthosen aus dem 18. Jahrhundert zum Probieren gegeben. Schuhe mit Schnallen, Seidenhemden, Krawatten, Seidenstrümpfe. Das dauerte den ganzen Vormittag. Anziehen, ausziehen, da musste etwas abgesteckt, da etwas verändert werden, das sollte kürzer gemacht werden. Ich stand da, überall Stecknadeln, und verstand fast nichts von ihrer englischen Aussprache. Das Englisch, das ich in Kanada gelernt hatte, war doch etwas simpler gewesen. Nach der anstrengenden Kostümprobe ging es zum Perückenmacher. Während mir der Kopf vermessen wurde, hatte ich bei einer Tasse Tee mit Milch Gelegenheit, alle Bilder, die da an der Wand hingen, zu betrachten. Da waren Marilyn Monroe, Marlon Brando, Gregory Peck, Alec Guinness, Charles Laughton, Marlene

Dietrich, Rex Harrison, Sean Connery und viele andere, die ich aus Filmen kannte. Die alle saßen schon auf diesem Stuhl. Es war doch noch gar nicht so lange her, dass ich diese Leinwandhelden in den Rosenheimer Kinos bewundert hatte. Nun war ich ihnen so nah. Ja, so hatte ich mir früher das Leben eines Filmstars vorgestellt. Ein schönes Gefühl, aber auch bedenkenerregend, beängstigend. Würde ich das packen?

Die Wochen bis zum ersten Drehtag verbrachte ich damit, Text zu lernen und Reitstunden zu nehmen. Auch wenn ich noch immer zwischen München und Wien pendelte, saß ich jeden Tag auf dem Pferd. In München in der Reitschule am Englischen Garten, wo ich schon als »Zorro« versucht hatte, mit einem Pferd klarzukommen, und bei Wien in Kloster Neuburg, wo ich ebenfalls Reitunterricht nahm. Manche Vorstellung spielte ich mit schmerzendem Hintern. Verschiedene Sitten der Reiter waren gewöhnungsbedürftig. So kam eine Gruppe von Reitern fröhlich lachend in das Klubrestaurant und forderte von einer blassen, an der Stirn ein wenig blutenden Dame eine Runde Schnaps, weil sie vom Pferd gefallen war. Man nannte das in der Reitersprache harmlos »absitzen«.

Ich hatte mir von der Produktionsfirma ein Tonband erbeten, auf dem ein englischer Bühnenschauspieler den gesamten Text von Falkland korrekt vorsprach. Es war ein sehr kompliziertes, altmodisches Upperclass-Englisch und schwer zu lernen. Natürlich fragte ich, warum ausgerechnet ein Deutscher in England einen Lord spielen sollte, aber so waren die Verträge mit den Koproduzenten. Jedes Land bekam eine Hauptrolle, die Engländer entschieden sich für Mick Ford als Caleb Williams, und die Deutschen Produzenten bestanden auf der zweiten Hauptrolle, dem Lord

Falkland. Mir sollte es recht sein, aber mir war klar, dass die Engländer skeptisch sein würden. Der erste Tag begann mit einem allgemeinen Sichkennenlernen. Die meisten Schauspieler und viele Teammitglieder waren da. Herbert Wise, der Regisseur, stellte jeden Einzelnen von uns vor und erklärte allen, warum ich, ein Deutscher, diese typisch britische Rolle spiele. Er konnte sehr gut Deutsch, aber ich spürte, dass es ihn Überwindung kostete. Seine Eltern waren mit ihm vor den Nazis aus Wien nach England geflohen. Ich fragte ihn ganz offen, ob er Ressentiments gegen mich als Deutschen habe, und nach einer kleinen Pause meinte er: »Ich weiß es nicht, ich hoffe nicht.« Das war sehr ehrlich. Mir war schon bewusst, dass ich mich auf einem sehr heiklen Terrain bewegte. 1980 war der Zweite Weltkrieg allen noch sehr präsent, und im englischen Fernsehen liefen fast täglich Kriegsfilme von deutschen Gräuel- und englischen Heldentaten. Ein deutscher Schauspieler, der den Engländern in ihrem eigenen Land einen Lord vorspielen sollte, das konnten sie sich gar nicht vorstellen. Das war für sie, als ob ein Eskimo einem Brasilianer Fußball beibringen wollte oder ein Piefke in Wien in einem österreichischen Stück spielte. Doch ich fühlte mich nicht nur als Schauspieler herausgefordert, sondern auch als ein Repräsentant der deutschen Nachkriegsgeneration. Natürlich wurde ich genau beobachtet. Da musste ich durch. Aber ich war ja schon durch Wien etwas abgehärtet. Alle britischen Kollegen im Team waren freundlich, humorvoll und höflich und begrüßten mich als Kollegen. Sie waren mir sofort sympathisch. Ich spürte, dass sie mir eine faire Chance geben würden. Die wollte ich nützen.

Ungefähr dreißig Kilometer außerhalb von London, in einer langweiligen Schlafstadt, war unser Drehort. Wir wohnten fast alle in einem kleinen, sehr alten Hotel mit winzigen Zimmern. Meines war besonders winzig. Es bestand eigentlich nur aus einem Bett und einem Schrank. Meinen Text konnte ich nur im Bett liegend lernen. In Deutschland wäre ich sofort wieder ausgezogen, aber hier war ich vorsichtig. Wie gesagt, man beobachtete mich als Deutschen. Am nächsten Morgen wurde ich von meinem Fahrer zu meinem ersten Drehtag abgeholt. Der Drehort hieß Brocket Hall und sollte mein Zuhause als Lord Falkland sein. Wir fuhren an hohen grauen Mauern vorbei, durch ein großes steinernes Tor, an dem früher sicher Wachen mit Bärenmützen gestanden hatten, dann durchquerten wir einen wunderschönen Park, groß wie der Englische Garten in München, mit seltenen Gewächsen, üppigen Laubbäumen, Trauerweiden. An jeder Ecke waren Gärtner tätig, mähten Rasen, schnitten Büsche, pflanzten Blumen, auf den Wegen staksten Pfaue, und überall sah ich Fasane herumfliegen. »Das alles gehört zu Brocket Hall«, erzählte mir mein Fahrer Patrick. Ich war überwältigt. Solche Ländereien hatte ich noch nie gesehen. Aber als unversehens auf einer Anhöhe ein elegantes rotes Backsteinschloss mit einem See davor auftauchte, über den eine zierliche venezianische Brücke führte, glaubte ich eine Fata Morgana zu sehen. Traumhaft. Das war Brocket Hall und sollte für drei Monate mein Eigentum als Lord Falkland sein. Schade, nur für drei Monate.

Schon am ersten Tag sollte ich reiten. Auf mein Bitten hin gab man mir ein sehr erfahrenes Filmpferd, das besonders intelligent war und die Regeln des Films kannte.

Die erste Szene: Lord Falkland reitet zu einem kleinen Landhaus und steigt vom Pferd. So stand es im Drehbuch.

Mehr nicht. Leicht. Ich trug einen sehr eleganten silbernen Seidenanzug und einen großen schwarzen Hut mit einer langen violetten Feder. Ich sah aus wie der geborene Lord um 1790. Man bat mich, zur Probe die ungefähr hundert Meter mit dem Schimmel, diesem schlauen Filmpferd, ein paarmal zurückzulegen, aber aus Zeitgründen sollte ich am Haltepunkt nicht vom Pferd steigen, sondern das erst beim Drehen tun. Alles klar. Die Filmlampen wurden eingerichtet. Ich probte das Anreiten und Ankommen für die Kamera vielleicht fünfmal, reiten, ankommen, nicht absteigen und wieder zurück zum Ausgangspunkt. Dann waren alle bereit. Das Pferd gehorchte mir. Die Reitstunden hatten sich gelohnt.»Action!«, rief der Regisseur, die Kamera lief, das Team schaute konzentriert auf mich; im eleganten Trab, mit wippendem Federhut erreichte ich den Haltepunkt. Alles klappte vorzüglich. Wir standen genau auf dem verabredeten Zeichen. Aber bevor ich absteigen konnte, drehte sich das gelehrige, kluge Pferd um und ritt mit mir mit wippendem Federhut im Trab, ohne auf meinen Schenkeldruck zu achten, die hundert Meter zum Ausgangspunkt zurück. So hatte es dieser schlaue Schimmel während der Proben gelernt, und er war ja ein erfahrenes Filmpferd. Er ignorierte mich, den tollpatschigen Reiter da oben, einfach. Das englische Team fand das natürlich sehr komisch. Mein erster Einstieg als Lord Falkland war eine Lachnummer.

Meine Erfahrungen mit Pferden steigerten sich noch. Die Engländer gaben mir nun ein ganz harmloses, dickes Pferd, das auf meinen Schenkeldruck sehr gemütlich reagierte. Mein Freund und Kollege Mick Ford, auch kein gelernter Reiter, und ich wurden von der Produktion gebeten, während einer Drehpause mit diesen harmlosen Pferden im Park auszureiten, damit sich Pferd und Reiter aneinander gewöhnten. Kein Problem. Wir stiegen in unsere Sättel, natürlich in unseren altertümlichen Kostümen und Perücken, und trabten gemächlich durch den großen, gepflegten Park von Brocket Hall. Die Pferde gehorchten brav unseren Anweisungen. Wir wurden selbstbewusster und gaben Befehl zu mehr Tempo. Die beiden Pferde änderten die Gangart zum schnelleren Galopp. Aber langsam fingen sie an, die Freiheit zu genießen, und steigerten übermütig ihr Tempo weiter. Es wurde sehr schnell, und mein Pferd nahm von meinem Schenkeldruck keine Notiz mehr. Mein eleganter Stiefel rutschte aus dem Bügel, und ich verlor komplett die Kontrolle über das Tier. Ich dachte an das englische Sprichwort vom Pferdetrainer: Erst wenn du siebenmal vom Pferd gefallen bist, bist du ein Reiter. Aber so wollte ich kein Reiter werden. In Panik krallte ich mich eng wie ein Rennjockey an seinem gestreckten Hals fest. Das wiederum war für den ehrgeizig gewordenen Gaul das Zeichen, Vollgas zu geben. Vielleicht dachte er an das Pferderennen in Ascot. Die Hufeisen unter mir flogen und ließen den Rasen aufspritzen. Es ging durch dichtes Gestrüpp. Meine weiße, noble Perücke des Lord Falkland löste sich auf und wurde zu einer Struwwelpeter-Frisur. Ganz langsam, wie in Zeitlupe, rutschte ich mitsamt dem Sattel dem unter mir rasenden Boden entgegen und hing nun, wie ein Indianer beim Angriff auf ein Fort, seitwärts am Hals des völlig entfesselten Pferdes. Es war erstaunlich, wie schnell so ein dicker, träger Gaul zum Rennpferd werden konnte. Wie Geisterreiter flogen wir im gestreckten Galopp an erschreckten Wanderern und einer Schulklasse mit kleinen, fröhlichen Kindern vorbei, weiter in den dunklen Forst. Ich war auf Schreckliches vorbereitet. Gleich würde ich auf der Erde landen, und einer dieser fliegenden Hufe würde mir sicher den Schädel zerschmettern.

Lord Falkland, ade. Aber bevor ich alle Hoffnung fahren ließ, wurde mein Rennpferd langsamer und verwandelte sich wieder in den harmlosen dicken Gaul von vorhin. Schwer atmend und mit dampfendem Körper blieb er stehen. Vorsichtig löste ich meine verkrampften Arme von seinem Hals und dankte dem Schicksal für meine Rettung.

Wenn in England nun über Schlossgespenster geraunt wird, gehört diese Episode ganz bestimmt dazu. Man wird sich erzählen, dass der alte Lord von Brocket Hall am hellichten Tag mit seinem Diener, mit fliegenden Hufen in einem Höllentempo durch seinen Park galoppiert sei und die Wanderer, die in seinem Park spazierten, mit verzerrtem, schneeweißem Gesicht und wehenden Haaren in Angst und Schrecken versetzt habe. Als Zeugen für diese Geschichte stehen ganze Schulklassen bereit. Meinem Pferd aber musste man seit diesem Ausritt, immer wenn ich mich ihm näherte, eine schwarze Kapuze über die Augen streifen. Sobald es mich nämlich in meinem Falkland-Kostüm erblickte, bäumte es sich verzweifelt auf, und seine Augen traten in Panik hervor. Ich verstand nicht, warum, eigentlich hätte ich ja mehr Grund dazu gehabt.

Herbert Wise war ein wunderbarer, humorvoller Regisseur und immer sehr genau vorbereitet. Einmal überraschte er mich aber. In einer sehr wichtigen Szene redet Falkland, wahnsinnig geworden, minutenlang mit seinem kleinen Affen wie mit einem alten Freund. Nicht leicht zu spielen, aber der Regisseur würde mir schon genau erklären, was er von mir wollte. Doch Wise sagte nur: »O.k., Gunther, leg los!« Ich war verblüfft. Wie? Ich sollte einfach losspielen? Wir hatten doch die Szene noch gar nicht besprochen! Als deutscher Schauspieler war ich gewöhnt, sowohl beim Theater als auch beim Film vom Regisseur genaue Anweisungen zu bekommen. Herbert Wise meinte nur: »Du bist allein in dieser Szene, sie gehört nur dir.« Das war neu, zum ersten Mal hatte ich ganz allein die Verantwortung für meine Rolle. Mein erster Alleinflug. Mir gefiel das.

Aber nicht nur die Arbeitsweise des englischen Regisseurs erstaunte mich, sondern auch, was ich über die feinen Manieren der englischen Lords erfuhr. Bei Drehbeginn in London hatte ich Herbert Wise gebeten, mir bei meiner Rolle zu helfen. Als Deutscher wusste ich nichts von englischen Lords und ihren Gewohnheiten. Ich wollte ja den Lord Falkland glaubwürdig spielen. Herbert Wise gab mir einen verblüffenden Tipp: »Ein Lord hat und braucht keine Manieren, alles, was er tut und wie er sich benimmt, ist richtig. Er steht über solchen Anstandsregeln. Ein Lord lässt sich sein Verhalten nicht vorschreiben. Regeln gelten nur für die unteren Schichten.« Das gab mir zu denken. Sind Verhaltensregeln kleinbürgerlich? Machen einen Regeln nur zu einem folgsamen Untertan? Wer stellte denn überhaupt diese Regeln auf? Knigge? Oder ist der Engländer an sich einfach lässiger? Mir fielen diese Welsh Corgi Pembrokes ein, die Lieblingshunde von Königin Elisabeth, die angeblich überall in Schloss Windsor herumpinkelten und noch anderes mehr. Selbst die brauchten sich keinen Zwang anzutun, dafür gab es ja Personal. Wenn ich da an unseren Hund zu Hause dachte...

Die Manieren eines echten Lords lernte ich bald kennen. Eines Tages, während des Drehens, wo eigentlich absolute Ruhe verlangt wird, kam ein silbergrauer Aston Martin mit aufheulendem Motor durch den Park gefahren und hielt knirschend auf dem Kiesweg, mitten am Drehort. Ein etwa dreißigjähriger, dunkelhaariger Mann in Jeans und Lederjacke stieg aus, zwei große gescheckte Jagdhunde sprangen laut bellend hinter ihm aus dem Wagen, pinkelten sofort an die Filmkulissen und schnüffelten aufgeregt an jedem herum. Auch an mir, der ich da mit Seidenstrümpfen, edlen Satinhosen und weißer Perücke einen Lord darstellte. Sie hatten, wie das Herrchen, keinen Respekt. Wir mussten den Dreh unterbrechen. Da ich gerade eine schwierige Textpassage hatte, war ich empört über so viel Rücksichtslosigkeit. Aber bevor ich mich aufregen konnte, kam der Auto- und Hundebesitzer lachend auf mich zu, streckte mir lässig die Hand entgegen und sagte: »Hello, Gunther, nice to meet you, I am Norton.« Dann ging er zum Regisseur und plauderte mit ihm wie mit einem alten Bekannten. Es schien ihm völlig egal zu sein, dass er mitten in die Dreharbeiten geplatzt war. Bei jedem anderen hätte so ein Verhalten großen Protest im Team ausgelöst. Hier blieben alle ruhig. Ich fragte leise meinen Kollegen Mick Ford, wer denn das sei, der da so unbekümmert unsere Dreharbeiten störte. Auch er kannte den jungen Mann nicht, aber er war sicher, dass dieser zur Upperclass gehöre, das erkenne er sofort an dessen Aussprache. Später wurde mir flüsternd erzählt, das sei Lord Romsey, ein Verwandter von Prinz Charles und nur aus Langeweile ein Koproduzent bei unserem Film. Andere hatten Pferde, er hatte seine Schauspieler. Sein Schloss, nicht weit von hier, sei noch wesentlich größer als Brocket Hall. Ich wurde eifersüchtig. Noch größer als mein Schloss.

Noch ein zweiter Lord zeigte mir die Eigenarten der englischen Hocharistokratie. Nach vielen Drehwochen war das Team wie eine vertraute Familie für mich. Ich fühlte mich von den Engländern akzeptiert. Jeden Vormittag gab es das typische englische Breakfast mit Steak, Eiern, Bacon, Bohnen, sogar Fisch und Kartoffelbrei wurden angeboten, und jeden Mittag standen wir vor unserem Cateringwagen Schlange und warteten auf das wirklich hervorragende, abwechslungsreiche Essen. Ich stand dann immer mit meinem vornehmen Kostüm und heller Perücke zwischen den Teammitgliedern in ihren Jeans und Overalls. Ein Anblick wie im Zirkus. In einer Mittagspause stand ein junger Mann im blauen Overall und mit öligen Händen hinter mir. Vielleicht sechsundzwanzig Jahre alt. Ich kannte ihn nicht. »Ach, Sie sind hier neu im Team? Mein Name ist Lord Falkland, und ich bin der Besitzer dieses Anwesens«, scherzte ich. »Was machen Sie hier, sind Sie ein neuer Beleuchter oder ein neuer Bühnenarbeiter?« Der junge Mann schmunzelte: »Nein, nein, ich bin Lord Brocket, der wirkliche Besitzer dieses kleinen Anwesens.« Er zeigte seine ölverschmierten Hände: »Ich schraube gerade an meinem Sportwagen herum.« Ich war platt. Dieser junge Mann im blauen Arbeitsanzug stand hinter mir zum Essen an, und ihm gehörte dieses unglaublich schöne Anwesen. England und seine Lordschaft überraschten mich immer wieder. Aber er war nicht so reich, wie es den Anschein hatte. Er bewohnte nur ein paar kleine Zimmer im ersten Stock des Hauses, den Rest musste er aus finanziellen Gründen ständig an Filmgesellschaften vermieten, das war sein einziges Einkommen. Und den Park musste er der Öffentlichkeit zur Verfügung stellen, das war Gesetz in England.

Da es sich ja um eine internationale Produktion handelte, hatte ich nicht nur englische, sondern auch französische Kollegen. Die waren immer etwas speziell. Außerhalb Frankreichs fühlten sie sich selten wohl und waren meistens unzufrieden.

Mein französischer Kollege Philippe Léotard kam aus Paris für eine kleinere Rolle. Wir waren ungefähr gleich alt. In Frankreich war er auf dem Weg zum Star. Leider ist er 2001 mit sechzig Jahren in Paris verstorben. Wir wohnten im selben Hotel, und ich schlug ihm vor, zusammen schon mal unsere englischen Texte für den nächsten Tag durchzugehen. Aber Philippe fand das albern. Wie könne er denn einen Text lernen, wenn er nicht einmal den Drehort kenne. Er müsse wissen, wie das Zimmer aussehe, in dem seine Szene spiele, wie ihn die Räumlichkeiten inspirierten, wie sie röchen; nur dann könne er den Text gefühlvoll sprechen, deshalb sei es überflüssig, ihn schon am Vorabend zu üben. Außerdem töte das die Spontaneität seines Spiels und nehme die Überraschung. So konnte man das auch sehen, das leuchtete mir ein. England fand er ganz schrecklich. Allein schon dieses Essen, aber auch die Sprache fand er *horrible*, er wäre froh, wenn er gleich wieder nach Frankreich zurückfliegen könnte. Wir aßen zusammen, und er bestellte im Laufe des Abends zwei Flaschen sehr teuren Bordeaux. Sonst würde er hier depressiv, meinte er, und natürlich ein bisschen Käse zum Abschluss, das musste sein. Die Rechnung, die ich mit ihm auf deutsche Art teilen wollte, ging natürlich auf ihn. *Naturellement*. Die Dreharbeiten am nächsten Tag waren kompliziert. Er konnte seinen Text nicht, sondern ließ sich erst einmal längere Zeit von der Umgebung und dem Drehort inspirieren. Dann wollte er statt in Englisch den Text in Französisch sprechen, das sei für seine Rolle eleganter. Dass der Regisseur und das Team ungeduldig wurden, war ihm egal. Es war mühsam für alle, auch für mich; immer wieder mussten wir unterbrechen und von vorne beginnen, weil er seinen Text nicht konnte. Aber irgendwann klappte es doch, und er war wunderbar. Eigentlich bewunderte ich ihn. Während ich auf deutsche Art bemüht war, meinen Text perfekt zu können und meine Arbeit zur Zufriedenheit aller zu machen, ein Musterschüler zu sein, dachte er nur an sich und seine Rolle. Am selben Abend saßen wir wieder zusammen, zum Dinner. Wieder bestellte er nur Teuerstes von der Speisenkarte und wieder Wein, diesmal aber drei Flaschen Bordeaux. Er trank sie fast alleine. Wieder etwas Käse, wir wären doch Barbaren ohne diesen Abschluss. Wieder nur auf seine Rechnung. Natürlich. »Du darfst nicht zahlen, sonst bin ich beleidigt.« Ich war beeindruckt. Was für eine erstaunliche Großzügigkeit, was für ein Weltmann. Diese Franzosen hatten Stil. Nach sechs Drehtagen und etlichen Flaschen Bordeaux war seine Rolle zu Ende. Er war glücklich, wieder nach Paris zu kommen, er fand alles in England unerträglich. Die Engländer, das Wetter, dieses Essen, *mon dieu*, dieses Essen, grauenvoll. Das fand ich zwar nicht, im Gegenteil, aber er als Franzose war ja Fachmann. Unser letzter Abend war sehr lustig, sein französisches Englisch klang wunderbar charmant, noch einmal drei Flaschen Bordeaux, der einzige Wein, den man hier seiner Ansicht nach trinken konnte und der das Land erträglich machte, wieder etwas Käse, leider kein wirklich guter, französischer, mäkelte er. Selbstverständlich ging alles auf seine Rechnung, und ich war natürlich wieder sein Gast.« Non, non, non, du darfst nicht zahlen, sonst bin ich böse.« Wir umarmten uns zum Abschied, und am nächsten Tag war er weg, zurück in seinem Paris. Was für ein großzügiger Kollege. Mein Gott, wie waren wir Deutschen, wie war ich dagegen bieder. Diese Franzosen hatten einfach Niveau. Es stimmte schon: La Grande Nation!

Eine Woche später kam der Gastwirt zu mir und fragte, wann denn mein französischer Kollege zurückkomme, er habe keine seiner Rechnungen bezahlt und sei einfach still und heimlich verschwunden. »Nein«, sagte ich, »der Kollege kommt nicht mehr zurück, ganz sicher nicht.« Ich glaube nicht, dass er die Zeche prellen wollte, aber er war selbstverständlich davon ausgegangen, dass die Produktionsfirma ihm, dem französischen Star, die Rechnung bezahlte. Jetzt weiß ich, was »sich auf Französisch verabschieden« heißt.

Claudia war mit unseren beiden Buben die letzten Drehtage noch zu mir nach England gekommen, und wir machten alle Urlaub in Cornwall. Es waren glückliche Tage. Zum Abschied hatte mir der Regisseur zu meiner Rolle gratuliert, und das Team applaudierte. Mein Kollege Mick Ford sagte, er könne sich Falkland ohne deutschen Akzent gar nicht mehr vorstellen, schade, dass ich synchronisiert würde. Sehr fair, diese Engländer. Im Zug nach Cornwall sahen wir in einem Abteil einen sehr würdigen weißhaarigen alten Herrn in ein Buch vertieft. Irgendwie kam er mir bekannt vor. War das ein Schauspieler? Dann fiel mir ein, das war Harold Macmillan, der frühere Premierminister von Großbritannien. Mein kleiner Sohn Daniel ging in dessen Abteil und fragte auf Deutsch: »Wer bist denn du? I am von Germany.« Das hatten wir ihm beigebracht.

»Oh, you are from Germany, that's nice«, schmunzelte der berühmte alte Mann und streichelte über seinen Kopf. Wir Eltern waren stolz. Schön, wie sich die Zeiten verändert hatten. Vor fünfunddreißig Jahren waren unsere Länder noch Todfeinde und bombardierten die Städte des anderen, und nun unterhielt sich mein Sohn mit dem früheren Premierminister, und ich war im englischen Fernsehen ein deutscher Lord Falkland.

Indien und Gandhi

Das Flugzeug der Air India setzte zum Sinkflug an. Der Pilot meldete in indischem Englisch, dass wir in fünfzehn Minuten in Delhi landen würden. 1981 war ich bei Schneegestöber in Frankfurt ins Flugzeug gestiegen, und 1982 landete ich in Delhi bei fünfundzwanzig Grad Wärme. Ich hatte den Jahreswechsel mit den anderen Fluggästen der ersten Klasse mit Champagner in zehntausend Metern Höhe gefeiert. Schwarzhaarige Stewardessen mit Sari und einem roten Punkt auf der Stirn hatten mich während des Fluges verwöhnt wie einen Superstar. Erster Klasse war ich noch nie geflogen. Ich war im Paradies. Wenn ich allerdings, als wir schon im Sinkflug waren, aus meinem Fenster nach unten blickte, sah ich nur trockene gelbe Erde und verkommene Slums. Was für eine Diskrepanz, hier oben in der ersten Klasse Kaviar und Champagner und unter mir Not und schreckliches Elend. Seit einer halben Stunde überflogen wir nur armselige Hütten aus Lumpen und Wellblech. Das war also Indien. Natürlich hatte ich, wie jeder, von der unfassbaren Armut hier gehört, aber sie mit eigenen Augen zu sehen, war dann doch noch etwas anderes. Ich starrte hinunter und hatte immer noch nicht ganz begriffen, was das Leben hier mit mir vorhatte. Sicher, ich wusste zwar, dass man mich in einem großen Hollywood-Film für die Rolle des deutschen Architekten Dr. Kallenbach engagiert hatte, eines Freunds von Gandhi, der ihn fast sein ganzes Leben lang begleitet hatte. Aber warum ich? Wie kam ich zu der Rolle? War das ein Traum, aus dem ich gleich erwachen würde? Ich musste mich immer wieder kneifen. In den Wintermonaten Dezember und Januar wurde selten gedreht. Ich hatte mich mit meiner Familie auf ruhige Weihnachtstage und einen gemütlichen Jahresanfang in München eingestellt. Die einzigen Gedanken, die wir uns machten, waren: Was schenken wir den Buben, und was gibt es zu essen? Da läutete das Telefon. Frau Baumbauer war am Apparat, ihre Stimme war wieder sehr hoch, also gab es etwas Wichtiges. »Die Engländer wollen Sie für einen Film über Gandhi, am 31. Dezember müssen Sie für drei Monate nach Indien fliegen. Es wird in Delhi, in Bombay und in Poona gedreht. Gehen Sie sofort zum indischen Konsulat, und lassen Sie sich ein Visum ausstellen.« Das musste ich erst einmal verdauen. Was war das? Drei Monate Indien. Das hieß bis Ende März. Aber im Februar musste Claudia auf der Schmuckmesse in München ihre neue eigene Firma vorstellen. Sie hatte sich selbstständig gemacht. Da gab es viel zu tun. Den Messestand bestellen und dekorieren. Mit ihren Schmuckdesignern noch mal alles genau besprechen. Wie sollte das gehen mit den zwei kleinen Kindern zu Hause? Eigentlich sollte ich ja dann bei den Kindern bleiben. So war das abgesprochen. Aber konnte man sich diese Chance entgehen lassen? Das alte Problem bei partnerschaftlich lebenden Familien. Wessen Beruf ist wichtiger? Wieder mussten die Großeltern ran, und Opa musste für sechzehn Tage auf seine Frau verzichten. Oma kam nach München. Gott sei Dank. Schön, so ein Familienzusammenhalt. Ich konnte beruhigt nach Indien.

Aber was hatte ich mit Gandhi zu tun, was sollte ausgerechnet ich in Indien? Natürlich hatte ich schon einiges über Gandhi gehört, aber Genaueres wusste ich nicht über ihn. Also nachschlagen im Brockhaus: »Gandhi Mahatma, Führer der indischen Unabhängigkeitsbewegung. Rechtsanwalt. Organisierte 1893 bis 1914 in Südafrika den Widerstand der indischen Einwanderer gegen diskriminierende Gesetze. 1914 ging er nach Indien zurück und leitete den Kampf gegen die britische Herrschaft. Von hoher Religiosität und asketischer Lebensweise bestimmt, hat er die Idee des waffenlosen Kampfes entwickelt. Er rief die Inder gegen die britische Verwaltung zum bürgerlichen Ungehorsam auf und zum Boykott britischer Waren. 1922–1924 in Haft, startete er 1925 eine Kampagne zur Abschaffung der Unberührbarkeit der Parias. Gleichzeitig bemühte er sich um die Verbreitung der Handspinnerei, um sein Land von der britischen Textilindustrie unabhängig zu machen. Im Gefängnis 1931–1932 versuchte er, durch strenges Fasten gegen die britischen Verfassungspläne zu protestieren. Er löste mit dem Marsch zum Meer, ein demonstratives Durchbrechen des britischen Salzgewinnungsmonopol, eine neue Protestbewegung aus. Er wurde am 30.1.1948 in Neu-Delhi ermordet.«

Das also war Gandhi. Aber wieso ich, wieso ein Deutscher? Richard Attenborough war der Regisseur, woher kannte der mich? Fragen über Fragen und Aufregung in der Familie. Der 31. Dezember war doch Silvester, und wir wollten zusammen mit Freunden das neue Jahr feiern. Und nun war »ois anders«, wie eine Folge in den *Münchner Geschichten* hieß. Auch Claudia war aufgeregt, sie freute sich sehr für mich, aber wieder war sie drei Monate lang Alleinerziehende. Trotzdem sagte ich natürlich zu.

Flughafen Delhi. Passkontrolle. Endlich, nach langem Warten, nach vielen langen Fragen und noch mehr Stempeln in den Pässen der Reisenden vor mir, war ich an der Reihe. Der indische Zöllner mit Turban und Bart schaute mich misstrauisch an: »Was wollen Sie in Indien: Tourist oder Arbeit?« »Arbeit.« »Wo arbeiten Sie?« »Ich bin Schauspieler und drehe hier einen Film.« Das Gesicht des Zöllners wurde sehr interessiert. »Was für einen Film?« »*Gandhi*«, sagte ich kurz. Es dauerte einen Moment, das Gesicht des Zöllners erstarrte. »Gandhi«, schrie er, »Gandhi«, und rannte weg. Beunruhigt schaute ich ihm nach. Hatte ich etwas falsch gemacht? Vielleicht war »Gandhi« hier in Indien ein Unwort? Ich sah, wie er andere Kollegen zusammenrief und auf mich deutete. Man starrte zu mir herüber. Die Flugreisenden hinter mir in der Schlange beäugten mich misstrauisch. Die Situation war schlecht einzuschätzen, und ich fühlte mich nicht wohl in meiner Haut. Was war los? Eine Gruppe von Zöllnern kam auf mich zu, die Menschen hinter mir rückten von mir ab. Man vermutete eine Festnahme. »You in *Gandhi*?«, fragten sie. »Ja«, sagte ich irritiert. Was wollten die? »Which role?« »Dr. Kallenbach.« »You are Dr. Kallenbach?« »Yes.« Die Gesichter der Zöllner strahlten plötzlich, sie klopften mir auf die Schultern wie einem alten Freund, und jeder wollte mir die Hand drücken. Die notwendigen Stempel in meinen Pass erfolgten sofort, die Zollkabinen wurden geschlossen, und die Warteschlange der Reisenden vor dem Zoll wurde länger. Sollten sie warten. Die Gruppe begleitete mich zum Gepäck und durch die Zollkontrolle, wollte jemand meine Koffer kontrollieren, wurde in indischer Sprache lautstark diskutiert, und unter all diesen fremdländischen Klängen verstand ich immer wieder die Wörter »Gandhi« und »Dr. Kallenbach«.

Dann wurde ich wieder von allen angestarrt wie ein Weltwunder und durchgewunken. Zum ersten Mal fühlte ich mich wie ein echter VIP.

In der Halle wartete schon ein junger Inder mit meinem Namensschild und der Aufschrift »Gandhi Film Production«. Er begrüßte mich respektvoll nach indischer Art mit einer Verbeugung und mit vor der Brust gefalteten Händen, dann übernahm er mein Gepäck. Die Zöllner winkten mir nach wie einem vertrauten Familienmitglied, das auf Reisen geht. Das Filmteam wohnte in einem Luxushotel in Neu-Delhi, dem Regierungsviertel. Die Fahrt zum Ashok-Hotel war unfassbar. Noch nie hatte ich etwas Ähnliches erlebt. Kein Dokumentarbericht kann all das zeigen. Es begann schon am Flughafen. Draußen vor dem Eingang drängte sich eine unübersehbare Menschenmenge, zerlumpt, ohne Schuhe, schwarzhaarig, mit dürren Körpern und dunklen Gesichtern, die das Weiße in ihren Augen noch viel größer und erschreckender machte, an die Absperrgitter. Mit leeren, regungslosen Gesichtern starrten sie auf uns Ankommende wie auf Aliens von einem anderen Planeten. Was wollten die alle hier? Betteln war verboten. Uniformierte drohten sofort mit den Gummiknüppeln, sollte sich jemand zu weit vorwagen. Ich war sprachlos, doch mein indischer Fahrer ging an dieser Mauer von menschlichem Elend ungerührt vorbei, als wäre es das Normalste der Welt. Er öffnete mir die hintere Wagentür, und wir fuhren zum Hotel. Das war sehr mühsam und brauchte viel Geduld. Die Straßen waren verstopft von einem Gewirr aus unzähligen Elendsgestalten, die entweder dumpf am Boden kauerten oder irgendwelchen Zielen zustrebten. Armselig aussehende Menschen schleppten riesige Matratzen, andere zogen lange Rohre oder Bambusstangen hinter sich her. Kinder, barfuß, vor Dreck starrend, suchten zwischen Kühen, Schweinen, Hunden, Ratten und Katzen in den unzähligen Müllbergen am Straßenrand nach Essbarem. An den Gehsteigen wurden Haare geschnitten und mit Stäbchen Ohren von ärmlich aussehenden Männern gesäubert. Dürre kleine Frauen kehrten mit Reisig sinnlos die verdreckten, schlammigen Straßen. Überall in Kanalröhren, in verfallenen Häusern oder in irgendwelchen Erdlöchern am Straßenrand lebten Menschen in unsäglichem Schmutz. Rikschafahrer mit ausgemergelten Körpern strampelten mit dünnen Waden und mit letzter Kraft fette Europäer durch den dichten Verkehr. Überall ein penetranter Gestank von Benzin, Exkrementen, Kuhdung und Räucherstäbchen. Indien hat einen ganz speziellen Geruch. Die Engländer sagten: Everything smells in India, except the roses. An den Ampeln warteten Gruppen von Bettlern, die sich bei Rotlicht wie Krähenschwärme auf uns stürzten und ihre grauenhaft verstümmelten Arme und Hände, denen die Lepra alle Finger weggefressen hatte und die aussahen wie rohe Fleischklumpen, ins Wageninnere streckten. Alle körperlichen Gebrechen, die ein Mensch nur haben kann, wurden vorgezeigt, um ein wenig Mitleid zu erzwingen. Blinde zeigten mir ihre leeren Augenhöhlen. Kinder, erwachsene Frauen und Männer, Greise, es war kaum zu ertragen. Ein Wettbewerb der abstoßendsten, ekelerregendsten, furchtbarsten Verunstaltungen. Ein Blick in die dunkelsten Abgründe des menschlichen Elends. Ich musste mich beherrschen, um mich nicht zu übergeben. Junge Mütter, fast selbst noch Kinder, mit verfilzten Haaren, notdürftig mit schmutzigen Stofffetzen bedeckt, hielten mir mit ausgestreckten Armen ihre halb verhungerten Babys hin. Die unterschiedlichsten Empfindungen wühlten mich auf. Ich empfand gleichzeitig Ekel, Abscheu, Mitleid und

Schuldgefühle. Ich war schockiert, überwältigt, fasziniert, erschreckt, erstaunt, konnte das alles gar nicht richtig begreifen. Wie ungerecht waren die Lebensbedingungen verteilt. Diese Bilder würden mich mein Leben lang begleiten, sie waren in meinem Gehirn für immer eingebrannt. Diesem Tsunami aus menschlichem Leid, der einen so plötzlich ohne Warnung überrollte, war man hilflos ausgeliefert. Wie sollte man sich da verhalten? An einer roten Ampel machte ich aus diesem Sturm an Empfindungen und Schuldgefühl heraus einen Fehler. Das stumme Leid einer verkrüppelten Frau mit hungrigen, apathischen Augen, die mir ihr krankes Kind, den eitrigen Mund von Hunderten von Fliegen bedeckt, anklagend entgegenhielt, konnte ich nicht mehr ertragen und fand in meiner Tasche fünf Dollar für sie. Mein Fahrer warnte mich: »No, don't!« Es war zu spät. Im selben Moment war unser Wagen von einer Traube von Bettlern umzingelt. Von allen Seiten kamen sie erstaunlich schnell gerannt, gehumpelt oder gekrochen und streckten mitleidheischend oder aggressiv Geld fordernd ihre Hände in den Wagen. Der Fahrer brüllte sie an und schloss eilig die elektrischen Fenster. Sie rüttelten an der Wagentüre und wollten uns am Weiterfahren hindern. Einige Bösartige packten die verkrüppelte Frau, warfen sie zu Boden, schlugen mit Fäusten auf sie ein und forderten die fünf Dollar von ihr. Meine Protestschreie gingen im Kampfgetümmel und Gekreisch der Frau unter. Aus dem Auto zu steigen, um ihr zu helfen, wagte ich nicht. Mit verkrampften Fingern umklammerte sie den kostbaren Geldschein. Sie hätte sich wohl lieber den Arm amputieren lassen oder auf das Kind verzichtet, als die paar Dollars herzugeben. Nach kurzem Kampf, bei dem sie sich prügelte, um sich biss und sich mit ihren Gegnern im Straßenstaub wälzte, humpelte sie mit zerzausten

Haaren und leicht blutend, aber siegreich mit ihrem brüllenden Baby auf dem Arm davon. Wahrscheinlich konnte sie sich und ihr Baby mit diesen fünf Dollar eine Woche lang ernähren. Ich war wütend auf diese brutalen Bettler, aber mein Fahrer schien so etwas gewöhnt zu sein. »Don't do this«, sagte er, »it's not good.« Trotz der Hitze ließ ich das Fenster geschlossen. Bei der nächsten Ampel wieder Rudelbildung um unseren Wagen. Meinem Fahrer wurde das nun zu dumm. Wahrscheinlich hatte er nur aus Rücksicht auf mich bisher darauf verzichtet, doch nun machte er ein herrisches Zeichen mit der Hand, stieß ein kurzes scharfes Zischen aus, als ob man einem Hund etwas verbietet, und scheuchte die Bettelnden weg wie lästige Fliegen. Wie konnte man so mit Menschen umgehen? Ich war empört. Aber die Wirkung war verblüffend. Wie auf ein verabredetes Zeichen lösten sich die Bettler vom Wagen und ließen uns ungehindert weiterfahren. Ich muss zugeben, später benahm ich mich manchmal genauso. Es war mir zwar immer sehr unangenehm, und ich fühlte mich wie ein arroganter Kolonialherr, aber anders konnte man sich der unzähligen Bettler nicht erwehren. Es war unmöglich, allein durch die Straßen zu bummeln. Die Bettler ließen einem keine Ruhe. Wenn sie Mitleid spürten, dann wurde man sie nie mehr los. Kinder klammerten sich an die Beine, andere versperrten einem den Weg, zogen einen an den Armen, fassten in die Taschen, und man konnte keinen Schritt mehr machen und musste in Hotels, Läden oder in Taxis flüchten. Erfahrene Indienreisende oder selbst die Inder warnten davor, Kindern Almosen zu geben. Sie würden von skrupellosen Banden verstümmelt, weil sie dann als Bettler mehr Mitleid erregten und deshalb erfolgreicher waren. Das erbettelte Geld mussten sie abgeben. Einmal gab ich einem kleinen, vor Schmutz starrenden Mädchen einen Dollar und verschwand schnell in einem Textilladen. Ich interessierte mich für bunte Seidentücher und Baumwollhemden. Als ich nach einer guten Stunde das Geschäft verlassen wollte, warteten ungefähr fünfzig bettelnde Kinder auf mich. Es hatte sich herumgesprochen, dass da ein Europäer Geld verteilte. Dieses unsagbare Elend war jeden Abend unter uns Filmleuten Gesprächsstoff. Jeder hatte eine andere Horrorgeschichte erlebt. Nachts hatte man Albträume. Ein Kulturschock, der jeden trifft, der zum ersten Mal nach Indien kommt.

Nach einer halben Stunde erreichten wir endlich eine ruhigere Gegend. Die Straßen wurden sauberer, breiter. Hinter den Toren der gepflegten Parkanlagen sah man luxuriöse Hotels. Wächter in farbenprächtigen Gewändern und mit Turbanen achteten darauf, dass kein Unbefugter oder Bettler die Ruhe der Reichen störte. Das war Neu-Delhi. Hier waren die Botschaften und ihre Diplomaten zu Hause. Indira Gandhi, die charismatische Ministerpräsidentin, lebte in diesem Teil der Stadt, der so konträr zu der Armseligkeit, aber auch zu der Lebendigkeit der Altstadt Delhi war. Auch das indische Parlament befand sich hier. Wir hielten vor dem Ashok-Hotel. Es war das Hauptquartier unserer Filmgesellschaft.

Zwei Tage später, nach einer Zeit des Eingewöhnens, brachte mich ein Wagen zum Drehort. Der Regisseur wollte mich kennenlernen. Es ging raus aus der Stadt durch ödes, verkarstetes Land. Eine Autofahrt mit einem indischen Fahrer war immer wieder ein Abenteuer. Wir fuhren laut hupend mit unverminderter Geschwindigkeit durch Dörfer. Auf den Straßen auch hier ein undurchschaubares Gewirr von Männern, Frauen, Kindern und Kühen, sodass ich ständig zusammenzuckte, weil ich um deren und um mein Leben fürchtete. Nach etwa fünfzehn Kilometern tauchte eine riesige Zeltstadt auf. Ein großer Parkplatz mit fünfzig Wohnwagen, alle mit den Namen der Schauspieler versehen. Überall standen große Trucks herum für Filmequipment, lange, drei Meter hohe Zelte für Garderobe und Maske. Hunderte indische Komparsen in weißen Gewändern warteten auf einem staubigen Sandplatz auf ihren Einsatz. Menschen mit Megafonen gaben in englischer und indischer Sprache Anweisungen. Eine Atmosphäre wie vor einer entscheidenden Schlacht. Ich sollte warten, bis Richard Attenborough die Szene zu Ende gedreht hatte. Ich war neugierig, wie groß der Unterschied zwischen einer Hollywood- und einer Fernsehproduktion war. Die Szene, die gerade gedreht wurde: Gandhi und Tausende seiner Anhänger verbrennen öffentlich ihre britischen Pässe. Das war damals von den Engländern strengstens verboten. Es handelte sich um eine Protestaktion, von Gandhi angeführt, als Zeichen des friedlichen Widerstands gegen die Kolonialmacht. Schauspieler mit altertümlichen britischen Uniformen stellten die Soldaten dar, die mit brutaler Gewalt diese Protestaktion verhindern sollten und jeden ungehorsamen Inder mit Knüppeln erbarmungslos niederschlugen. Die aber standen trotz ihrer klaffenden Wunden wankend wieder auf und warfen trotzig ihre Pässe in die Flammen. Die Soldaten wurden immer wütender. Es endete in einem blutigen Gemetzel. Obwohl die Szene nur gespielt war, war der Anblick kaum zu ertragen. Aber allein die Dimension dieser Filmszene mit dem riesigen Team am Set, all der Beleuchtung, den Soldaten, alten Autos, nervösen Pferden war beeindruckend. Stuntmen übten auf einem Nebenplatz mit den Komparsen das korrekte Schlagen mit Knüppeln und die richtigen Reaktionen der Geschundenen darauf. Wie musste geschlagen werden, dass es glaubwürdig aussah, aber trotzdem keiner verletzt wurde. Wie sollten die Geschlagenen sich vor Schmerzen krümmen, wie sollten sie reagieren bei einem Schlag mit dem Knüppel auf den Kopf? Die Sonne brannte vom Himmel, und die Szene wurde immer wieder, noch einmal und noch einmal und noch einmal gedreht. Immer wieder wälzten sich Komparsen schmerzverkrümmt am Boden. Immer wieder standen sie lachend auf und wurden von den Maskenbildnern neu mit Blut geschminkt. Diese Situation war beides, sowohl tragisch, weil sie ja vor über sechzig Jahren genau so stattgefunden hatte, als auch komisch, wenn all diese scheinbar schwerverletzten Menschen sich wieder grinsend vom Boden erhoben. Ja, so war Film.

Zur Mittagspause bat man mich zum Regisseur. Richard Attenborough begrüßte mich überaus freundlich und stellte mich Ben Kingsley vor, der in seiner Maske Mahatma Gandhi verblüffend ähnlich sah. Kingsley hatte einen eigenen Maskenbildner, der nur für ihn zuständig war. Jeden Tag musste Kingsley vier Stunden vor Drehbeginn in der Maske sein, wo er in mühseliger Kleinarbeit zu Gandhi gemacht wurde. Beide, Richard Attenborough und Ben Kingsley, versicherten mir, dass sie überaus glücklich seien, dass ich die Rolle des Dr. Kallenbach spielen würde und dass sie sich ganz besonders freuen würden, mit mir zusammenzuarbeiten. Natürlich war das nur die übliche britische Höflichkeit, aber ich freute mich trotzdem darüber. Überhaupt war Attenborough von einer fast übertriebenen Liebenswürdigkeit. Er nannte alle und jeden nur Darling, das hatte den Vorteil, dass er sich keinen Namen merken musste, und er selber wurde, obwohl er von Königin Elisabeth zum Sir ernannt worden war, von jedem im Team, ob Beleuchter, Requisiteur oder Schauspieler, nur Dicki genannt.

Je länger ich mit ihm arbeiten durfte, desto größer wurde meine Hochachtung vor ihm, nicht nur als Regisseur, sondern auch als Kopf dieses extrem kühnen Unternehmens. Diesen Film in diesem Land zu produzieren war politisch hochbrisant. Die Inder hatten ihren Kolonialherren gegenüber immer noch starke Ressentiments und Minderwertigkeitskomplexe und bezweifelten, dass das Leben von Gandhi fair und wahrheitsgemäß erzählt würde. Ein Engländer, der Gandhi spielte, unmöglich. Die indische Presse beobachtete misstrauisch die Dreharbeiten und berichtete tagtäglich in ihren Zeitungen darüber. Immer wieder gab es wegen harmloser Scherze von Engländern über Inder, ähnlich den Ostfriesenwitzen, Streitigkeiten. Nach einer Rauferei mit Indern wurden einmal drei englische Teammitglieder sofort nach Hause geschickt. Indira Gandhi, die mit Attenborough befreundet war, unterstützte die Dreharbeiten im indischen Parlament, was zu heftigen Angriffen der Opposition gegen sie führte.

Am beeindruckendsten aber waren die logistischen Herausforderungen. Fast jeden Tag mussten Hunderte, oft auch Tausende Komparsen mit Bussen an die jeweiligen Drehorte gebracht werden. Große Zelte wurden gegen die Hitze aufgestellt, indische Köche sorgten für die Verpflegung der Massen. Die Schauspieler und das Team wurden in eigenen Zelten von englischen Köchen betreut. Die vielen historischen Spielszenen waren sehr oft brutal und für alle Beteiligten in der Gluthitze nicht nur körperlich, sondern auch psychisch sehr anstrengend. In einer Filmszene werden fünfhundert von Gandhis Anhängern im Kugelhagel der Kolonialherren getötet. Natürlich nur im Film, aber das einfache

Volk auf der Straße, das weder lesen noch schreiben konnte, glaubte, das sei die Realität, und fing an zu rebellieren. Hunderte von groß gewachsenen Sikh-Wächtern mussten immer wieder für Ruhe sorgen.

Der Höhepunkt war die Beerdigung von Gandhi, der aufgebahrt in einem großen von Blumen geschmückten Wagen, begleitet von Tausenden Soldaten, in einem unendlich langen Trauerzug durch Delhi gefahren und dann auf einem großen Scheiterhaufen verbrannt wurde. Hunderttausende Zuschauer säumten die Straßen. Noch nie in der Geschichte des Films wurden so viele Komparsen eingesetzt. Schon eine Woche vorher wurde das gesamte Team zusammengerufen und genau instruiert, wie alles ablaufen sollte. Zehn Kamerateams waren eigens für diese Beerdigungsszenen aus London eingeflogen worden und wurden an einer Tafel in ihre Positionen eingewiesen. Es war ein genau durchdachter Schlachtplan. Was man aber nicht planen konnte, waren die Reaktionen der Menschen. Wie würden sie sich verhalten? Gäbe es Massenunruhen? Ähnliche Reaktionen hatten wir schon erlebt. Würde eine Massenhysterie ausbrechen, wenn sie den toten Gandhi sehen würden? Wir Schauspieler, die alle hinter dem Wagen hergehen sollten, waren sehr nervös. Man hatte aus diesem Grund beschlossen, Ben Kingsley, der ja in seiner Maske Gandhi zum Verwechseln ähnlich sah, erst am Ende des Drehs zu seinen Großaufnahmen heimlich an den Drehort zu bringen. Trotzdem wurde das Volk unruhig, als sich der Leichenzug in Bewegung setzte. »Gandhi«-Rufe wurden skandiert, es kam zu hysterischen Zusammenbrüchen von Zuschauern, Steine flogen, und wir wurden rasch von Polizisten in Sicherheit gebracht. Menschenmassen sind immer unberechenbar, auch in unseren Ländern, aber hier in Indien bei Gandhis Beerdigung waren sie explosiv wie Nitroglyzerin. Mit der Hilfe von Militär und mit der gebotenen Umsicht brachten wir diesen schwierigen Drehtag zu Ende.

Wochen später siedelte das ganze Team nach Poona über. Diesen Ort hatte ein bärtiger Guru mit Glatze und schulterlangem Resthaar berühmt gemacht. Er nannte sich Bhagwan. 1981 war Poona das Mekka der Bhagwan-Anhänger. Sein Aschram war gleich neben dem Hotel Blue Diamond, in dem wir Filmleute untergebracht waren. Überall auf den Straßen sah man seine mit orangefarbenen Gewändern gekleideten Jünger mit rosenkranzähnlichen Holzketten und seinem Bild um den Hals. Freie Liebe wurde da gepredigt, und aus ganz Europa und Amerika kamen die liebeshungrigen Frauen und Männer, um dieser Lebensphilosophie zu huldigen. Mir waren solch unkritischen Verehrungen immer fremd. Manchmal diskutierte ich mit fanatischen deutschen Anhängern über ihren Guru und seine in meinen Augen oberflächliche Philosophie. Mit überlegenem Lächeln und Kopfschütteln reagierten sie auf meine Argumente. Ich verstand meine Landsleute nicht. Es war ja noch nicht so lange her, dass wir einem anderen »Führer« hinterherliefen. Brauchten wir Deutsche immer einen Guru, der uns sagte, wie man zu leben hatte?

Wir kamen aus einem anderen Grund nach Poona. Hier sollten die Szenen des jungen Gandhi in Südafrika gedreht werden, und angeblich sah die Gegend hier der südafrikanischen Landschaft um Johannisburg ähnlich. Aber so ganz traute man der Ähnlichkeit doch nicht. Eines Morgens, als ich für eine Szene mit dem jungen Gandhi zum Drehort gebracht wurde, sah ich indische Arbeiter, wie sie zehn geduldige graue Esel mit schwarzen und weißen Streifen bemalten. Diese armen Esel standen später als falsche Zebras in der Landschaft herum und repräsentierten Afrika.

Meine Rolle als Dr. Kallenbach war künstlerisch und karrieremäßig keine besondere Aufgabe, und das Rätsel meiner Besetzung hatte ich auch bald erfahren. Jemand vom Besetzungsbüro in London hatte zufällig eine Szene von Lord Falkland an einem Schneidetisch gesehen und mich für die Rolle des deutsch-jüdischen Architekten vorgeschlagen. So unspektakulär geht das manchmal. Meine Rolle sollte einfach die jüdische Religion repräsentieren und Gandhis Toleranz allen Religionen gegenüber zeigen. Die meisten Szenen, die ich ohne Gandhi gedreht hatte, unter anderem mit der wunderschönen Candice Bergen als die amerikanische Journalistin Margaret Bourke-White, fielen dem Schnitt zum Opfer. Nachdem der fertige Film viel zu lang war, entschied man sich, den ganzen Film ausschließlich auf Gandhis Leben zu konzentrieren und nur Szenen mit Gandhi zu zeigen. Das war gut so, aber meine Rolle schmolz dadurch zu wenigen Auftritten zusammen. Trotzdem waren die Monate in Indien für mich unglaublich spannend und ein Höhepunkt meines Lebens. 1990 drehte ich noch einmal in Indien fünf Folgen des TV-Mehrteilers *Das Geheimnis des schwarzen Dschungels*. Diesmal kam meine ganze Familie mit. Wieder war sie da, die Faszination Indiens. Ich bin der festen Überzeugung, dass jeder Mensch, der einmal eine Zeit in Indien verbracht hat, eine andere Einstellung zum Leben bekommt.

Auschwitz, Rudolf Höß und Meryl Streep

Das Jahr 1982 brachte eine schwere Rolle mit sich: In dem amerikanischen Spielfilm *Sophies Entscheidung* sollte ich den Lagerkommandanten von Auschwitz, Rudolf Höß, darstellen. Mit gemischten Gefühlen hatte ich zugesagt. Vor Wochen hatte ich mich in München im Hotel Vier Jahreszeiten dem berühmten Regisseur Alan Pakula ohne große Hoffnung vorgestellt. Höß war klein und dicklich, ich war groß und schlank. Aber man wollte mich. Nun saß ich also in Zagreb im Hotel Intercontinental und hatte ein ganz schlechtes Gefühl. Immerhin war die Rolle des Höß nicht so ein Klischee wie die der Nazis in den meisten Hollywood-Filmen, sondern ein Mensch, der wirklich gelebt hatte und wie ein guter deutscher Beamter seine schreckliche sogenannte Pflicht erfüllt hatte. Die Banalität des Bösen, wie Hannah Arendt es nannte. Der Historiker Martin Broszat hat im Vorwort zur Autobiografie von Rudolf Höß über dessen Aufzeichnungen geschrieben: »Höß' Aufzeichnungen ... offenbaren ... als Porträt des Mannes, bei dem die Regie täglicher Judenvernichtung lag, einen Menschen, der alles in allem recht durchschnittlich geartet, keineswegs bösartig, sondern im Gegenteil ordnungsliebend, pflichtbewußt, tierliebend und naturverbunden, ja auf seine Weise

›innerlich‹ veranlagt war und sogar ausgesprochen ›moralisch‹ ist. Höß ist, mit einem Wort, das exemplarische Beispiel dafür, daß private ›Gemüts‹-Qualitäten nicht vor Inhumanität bewahren, sondern pervertiert und in den Dienst des politischen Verbrechens gestellt werden können.«

Ich schämte mich wegen dieser Rolle. Aber der Ehrgeiz, mit dem weltberühmten Alan Pakula und Meryl Streep (sie hatte erst 1979 den Oscar für die beste Nebenrolle in *Kramer gegen Kramer* gewonnen) zu drehen, war stärker.

Das Drehbuch hatte mich tief verstört. Sophie, die als Polin gerade mit ihren beiden kleinen Kindern im Viehwagen nach Auschwitz gebracht worden war, musste sich gleich an der berüchtigten Rampe vor einem SS-Arzt, wahrscheinlich Josef Mengele, entscheiden, welches ihrer beiden Kinder, ein Junge und ein Mädchen, in die Gaskammer sollte. Das andere würde am Leben bleiben. Sollte sie sich nicht entscheiden können, würden beide Kinder vergast werden. Was für eine unmenschliche, teuflische Wahl. Sophie rettet ihren Sohn und schickt mit dieser Entscheidung ihre Tochter in die Gaskammer. Das war der Teil, der in Auschwitz spielte. Es handelte sich um eine Literaturverfilmung, basierend auf dem gleichnamigen Roman von William Styron, der überwiegend in New York nach Ende des Zweiten Weltkriegs spielt. Die Ereignisse in Auschwitz werden als Rückblenden erzählt. Der größte Teil dieses Films war schon beendet. Das Filmteam war nun für die letzten drei Drehtage nach Zagreb gekommen, um hier mit Jadran Film die Rückblenden der Auschwitz-Szenen zu drehen. Man hatte mich schon drei Tage vor Drehbeginn bestellt, damit ich mit Meryl Streep die Szenen mit Sophie und Höß proben konnte. Am ersten Abend meiner Ankunft feierte das Team im Hotel eine große Party. Man hatte mich dazu eingeladen, aber ich blieb auf meinem Zimmer. Es war mir peinlich, mich als Deutscher mit dieser Rolle unter die amerikanischen Filmleute zu mischen. Sicher gab es auch viele jüdische Teammitglieder darunter. Das war für mich ein ähnliches Gefühl, als ob der Henker zu einer fröhlichen Abschiedsparty kommt und mittanzt. Auch wenn es nur eine Rolle war, die ich spielte, schämte ich mich. Das Telefon läutete. Alan Pakula war am Apparat, er wollte, dass ich komme: »Gunther, where are you? We are waiting for you. No excuse.«

Unten im Saal herrschten Trubel und Heiterkeit. Man feierte das Ende der Dreharbeiten in New York. Niemand nahm Notiz von mir. Ich schlich mich hinein. Pakula entdeckte mich, nahm mich am Arm und zog mich in die Mitte. Dann forderte er: »Silence!« Es wurde still. Pakula stellte mich in der Rolle des Rudolf Höß dem gesamten Team vor. Es war mir sehr unangenehm. Ich fühlte mich wie am Pranger. Dann stellte er noch eine Frau vor, zwischen fünfzig und sechzig Jahre alt, die nach dem Krieg nach England ausgewandert war: Kitty Hart. Sie war als Kind Gefangene in Auschwitz gewesen und als Beraterin für die Szenen im Konzentrationslager eingestellt worden. Im Anschluss wurde ihr preisgekrönter Dokumentarfilm gezeigt, in dem sie ihren erwachsenen Sohn durch die Gedenkstätte Auschwitz führt und ihm ihre schrecklichen Erinnerungen beschreibt.

Ich wollte in der Erde versinken. Natürlich waren mir diese Bilder nicht neu. Natürlich kannte ich sie aus vielen Dokumentarfilmen über die Konzentrationslager, die gespenstischen Massengräber und diese ausgemergelten Schreckensgestalten in ihren Sträflingsanzügen, aber es ist etwas völlig anderes, in Deutschland über diese unfassbaren Gräueltaten der Nazis informiert zu werden als sie als einziger Deutscher, noch dazu in der Rolle des Rudolf Höß, des Auschwitz-Kommandanten, in der Mitte von ausländischen Betroffenen zu erleben. In Deutschland konnte ich mich mit meiner Generation unschuldig fühlen und schaudernd auf die Nazis deuten, aber hier war ich der Repräsentant dieser Unmenschen. Mir wurde klar, diese Rolle hätte ich nicht annehmen sollen. Der Mitproduzent Branko Lustig von Jadran Film kam lachend auf mich zu, stellte sich vor und schob den Ärmel seines Hemdes zurück. Dann deutete er auf seinen linken Unterarm. Da konnte man, etwas verblasst, eine tätowierte Nummer erkennen. »Die Häftlingsnummer von Auschwitz«, sagte er lachend. Er sei als Kind dort gewesen. Warum lachte er? Wollte er mich testen? Wollte er sehen, wie unsere Nachkriegsgeneration empfand? Wie sollte ich reagieren? Was sollte ich dazu sagen? Im Lauf des Abends traf ich auch auf Kitty Hart. Eine sehr sympathische Frau. Da ich ja aus ihrem Film wusste, dass sie aus Deutschland stammte, begrüßte ich sie auf Deutsch und wollte mit ihr über den Film sprechen, aber sie schnitt mir das Wort ab und sagte: »I don't want to speak German«, und ließ mich stehen. Ich ging auf mein Zimmer.

Am nächsten Tag rief mich Pakula an und bat mich, in die Jadran-Film-Studios zu kommen. Er wollte mir das Büro von Rudolf Höß zeigen. In einer großen Halle waren unterschiedliche Räumlichkeiten eingerichtet. Das Wohnzimmer der Familie Höß, Schlafzimmer, Küche und auch sein Büro. Der Regisseur wartete mit dem Filmarchitekten und einem Requisiteur auf mich. Das war ganz und gar unüblich. Ich war neugierig, was er von mir wollte. Man zeigte mir das Filmset. Im Höß-Büro war alles genau so eingerichtet, wie eben die Büros dieser Zeit waren. Ein mittelgroßer

Raum, an der Wand ein Porträt des »Führers«, ein Schreibtisch aus dunklem Eichenholz, ein Stuhl mit braunem Lederpolster, ein Aktenschrank, ein Sofa, ein Ölgemälde und ein Regulator an der Wand, Schreibmaschine, schwarzes Telefon mit Wählscheibe. Nichts Ungewöhnliches, so waren die Büros damals, 1942. Pakula fragte mich, ob ich mit der Einrichtung einverstanden sei. Was sollte ich sagen? Es war doch nicht meine Aufgabe, ich war ja nicht der Filmarchitekt. Außerdem hatte ich in Deutschland gelernt, mich ja nicht in die anderen Abteilungen einzumischen. Aber er bestand darauf, zu wissen, ob alles zu meiner Zufriedenheit sei. Mir wurde klar, dass er einen Hintergedanken hatte. Ich sollte mir mein Büro selbst einrichten, damit ich ein vertrautes Gefühl dafür bekommen würde und es als mein Büro akzeptierte. Er hatte ja recht, es war ein ganz anonymer Raum, und nichts deutete auf die Person von Rudolf Höß hin, der ja tagtäglich dort arbeitete. Gut, wenn er das wollte – nicht umsonst hatte ich die Autobiografie von Rudolf Höß genau gelesen. Ich legte los. Höß war ein Pferdenarr. Also verlangte ich das Bild eines Pferdes auf seinem Schreibtisch. Wurde notiert. Weiß, schwarz oder braun? Ich grinste. Ein Brauner mit einer Blesse. Ich machte es ihnen nicht leicht. Mein Wunsch wurde notiert. Pakula war begeistert. Was noch? Höß schrieb in seiner Biografie: »Auch hatte ich einen unwiderstehlichen Hang zum Wasser, ich mußte mich immerzu waschen und baden. Diese Sucht mit dem Wasser umzugehen hängt mir heute noch nach.« Also verlangte ich selbstverständlich ein Waschbecken. Wo? Ich deutete an eine Stelle neben dem Sofa. »Da an dieser Wand.« Es wurde notiert. Warmes Wasser oder kaltes? »Warmes.« Auch dieser Wunsch wurde notiert. Was noch? »Höß hatte oft Migräne. Also ein Wasserglas und Tabletten in der Schublade.« Alles wurde notiert, und am Drehtag war alles genau so wie besprochen, selbst das Wasser war warm. Im deutschen Fernsehen hätte man meine Wünsche als schikanöse Spleens eines überheblichen Schauspielers abgelehnt.

Am Nachmittag bat mich Pakula in seine Suite. Er tat sehr geheimnisvoll, so als ob er eine Verschwörung plante, eine gemeine Intrige. Sehr eindringlich redete er auf mich ein: »Ich möchte, dass du weißt, dass in den Szenen mit Meryl nur du der Star bist. Nur du bist wichtig, sie ist gar nichts. Du bist mein Star.« Es war mir sofort klar, was er damit bezwecken wollte. Er hatte die Befürchtung, nicht zu Unrecht übrigens, dass ich aus Ehrfurcht vor der Oscarpreisträgerin Meryl Streep nicht mit der nötigen Arroganz, mit der nötigen Kälte auftreten würde. Dass ich zu sanft wirken könnte, zu unsicher. Sophie, die von Meryl Streep verkörpert wurde, war in den Augen des Lagerkommandanten aber natürlich Abschaum, eine Polin, ein »Untermensch«. Und Pakula wollte, dass ich das auch genau so spielen sollte.

»Ich möchte, dass du Meryl kennenlernst«, sagte er dann und griff zum Hörer: »Meryl, would you please come down, to meet Gunther?« Er legte auf: »She is coming.«

Meine Nerven waren angespannt. Gleich würde eine Oscarpreisträgerin an die Türe klopfen. Ich kannte sie aus der Serie *Holocaust* und natürlich als Weltstar bei der Oscarverleihung. Auf der Party hatte das ganze Team von ihr in den höchsten Tönen geschwärmt. Was für eine Frau würde sie sein? Hatte sie Starallüren? Im Drehbuch stand, dass Rudolf Höß Sophie, die ihn um Gnade für ihren Sohn bittet, zwischen die Beine und an den Busen fassen soll. Für mich schrecklich peinlich. Wie würde sie auf mich reagieren?

Es klopfte. »Das ist Meryl«, sagte Pakula und öffnete die Tür. Ich stand auf. Vor der Zimmertüre sah ich erst einmal einen großen Blumenstrauß, dahinter verbarg sich Meryl Streep. Sie kam lächelnd auf mich zu und überreichte mir als Willkommensgruß diese Blumen. Sie mir, Sophie dem Rudolf Höß, diesem Monster! »Hallo, Gunther«, sagte sie und lächelte dieses ironische Lächeln, das ich aus ihren Filmen kannte. »Nice to meet you!« Ich atmete auf. Gott sei Dank, sie war völlig normal, und die Gespräche über unsere Szenen für den nächsten Tag waren professionell, konzentriert und kollegial.

Pakula hatte ein Problem. Er wusste nicht, wie er es mir sagen sollte. Es war ihm peinlich. Es ging um die Szene, in der Höß Sophie begrapscht und sie dies, obwohl sie Ekel empfindet, aus Angst um ihren Sohn widerstandslos hinnimmt. Pakula hatte die Befürchtung, diese Situation könnte missverstanden werden, so als ob Sophie diese Zudringlichkeiten genösse, und bat mich, Höß etwas unattraktiver, unangenehmer, widerlicher zu spielen. Das verstand ich, aber ich wollte keinen Hollywood-Nazi spielen, sondern einen authentischen Charakter, in dem man sich als Zuschauer trotz aller Abgründe erkennen konnte. Einen biederen, pflichteifrigen Untertan, wie in dem gleichnamigen Roman von Heinrich Mann beschrieben. Ich schlug ihm daher vor, dass Sophie dem von einem Migräneanfall geplagten Höß einen nassen Waschlappen auf die Stirn legen sollte, bevor er zudringlich wurde. Ein Mann mit einem nassen Lappen auf dem Kopf, der eine Frau begrapscht, wirkte lächerlich, aber sicherlich nicht erotisch. Das fand Pakula gut. Eine weitere Schwierigkeit tauchte auf. Der englische Text widersprach der Logik unseres Dialogs. Höß sagt in Englisch mit deutschem Akzent zu Sophie, die Englisch mit polnischem

Akzent spricht: »Du sprichst ein fabelhaftes Deutsch, wo hast du das gelernt?« Pakula wollte, dass der gesamte Dialog in deutscher Sprache gespielt werden sollte. Für mich war das natürlich kein Problem, aber für Meryl Streep, die kein Wort Deutsch sprach, war das eine Herausforderung. Ich war skeptisch. Am nächsten Tag schon sollten wir diese Szene drehen, sie hatte also nur zwölf Stunden Zeit. Man besorgte ihr einen Deutschlehrer.

Am nächsten Morgen zu Drehbeginn stand ich etwas nervös, mit militärisch kurzem Haarschnitt, geschminkt und in SS-Uniform im Studio. Bald danach kam Meryl, begleitet von ihrem Maskenbildner, mit Kurzhaarperücke und in Sträflingskleidung. Kein langes Warten auf den Star. Sie begrüßte freundlich das Team, gab dem Regisseur und dem Kameramann, dem berühmten Néstor Almendros, ein Küsschen, mir übrigens auch, und wir begannen, die Szenen zu proben. Nur der Kameramann Almendros und Pakula waren dabei. Die Proben waren wie am Theater ruhig, ernsthaft, konzentriert. Es war absolute Ruhe im Studio gefordert. Als einmal während dieser Proben im Hintergrund getuschelt wurde, explodierte Alan Pakula: Noch einmal so eine Störung, und die Betreffenden würden augenblicklich gefeuert. Meryl sprach den Dialog in perfektem Deutsch, so großartig, dass ich, als sie auf Knien Höß um Gnade für ihren kleinen Sohn bat, Mühe hatte, nicht zu heulen. Eigentlich waren für diese Szene zwei Drehtage geplant, aber es lief so gut, dass wir ohne Pause fünfzehn Stunden lang bis tief in die Nacht alles zu Ende drehten. Das war auch das Ende der Dreharbeiten. Die Amerikaner wollten nach Hause. Man organisierte ein großes Abschlussbankett auf der Dachterrasse des Intercontinental, um vier Uhr morgens. Alles musste herangeschafft werden. Die Köche bereiteten ein üppiges Fünf-Gänge-Menü zu, die Kellner deckten die Tische und servierten das Essen und die Weine, und das alles mitten in der Nacht. Es wurde ein großartiges Fest. Alle waren übermüdet, aber glücklich, ich auch. Und erleichtert. Diese unangenehme Rolle war ich los, und ich fühlte mich dazugehörig. Man hatte mir von allen Seiten gratuliert. Das Team war sicher, einen großartigen Film mit Chancen auf einen Oscar gedreht zu haben. Um sieben Uhr morgens fragte mich Meryl, ob ich mit ihr noch durch die morgendliche Stadt gehen wolle. Ich wollte. Die ersten Strahlen der Morgensonne beleuchteten den Himmel. Die Stadt war noch nicht aufgewacht. Die Stadtreinigung bespritzte die Gehsteige, Kellner stellten Stühle vor die Cafés, eine wunderbare, ruhige Atmosphäre nach dieser schrecklichen Szene der vergangenen Nacht. Meryl und ihr Höß gingen schweigend, übermüdet und tief entspannt durch die leeren Straßen von Zagreb. Vier Stunden später ging ihr Flugzeug in die USA. Sie gab mir ihre Telefonnummer in New York, aber ich habe nie gewagt sie anzurufen.

Ein Jahr später drehte ich gerade in Paris eine deutsch-französische Koproduktion, als mich eine französische Agentur anrief und zu der Premiere von *Sophies Entscheidung* in einem Kino an der Champs-Élysées einlud. Der Regisseur Alan Pakula und die beiden Hauptdarsteller Meryl Streep und Kevin Kline waren dafür eigens aus New York eingeflogen. Das Fernsehen berichtete in den Nachrichten darüber. Alle berühmten französischen Schauspieler und Regisseure waren anwesend. Alle trugen Smoking und Abendkleid. Auch ich hatte mir einen Smoking geliehen. Die Stimmung im Kino war während der Vorstellung sehr bedrückt. Bei den Auschwitz-Szenen wurden viele Taschentücher gezückt.

Ich fühlte mich schuldig, es war nicht angenehm, sich selbst in diesen Filmszenen zu sehen. Nach der Vorstellung, gegen Mitternacht, gab es ein großes Bankett im Maxim's, einem der berühmtesten Restaurants von Paris, mit dunkelroten Samtsesseln und goldenen Verzierungen. Die Kellner im eleganten Frack. Von Pakula, Kline und Meryl wurde ich freudig mit langem Applaus begrüßt. Am selben Tisch wie ich saßen Pierre Cardin, Roman Polanski, Claude Chabrol, Alain Delon und viele andere Berühmtheiten, keiner erkannte in mir Rudolf Höß aus dem Film wieder, Gott sei Dank, und ich sagte es auch niemandem. Die ersten Seiten in den meisten französischen Zeitungen berichteten am nächsten Tag von diesem Film und rezensierten ihn als großes Ereignis. In Deutschland lief er eine Woche später an. Niemand von den Protagonisten kam, es gab keine Premiere, niemand war eingeladen. Man nahm kaum Notiz davon. Deutschland ist eben kein Filmland.

1983 bekamen Meryl Streep für *Sophies Entscheidung* und Ben Kingsley für *Gandhi* den Oscar als beste Hauptdarsteller. Und in beiden Filmen stand auf dem Abspann: Günther Maria Halmer. Einmal als der jüdische Architekt Dr. Kallenbach und einmal als der SS-Lagerkommandant von Auschwitz Rudolf Höß. Deutsches Schicksal.

In der Zwischenzeit hatte sich noch eine ganz andere wichtige Veränderung ergeben.

Claudia und ich hatten uns entschlossen, auf dem Land ein Haus zu kaufen. Unsere Söhne sollten frei und ungezwungen aufwachsen. Dass wir in Bayern bleiben wollten, war klar, da München die Filmhauptstadt in Deutschland war; hier wurden die meisten Filme gedreht. Aber wo? Natürlich nicht zu weit entfernt von München. Seen, Berge und die Nähe zu einer Autobahn waren in unseren Augen selbstverständliche Anforderungen an unser neues Zuhause. Auf keinen Fall wollte ich in die Nähe von Rosenheim. Nicht, weil es mir da nicht gefiel, aber ich fand es fantasielos, wieder dahin zurückzugehen, wo man aufgewachsen war. Doch wieder spielte der rote Faden oder die Bestimmung eine entscheidende Rolle. Ausgerechnet in der Nähe von Rosenheim, im Chiemgau, fanden wir 1982 nach langem Suchen unseren Traumort. Ein hübsches Dorf mit einer Zwiebelturmkirche, freundlichen Bewohnern und einem schönen Obstgarten mit Blick auf die Berge. Der Ort sollte unsere Heimat werden. Hier leben wir nun schon seit über dreißig Jahren und fühlen uns immer noch wohl. Unsere Söhne, die schon lange in Berlin leben, kommen immer wieder gerne hierher zurück. Der Bauer, der uns sein Grundstück verkauft hatte, wanderte – welche Ironie! – ausgerechnet nach Kanada aus, um sich dort eine neue Existenz aufzubauen.

Peter der Große und die Sowjetunion

Das war jetzt schon die vierte Zigarette, die ich mir anzündete. Ich war nervös. Ich saß an der Bar in meinem Stammlokal Kulisse in der Maximilianstraße in München. In einer Stunde sollte ich mich bei dem amerikanischen Regisseur Larry Schiller im Hotel Vier Jahreszeiten vorstellen. Für den Film *Sophies Entscheidung* hatte ich ebenfalls dort mit dem Regisseur gesprochen. Die amerikanischen Filmleute liebten offenbar dieses Hotel. Es ging um irgendeine Rolle in einer amerikanischen Miniserie, angeblich sollte in Russland gedreht werden. Mehr wusste ich nicht. Das Ganze kam mir merkwürdig vor. Russland, das hieß 1984: Sowjetunion, Eiserner Vorhang, Kalter Krieg. Ausgerechnet da wollten die Amerikaner drehen. Die Sowjetunion hatte beschlossen, die Olympischen Spiele, die Ende Juli 1984 in Los Angeles beginnen sollten, zu boykottieren. Da würden sie doch niemals Amerikanern erlauben, in dem abgeschotteten Land zu drehen. Noch dazu einen Film über Peter den Großen. Die Sowjets vermuteten doch in jedem Menschen, der aus dem Westen kam, einen Spion. Das klang alles sehr abenteuerlich und unglaubwürdig. Im Lauf eines Schauspielerlebens bekommt man oft Rollenangebote, die sich im weiteren Verlauf als Luftnummer erweisen. Deshalb war es ratsam, solche Angebote nicht allzu ernst zu nehmen, sondern erst bei der Vertragsunterzeichnung daran zu glauben. Sonst würde man zu oft enttäuscht. Aber selbst nach der Unterzeichnung des Vertrags konnte es passieren, dass man auf seiner Gagenforderung sitzen blieb, wenn der Produzent aus Geldmangel die Dreharbeiten abbrach oder auf den Tag X verschob. Viele Anekdoten von erfahrenen Schauspielern hatte ich schon darüber gehört. Nicht aus Ehrgeiz die Vorsicht vergessen, wurde mir immer wieder von ihnen geraten. Sehr weise Ratschläge.

Nach und nach tauchten im Lokal immer mehr Schauspieler auf, die in Berlin oder Hamburg lebten, und taten völlig harmlos. Nur ganz zufällig seien sie heute in München und hier in der Maximilianstraße. Natürlich ahnte jeder den wahren Grund, doch keiner wollte zugeben, dass er sich für eine Rolle beworben hatte – für den Fall, dass es nicht klappte. Ein befreundeter Kollege kam herein. Verärgert. Er schüttelte fassungslos den Kopf und bestellte einen doppelten Kognak. »Ein Verrückter«, sagte er und deutete hinüber zum Hotel. »Dieser Wahnsinnige da drüben hat mich weggeschickt, ohne auch nur eine Sekunde mit mir zu reden. Dabei bin ich eigens aus Berlin zu diesem Casting gekommen.« Er komme nicht infrage, habe dieser Komiker lapidar zu ihm gesagt, ohne zu erklären, warum. »Du wirst sehen: ein Wahnsinniger.« Ich schaute auf meine Uhr, es war Zeit. Ich überquerte die Straße zum Vier Jahreszeiten und stieg die Treppen zur Suite des Regisseurs hinauf. Noch mal ein kurzes Räuspern vor der Tür zur Suite, dann klopfte ich. Fast im selben Augenblick öffnete sich die Tür, und vor mir stand ein etwa fünfzigjähriger Mann, klein, breiter als hoch, mit einem sympathischen Lächeln im bärtigen Gesicht. Ich trat ein, er war allein. Bei einem Vorsprechen mit amerikanischen Produzenten war es üblich, seine internationale

Erfahrung und seine Englischkenntnisse zu demonstrieren, aber hier? »Ein Wahnsinniger«, hatte mich mein Kollege gewarnt. Ich war auf alles vorbereitet. Ich hatte noch kaum Luft geholt, um ein Gespräch einzuleiten, da unterbrach er meine »Nice to meet you«-Ansprache und sagte ohne Übergang: »Nine months Russia. You are Tolstoi.« Ich verstand nicht gleich. Wahrscheinlich habe ich etwas irritiert geschaut, denn er meinte knapp: »Wenn du nicht spielst, dann spielt das der hier«, und zeigte mir das Bild eines österreichischen Kollegen. »Moment, Moment«, sagte ich. »Worum geht es denn überhaupt, was heißt ›nine months Russia‹?« Er erklärte mir kurz, dass es sich um die Verfilmung Peters des Großen handle und wir zuerst in Wien und im Burgenland und dann, ab Herbst, über Weihnachten bis März 1985 in Russland drehen würden. Das alles klang sehr verwirrend. Ich rief meine Agentin an. Konnte man diesen Regisseur ernst nehmen, oder war der nur wie so viele in diesem Gewerbe ein Wichtigtuer und Fantast? Wieso besetzte der nur Deutsche, warum keine Amerikaner? Und das für eine US-Serie?

Meine Agentin Frau Baumbauer war auch skeptisch. Vier ihrer Schauspieler waren für diesen Film mit großen Rollen angefragt. Jan Niklas, Helmut Griem, Maximilian Schell und ich. Nur wenn der Regisseur und Produzent Larry Schiller eine *Completion Guarantee* unterschreiben würde, wäre dieses Unternehmen glaubwürdig. Noch nie hatte ich von einer *Completion Guarantee* gehört. Was war das? Das sei eine Art Versicherung, so erklärte sie mir, dass der Film garantiert ohne Mehrkosten für den Auftraggeber, in dem Fall für den Fernsehsender NBC, hergestellt würde. Der Regisseur und Produzent musste dazu aber alle seine Rechte an die Versicherung abgeben. Das bedeutet, dass die Versicherung ohne große Formalitäten den Regisseur, wenn er im Verzug ist, durch einen anderen Regisseur ersetzen kann. Aber der Film wird auf jeden Fall zu Ende gedreht, und alle Mitwirkenden können sicher sein, dass sie für ihre Arbeit bezahlt werden. Larry Schiller ließ sich auf diese gefährliche Garantie ein, und wir Schauspieler unterschrieben unseren Vertrag mit NBC. Dieses zweifelhafte Unternehmen fand tatsächlich statt und sollte ein Abenteuer werden. Mein Part war Peter Tolstoi, der Außenminister Peters des Großen, von seiner Jugend bis ins hohe Alter. In neunzig Prozent der Rolle war ich alt. Die Vertragsdauer ging von Mitte Juli 1984 bis Ende März 1985. Das Abenteuer konnte beginnen.

Es war tatsächlich ein ungewöhnliches Unterfangen. Larry Schiller hatte meines Wissens vorher noch nie als Regisseur einen Spielfilm inszeniert. 1976 war er zwar mit einem Oscar für den Dokumentarfilm *Schußfahrt vom Mount Everest* ausgezeichnet worden, doch das war eine ganz andere Kategorie. Aber Larry störte das nicht, er besaß ein überbordendes Selbstvertrauen, war immer gut gelaunt und voller Optimismus. Für diese US-Serie hatte er Schauspieler aus Russland, aus England und Deutschland besetzt. Vanessa Redgrave, Omar Sharif, Sir Laurence Olivier, Lilli Palmer, Hanna Schygulla, Helmut Griem, Maximilian Schell, Jan Niklas und mich. Als Kameramann holte er sich den Oscar-prämierten Vittorio Storaro aus Italien. Wie hatte er es geschafft, in dieser politisch heiklen Zeit in Russland monatelang drehen zu dürfen? Larry war faszinierend, trotz seiner Körperfülle ständig in Bewegung, sprühend vor Einfällen, immer humorvoll, einfach ein brillanter Charakter. Für ihn gab es keine Probleme. So stellte ich mir die kühnen Entdecker der frühen Neuzeit vor, die, ohne zu wissen, was auf sie zukam, sich mit ihren Schiffen und ihrer Mannschaft hinaus aufs offene Meer wagten, naiv, besessen von einer Idee, positiv verrückt. Vielleicht musste man so sein, wenn man etwas Ungewöhnliches erreichen wollte, etwas Neues, noch nie Dagewesenes.

Larry war in den USA ein sehr bekannter Fotojournalist und arbeitete für alle berühmten Magazine der Welt, für *Life Magazine*, *Paris Match*, *Newsweek*, *Time Magazine*, *Stern* und so weiter. Er war der Fotograf der nackten Marilyn Monroe im Swimmingpool kurz vor ihrem Tod 1962. Keine voyeuristischen Bilder, sondern großartige, künstlerische Fotos, die den kindlichen, unschuldigen Charme von Marilyn so wunderbar zur Geltung brachten. Sie schien auf diesen Fotos sehr glücklich zu sein. Es sind die wohl am häufigsten gezeigten Bilder von Marilyn Monroe. Er war damals fünfundzwanzig und sagte angeblich zu ihr: »Sie sind schon berühmt, jetzt werden Sie mich berühmt machen.«

Humor und Selbstbewusstsein aber reichten bei dem neuen Projekt, das er sich nun vorgenommen hatte, nicht aus. Hier galt es, eine historische Fernsehserie unter sehr schwierigen Bedingungen in neun Monaten zu drehen. Bei einem solchen Unternehmen muss der Regisseur ein Team führen können. Er muss wissen, was er will, und das vermitteln können. Aber genau das konnte Larry Schiller nicht. Er hatte kein Zeitgefühl. Immer wieder ließ er Szenen ohne erkennbaren Grund wiederholen, entschied sich für eine andere Einstellung oder einen anderen Drehort. Manchmal hatte ich den Eindruck, dass es ihm Spaß machte, Regisseur zu spielen, und es wie ein kleiner Junge genoss. Schon nach ein paar Tagen hinkten wir dem vorgeschriebenen Pensum weit hinterher. Laut Plan sollte ich schon am ersten Drehtag eine Szene am Neusiedler See mit Peter dem Großen drehen, aber nach drei Tagen war ich immer noch nicht vor der Kamera. In meinem schweren Brokatkostüm mit Pelzbesatz und roten Maßschuhen, für die ich eigens nach Rom zu einem Kostümdesigner hatte fliegen müssen, saß ich in meinem Wohnwagen und langweilte mich. Vorher hatte man mich im Maskenmobil drei Stunden lang vierzig Jahre älter gemacht. Im Spiegel erkannte ich mich selbst nicht mehr. Wer war denn dieser Greis? Das ganze Gesicht mit einer Art Uhu zu tausend Falten verklebt, dünnes Haar über einer hauchdünnen Latexglatze, ein Vollbart, bei dem jedes Haar einzeln geklebt wurde. Es war mühsam. Ich hatte das Gefühl, meine ganze Mimik sei unter Gips, und konnte meinen Mund nicht einmal mehr zu einem Schmunzeln verziehen. Der italienische Maskenbildner Giannetto De Rossi, ein stolzer Römer, wollte sein Meisterstück an mir machen, und ich hatte es zu erdulden. Jetzt saß ich schon den dritten Tag, mit erstarrten Gesichtszügen, sinnlos geschminkt, schwitzend unter der Perücke und dem schweren Kostüm herum und wartete. Warten ist zweifellos die Hauptaufgabe eines Schauspielers bei Dreharbeiten. Endloses Warten. Aber gleich drei Tage?

Am vierten Tag wurde ich gerufen. Die Szene: Eine vierspännige Kutsche fährt von vielen Reitern begleitet durch eine idyllische Landschaft. Im Wageninneren Peter der Große (Maximilian Schell), sein Freund Alexander Menschikow (Helmut Griem), seine Geliebte Katharina (Hanna Schygulla) und sein Außenminister Peter Tolstoi, den ich verkörperte. Die Situation: Peter der Große fährt mit einem großen Stab durch Europa, um Erkenntnisse zu sammeln, wie er sein rückständiges Russland modernisieren kann. Alle sind müde von der langen, mühseligen Reise und dösen vor sich hin. Das war leicht, dachte ich mir, das sollte schnell vorbei sein. Spätestens in zwei Stunden. Wir Schauspieler warteten im Nebenraum einer Gaststätte und wurden einzeln zum Drehen in die Kutsche gerufen. Warum dauerte das denn so lange? Immer wieder sah ich, wie sich die Reiterkolonne mit der Kutsche in Bewegung setzte, dann kam sie nach einer halben Stunde zurück, und das Ganze begann von vorne. Mir war langweilig. Da saß ich, ein vierzigjähriger Schauspieler, in der Maske eines Achtzigjährigen in russischen Kleidern aus dem 18. Jahrhundert, im Nebenraum einer Gastwirtschaft im Burgenland und wartete seit Tagen, dass ich in einer Pferdekutsche einen Schlafenden mimen durfte. Durch den Türspalt konnte ich in das Restaurant blicken. Eine Runde von Geschäftsleuten saß in guter Stimmung am Stammtisch und feierte mit Sekt offensichtlich einen Erfolg. Besonders der Spender der Sektrunde, ein Mann im schwarzen Anzug, war sehr guter Laune. Ich wurde neugierig. War eine Erbtante gestorben? Man gab mir bereitwillig Auskunft. Nein, nein. Nichts Schlimmes. Ein australischer Tourist war während seines Urlaubs hier am Neusiedler See an einem Herzinfarkt gestorben, und der Herr mit schwarzer Krawatte, ein Bestattungsunternehmer, hatte den Auftrag, die Leiche des Verstorbenen einzubalsamieren und in einem sehr teuren Zinksarg nach Melbourne zu überführen. Ein Riesengeschäft. Man gratulierte allerseits zu diesem Glück bringenden Trauerfall und trank auf das Wohl des Toten. Prost! Des einen Leid, des anderen Freud.

»Bitte, Mister Tolstoi, in die Kutsche.« Vor mir stand der zweite Regieassistent. Na endlich. Ich stieg ein und setzte mich an den vorgeschriebenen Platz. Vor mir waren große Lampen aufgebaut. Der Kameramann maß vor meinem Gesicht die Lichtstärke, der Maskenbildner tupfte meinen Schweiß von der Stirn, der Tontechniker überprüfte noch einmal das Mikrofon, das hinter meinem Pelzkragen versteckt war, das Objektiv der Kamera starrte mich drohend wie ein Gewehrlauf an. Auf einem eigens aufgebauten Podest warteten der Regisseur, der Kameramann, seine beiden Assistenten, Maskenbildner, Regieassistent und noch einige Beleuchter. Nicht zu vergessen der Toningenieur mit Assistent. Lächerlich viele Menschen für so eine kurze, unbedeutende Szene. Es war eng und heiß. Wir drehten. Die Kutsche setzte sich ächzend in Bewegung. Vor ihr ritten fünfzig Kosaken, hinter ihr weitere fünfzig. Die Kamera lief. »Action!«, rief der Regisseur. Ich spielte schlafen und schlief und schlief. Mein ganzes Repertoire an Schlafvarianten spielte ich aus. Schnarchen, röcheln, schmatzen, im Traum lächelnd, kurzes Aufschrecken, irgendwann fiel mir nichts mehr ein, und ich schlief nur noch vor mich hin. Wie lange sollte das noch weitergehen? Ich hörte die knirschenden Räder der Kutsche und das Getrappel der Pferdehufe wie von ferne. Aber der Regisseur brach nicht ab, sondern ließ mich weiterschlafen. Aus halb geöffneten Lidern blinzelte ich zur Kamera. Immer noch nicht Schluss? Endlich, nach endlos langen Minuten, hörte ich: »Cut.« Ich atmete auf. Vorbei. Gott sei Dank. Aber Larry Schiller sagte: »Once again.« Noch einmal. Die ganze Karawane musste wieder zurück zum Ausgangspunkt – Reiter, Kutsche, Pferde. Das dauerte zwanzig Minuten, und dann begann dasselbe Ritual noch einmal. War ich etwa nicht überzeugend gewesen in meinem Tiefschlaf? Doch, doch, aber Larry wollte noch ein paar unterschiedliche Einstellungen und Schlafvarianten zur Auswahl. Kein Wunder, dass wir schon so weit hinter unserem Drehplan zurücklagen. Meinen ganzen ersten Drehtag habe ich sozusagen verschlafen.

Die Versicherung schlief aber nicht. Seit Beginn der Dreharbeiten saß ein kleines Männchen, vielleicht sechzig Jahre alt, immer irgendwo am Rand dabei. Ein freundlicher, älterer Herr. Keiner wusste, was seine Aufgabe war. Manchmal stellte er Schauspielern oder Teammitgliedern interessierte Fragen. Irgendwann nahm man ihn, bei einem so großen Team mit über hundert Leuten, gar nicht mehr zur Kenntnis. Die Dreharbeiten in Wien und am Neusiedler See zogen sich hin, aber man wurde, mit einer Woche Verzögerung zwar, doch fertig. Es war Ende August, und in drei Wochen sollten die Dreharbeiten weitergehen. Larry Schiller war euphorisch. Die Muster des Films waren großartig. Bald würde es für acht Monate nach Russland, in die Sowjetunion, gehen. Wir feierten den Abschied von Österreich.

Die Schauspieler hatten ein paar Wochen Zeit, um nach Hause zu fahren, bis der Umzug des gesamten Teams mit der kompletten Ausrüstung, den Kostümen und Perücken nach Russland beendet war. Larry Schiller wollte gerade ins Taxi zum Flughafen steigen, um von Wien nach Moskau zu fliegen, da kam dieser kleine freundliche ältere Herr, der Vertreter der Filmversicherung, auf ihn zu und überreichte ihm ein Kuvert mit seiner fristlosen Kündigung. Aus heiterem Himmel, ohne Vorwarnung, so wurde das uns Darstellern und dem Team später erklärt, knallhart. Keine Kunst, wenn kein Geschäft.

Ende September 1984 wurde ich nach Russland gerufen. Es hatte doch zwei Wochen länger gedauert, bis ein neuer Regisseur gefunden wurde. Marvin J. Chomsky, ein sehr erfahrener Fernsehregisseur aus Los Angeles, der die berühmten und sehr erfolgreichen Serien *Roots* und *Holocaust* inszeniert hatte, übernahm, ein kleiner, sehr energischer Fünfzigjähriger, der vom Wesen her das genaue Gegenteil von Larry Schiller war. Schnell, effektiv, unfreundlich, laut, schreiend und fluchend wie ein Feldwebel auf dem Kasernenhof, aber er wusste genau, was er wollte. Ganz offensichtlich war er beauftragt worden, die verlorene Drehwoche aufzuholen. Es schien, als ob er das ganze Unternehmen wie einen Feldzug im Feindesland empfand, den es zu gewinnen galt. So benahm er sich auch. Er ließ keinen Zweifel daran, dass er das Ganze für Schwachsinn hielt und am liebsten nur im Westen und mit amerikanischen Schauspielern gedreht hätte. Sicher ließ er sich diese Abneigung teuer bezahlen. Außerdem konnte er Deutsche, Russen und Kommunisten nicht ausstehen. Keine guten Voraussetzungen. Maximilian Schell, der Larry Schiller nachtrauerte, und Chomsky waren auf den ersten Blick Gegner. Das konnte heiter werden.

Aber trotz Chomskys Abneigung wurde Russland als Drehort beibehalten, und am 20. September kam ich am Flughafen in Moskau an. Ich sollte von einem Fahrer der russischen Produktion abgeholt und nach Susdal gefahren werden.

Nachdem eine sehr dicke, unfreundliche russische Zollbeamtin mit steinerter Miene meinen Koffer durchwühlt hatte, erwartete mich der russische Fahrer. Susdal liegt ungefähr dreihundert Kilometer von Moskau entfernt, und die Fahrt dorthin dauerte vier Stunden. Sie führte über eine Art Autobahn, kerzengerade und eben, durch eintönige Birken- und Fichtenwälder. Es war schon sehr herbstlich, die Jahreszeit war etwa drei bis vier Wochen weiter fortgeschritten als bei uns. Der Fahrer hatte eine nervtötende Art zu fahren. Er gab Gas bis circa neunzig Stundenkilometer, kuppelte aus und ließ den Wagen bis auf fünfzig Stundenkilometer ausrollen, um dann wieder Gas zu geben. Er wollte wahrscheinlich Sprit sparen. Auf der Straße waren auffallend viele Militärfahrzeuge und Uniformierte unterwegs. Oft waren mitten auf der Autobahn Ampeln aufgestellt, und daneben lag eine Polizeistation. Einmal wurden wir von Polizisten mit unfreundlichen Gesichtern aufgehalten, und der Fahrer musste seine Genehmigung für diese Fahrt vorzeigen. Wir fuhren durch kleine Dörfer mit farbigen, sehr hübschen kleinen Holzhäusern, nicht viel größer als in Schrebergartensiedlungen. Manchmal standen Frauen mit bunten Kopftüchern am Straßenrand und verkauften in Eimern Äpfel oder Kartoffeln. Viele Lastwagen, bis obenhin gefüllt mit Krautköpfen, begegneten uns. Abends um neun Uhr erreichten wir unser Ziel. Es gab zwei berühmte Klöster in Susdal. Das rote Mönchskloster auf einem Hügel und das weiße Nonnenkloster etwa einen Kilometer davon entfernt. Das weiße Kloster war zu einer Art Hotel umgebaut worden. Hier war ein Großteil des Teams untergebracht. Ein Tor öffnete sich in der Klostermauer, und zwei Polizisten begleiteten mich zum Empfang, wo ich meinen Pass abgeben musste. Mitten in diesem von hohen Klostermauern umgebenen Rechteck stand eine schöne russische Kirche. Umrahmt wurde dieser Platz von kleinen, kanadisch anmutenden Blockhäusern mit jeweils drei Zimmern mit Bad. Die Betten waren schmal und hart – und etwas zu klein. Ein schönes Gebäude bei der Kirche war unser Restaurant.

Eigentlich sollte ich nur die nächsten zwei Tage in Susdal drehen und dann wieder nach Hause fliegen, darauf war ich eingerichtet, auch mit meiner Garderobe, aber es kam anders. Zwei Lastwagen mit unseren Perücken und einem Teil der Kostüme waren nicht aufgetaucht. Wo waren sie? Gerüchte schwirrten umher. Die Russen würden den Film boykottieren, weil Larry Schiller ausgebootet worden war. Wir Schauspieler und das Team durften aus Versicherungsgründen nicht mehr nach Hause fliegen. Jeden Morgen wurden wir offiziell zum Drehort bestellt und dann nach zwei Stunden untätigen Wartens wieder zurück in die Unterkunft geschickt. Nach mehreren Tagen waren die Perücken immer noch nicht da. Es war bereits der 25. September. Drei Maskenbildner waren nach Rom zurückgeflogen, um neue Perücken knüpfen zu lassen. Es würde Wochen dauern. Aber da man nicht wusste, ob die beiden Laster nicht vielleicht doch noch auftauchen würden, ließen sie niemanden wegfahren. Ich hatte das Gefühl, in eine böse Falle geraten zu sein. Man hatte mich für zwei Drehtage nach Russland geholt, und nun war ich hier gefangen. Überall hingen in diesem Land Polizisten herum. Auch in unserem Hotel waren Tag und Nacht zwei Uniformierte, die nichts anderes taten, als fernzusehen und vor sich hin zu dösen. Kein Schritt war unbeobachtet. Überall gab es Kontrollen. Trotzdem lösten sich zwei Lastwagen in Luft auf. Telefonieren war extrem mühsam. Schon am Morgen musste man einen Anruf ins Ausland bei der Rezeption anmelden. Ich musste unbedingt mit Claudia reden. Wie ging es ihr, was machten die Buben? Um zweiundzwanzig Uhr sollte der Anruf auf mein Zimmer durchgestellt werden, aber bis vierundzwanzig Uhr wartete ich vergebens. Das Telefon war tot. Kein Anruf. Ich beschwerte mich beim Empfang, aber das war vollkommen sinnlos. Ausdruckslose Gesichter. Die Tage gingen dahin mit dumpfem Warten. Was konnte man tun? Mit Heinz Weiß, einem sehr humorvollen, gebildeten Mann, dem späteren Kapitän vom *Traumschiff*, ging ich oft spazieren. Er spielte in einer kleinen Episode einen holländischen Kaufmann. Als junger Soldat im Zweiten Weltkrieg war er hier in Russland gewesen. Kriegserinnerungen, fast Panikattacken plagten ihn. Manchmal ging ich auch mit Hanna Schygulla ins Dorf. Es tat gut, sich mit ihr zu unterhalten. Wenn die Sonne schien, gab es eine wunderbare Herbststimmung. Das gelbe Laub der Bäume, dunkelgrüne Wiesen, braune Erde, hellgrüne, morastige Teiche, blaugrauer Himmel, dazu Tausende von schwarzen Krähen, kleine Holzbrücken, bunt bemalte Holzhäuser und alte Frauen mit farbigen Kopftüchern.

Doch die wichtigste Frage blieb: Wo waren die Perücken? Neue Gerüchte tauchten auf.

Es war inzwischen der 8. Oktober. Endlich wurden die beiden Lastwagen tatsächlich gefunden. Die Fahrer wurden verhaftet. Was der Grund für ihr vierzehntägiges Verschwinden war, haben wir nie erfahren.

Nun ging es wie am Fließband. Der neue Regisseur machte Dampf. Man hatte keine Gelegenheit, die Szenen zu besprechen. Maximilian Schell litt darunter. Immer wieder suchte er das Gespräch mit Chomsky, aber der drehte stur sein Pensum und verweigerte Gespräche über die Rollen. Ich hatte mich mit Omar Sharif angefreundet, der den Fürsten Romodanovsky spielte. Er sah großartig aus mit seinen weißen Haaren und den großen seelenvollen Augen. Ein Weltmann, der mehrere Sprachen beherrschte und mit den Italienern zu deren Entzücken sogar im neapolitanischen Dialekt plauderte. Saß man an seinem Tisch, durfte man nicht bezahlen, alle waren seine Gäste. Selbst wenn er nur zufällig zu einer Tischrunde stieß und fünf Minuten dabei saß, übernahm er die Rechnung für alle. Wir spielten an unseren freien Tagen öfter Schach zusammen, Backgammon zu spielen lehnte er ab. Da wäre er mir zu sehr überlegen, meinte er. Er war ein sehr amüsanter Geschichtenerzähler, und wenn er loslegte, bildete sich sofort eine Gruppe von Zuhörern um ihn. Mir machte es besonderen Spaß, Episoden aus seinen berühmten Hollywood-Filmen zu hören. Ich kannte diese Filme und die Schauspieler ja alle aus meiner Jugend. So erzählte er, dass er zum Beispiel für seinen Film *Doktor Schiwago*, der ihn 1965 weltberühmt gemacht hatte, nur ein paar Tausend Dollar Honorar bekommen hatte, weil er in dieser Zeit bei einer anderen Filmgesellschaft unter Vertrag stand und die ihn für viel Geld an die Konkurrenz ausgeliehen hatte. Eine lustige Geschichte erzählte er mir beim Schachspielen in meinem kleinen Zimmer: Er bekam das Angebot, einen Wildwestfilm zu drehen. Sein Partner sollte ein junger Schauspieler sein, der in Europa gerade berühmt geworden war. Den lehnte Sharif als zu unbekannt ab und verlangte nach einem großen Namen, als Co-Star. Daraufhin stellte man ihm Gregory Peck zur Seite. Der Film wurde ein Riesenflop. Der Schauspieler, den er abgelehnt hatte, hieß Clint Eastwood.

Allerdings hatte Omar Sharif auch dunkle Seiten. Er war ein charmanter, humorvoller Plauderer und in bester Stimmung, solange er der Mittelpunkt einer gespannt lauschenden Runde war. Widerspruch oder nur eine andere Meinung jedoch konnte er überhaupt nicht vertragen. Sein Lächeln gefror zu einer Maske, Jähzorn machte seine Gesichtsfarbe grau, die Augen traten furchterregend hervor, und man traute ihm in diesem Moment alles zu. Ein junger Österreicher aus dem Team, der für den Wagenpark zuständig war, erkannte diese Gefahr nicht rechtzeitig. Zudem machte ihn Alkohol übermütig. Vorlaut widersprach er Omar Sharif in einer Diskussion. Der Disput wurde hitziger. Omar Sharif beendete diese Auseinandersetzung kurzerhand, indem er dem jungen Mann ohne Warnung eine volle Krimsektflasche auf den Kopf schlug. Der Produzent stürzte vom Nebentisch herbei und schrie, ohne zu wissen, worum es bei dem Streit der beiden ging, den am Boden liegenden Österreicher an: »You are fired!« Diese Kündigung wurde zwar später nach unserem lauten Protest wieder zurückgenommen, aber man ahnte, wie kalt und unbarmherzig die Produzenten dachten. Erfolg braucht keine Menschlichkeit. Der junge Mann musste schwer verletzt nach Wien ausgeflogen werden.

Sicher wäre es in einem anderen Land nicht zu solchen Spannungen gekommen. Wir lebten wie in einem Getto. Man hatte keine Möglichkeit, sich zurückzuziehen, und ging sich deshalb gegenseitig auf die Nerven. Überall lungerte das Sicherheitspersonal herum. Jeder fühlte sich beobachtet, kontrolliert, die Telefone wurden abgehört, und wenn ein russischer Dolmetscher mit einem sprach, hatte man immer das unangenehme Gefühl, ausgehorcht zu werden. Obwohl die russische Küche zwar fett, aber doch schmackhaft ist, war hier im Restaurant das Fleisch zäh und das Gemüse, fast immer Kraut und Kartoffeln, regelmäßig zerkocht.

Die Wände der Hotelzimmer waren hellhörig, man konnte keinen Pups lassen, ohne das Gefühl zu haben, dass der registriert wurde. Mein Zimmernachbar, der amerikanische Produzent, offensichtlich musikalisch gebildet, löste dieses Problem, indem er, wenn er mit der molligen russischen Dolmetscherin intim wurde, laut auf dem Tonband die Goldberg-Variationen von Johann Sebastian Bach abspielte. Ich vermutete, Artur Rubinstein sei der Interpret, war mir aber nicht ganz sicher. Immer wenn es im Nachbarzimmer klassisch wurde, wusste ich Bescheid. Eine sehr peinliche Situation blieb mir dann aber nicht erspart. Eines Morgens zog die russische Dolmetscherin mit all ihrem Gepäck aus dem Zimmer des Klassikliebhabers aus und verabschiedete sich von mir für zwei Wochen. Am selben Abend kam die Ehefrau des Produzenten aus Los Angeles zu Besuch. Ohne Hemmungen, vollkommen kaltblütig stellte er mich seiner sehr sympathischen Frau als seinen ruhigen Zimmernachbarn vor, der ihn nie in seinem tiefen Schlaf gestört habe. Eine Unverschämtheit, damit machte er mich zu seinem Komplizen. Aber was sollte ich tun? Ihn verraten? Ich hielt natürlich den Mund, doch aus Rache fragte ich ihn einmal im Beisein seiner Frau, ob der Pianist der Goldberg-Variationen, die ich so oft durch die dünnen Wände gehört hatte, Rubinstein sei. Mit einem Pokerface sagte er: »Nein, Horowitz«, und sah mir dabei warnend in die Augen. Die Goldberg-Variationen aber hörte ich, solange die Ehefrau auf Besuch war, nicht mehr.

Es wurde Winter in Russland, und es wurde kalt, sehr kalt. Bei einem Dreh nachts um drei Uhr kam es zwischen dem Regisseur Chomsky und Maximilian Schell zu einem lautstarken Streit. Es ging um folgende Szene: Peter der Große reitet mit seinen Vertrauten nachts in das brennende Moskau ein. Die Kameras waren aufgebaut, unzählige Filmscheinwerfer beleuchteten die Szene, das hölzerne Moskau, in vielen Wochen mühsam errichtet, von unserem Mann für Spezialeffekte, Charly Bum Bum, angezündet. Ein gespenstisches, großartiges Bild, von Vittorio Storaro meisterhaft ausgeleuchtet: die in der Dunkelheit brennende Stadt, umgeben von weißer Schneelandschaft. Die Schauspieler warteten auf ihren nervösen Pferden auf den Beginn der Szene. Alle waren schon müde von dem stundenlangen Warten und Proben. Die Maskenzeit eingerechnet, waren die meisten schon zwölf Stunden am Drehort. Die Kostüme waren schwer, die Pferde wurden immer unruhiger. Der Hintern tat allen weh von diesen altmodischen Sätteln. Hunderte Komparsen in russischen Kostümen standen oder lagen als Verwundete oder Tote im Schnee. Es war bitterkalt, und alle wollten nach Hause. Nun aber bestand Schell darauf, dass die im Schnee liegenden Komparsen zum Schutz gegen die Kälte Decken bekämen. Es war ein scheinbar edles Anliegen, aber ich hatte den starken Verdacht, dass Schell es auf einen Eklat ankommen lassen wollte. Je mehr er den Dreh verzögerte, desto länger mussten ja die Komparsen jämmerlich frieren, und nicht nur sie. Statt zu drehen, insistierte er immer beharrlicher, dass die russischen Komparsen Decken bekämen. Sein Wunsch ging allen auf die Nerven. Außerdem hatte mir Schell einmal, während wir beide geschminkt wurden, bewundernd von Marlon Brando erzählt, der sich, so das Gerücht, bei dem Film *Apocalypse Now* weigerte weiterzudrehen, wenn nicht die im Regen frierenden Komparsen mit warmen Decken versorgt würden. Ich glaube, er wollte es Brando gleichtun. Weltstars geben sich nun mal gerne so menschenfreundlich. Aber hier in Susdal, in diesem kommunistischen Land, wo nichts einfach zu besorgen, sondern alles schwierig war, hatte man keine Decken. Der Dreh zog sich unerträglich lange hin. Irgendwann in der Nacht verlor Chomsky die Geduld und brüllte Schell an: »Get on your fucking horse and say your fucking line and let's go fucking home.« (Dieser Satz wurde der meist zitierte in den nächsten Wochen.) Darauf hatte Schell offenbar nur gewartet. Er brüllte mit einer unglaublich lauten Stimme, die ihm, da er sonst immer sehr leise sprach, niemand zugetraut hätte, minutenlang den Regisseur an. Schaurig verhallte dieses wütende Geschrei in der eisigen russischen Weite. Das Echo machte es noch theatralischer. Alle am Set waren wie erstarrt. Ein Kampf der Alphatiere, ein faszinierendes Duell für alle Unbeteiligten. Schell auf einem prächtigen Schimmel, im Kostüm von Peter dem Großen, mit schwarzer Perücke, vor ihm der kleine, aber sehr herrische Regisseur Chomsky, fast lächerlich in seinem wärmenden Parker mit Kapuze. Man starrte sich an wie im Showdown eines Wildwestfilms. Hass in den Augen. Der Held und der Bösewicht. Danach war Grabesstille, und keiner der Beteiligten sagte ein Wort. Erschrocken, fast ängstlich starrten alle auf die Kontrahenten, und das hölzerne Moskau brannte leise knisternd vor sich hin. Danach ging alles ganz schnell. Es wurde zu Ende gedreht, und die Komparsen im Schnee bekamen keine Decken.

Von nun an herrschte Krieg zwischen den beiden. Der Regisseur sagte kein lobendes Wort zu den schauspielerischen Leistungen von Schell, sondern nur noch vollkommen unbeeindruckt nach jeder Szene: »O.k. Next.« Überhaupt war das Drehen bei dem Tempo, das Chomsky vorgab, reine Fließbandarbeit. Ich erinnere mich an eine Szene, die das deutlich macht. Im Drehbuch stand, dass Tolstoi und sein Freund, gespielt von Jeremy Kemp, mit einer Kutsche zu einer Verabredung eilen. Schon um acht Uhr war ich für diese eine Szene in der Maske um vierzig Jahre älter gemacht worden. Am Nachmittag um sechzehn Uhr wurden Jeremy und ich an den Drehort gerufen. Die Kutsche stand bereit. Wir wollten nun Regieanweisungen von Chomsky hören, zum Beispiel, in welchem seelischen Zustand wir beide in unseren Rollen sein sollten. Sorgenvoll oder erregt? Aber Chomsky sagte nur: »Los, auf die Kutsche.« »Aber, Marvin, wir wissen doch gar nicht...« Weiter kam ich nicht. »Shut up. I tell you.« Dann rief er: »Roll the Camera.« Ratlos saßen wir zwei mit unseren auf alt geschminkten faltigen Gesichtern auf dem Kutschbock. Was sollten wir spielen?

Chomskys Anweisungen: »Look at each other! Look back! Smile! Look at each other again! Smile! Look forward! Cut, print, move! Next.« Nach acht Stunden langen Wartens war der Drehtag für uns in fünf Minuten erledigt. Höchst unbefriedigend.

Die Stimmung von uns allen verschlechterte sich zusehends, und das nicht nur wegen des gehetzten Arbeitsklimas. In den USA hatte Larry Schiller einen Prozess auf Schadenersatz wegen seiner Kündigung in Millionenhöhe angestrengt. Man vermutete in unserer Produktionsfirma, dass Sympathisanten im Team ihm die neuesten Gerüchte und Stimmungen zutrügen. Schell war dabei der Hauptverdächtige. Jeder misstraute jedem, Gespräche verstummten, wenn man jemandem zufällig zu nahe kam, jeder vermutete im anderen einen Zuträger, und alle zusammen wurden wir beobachtet vom KGB.

Dann stand Weihnachten vor der Tür. Wir durften bis Mitte Januar nach Hause. Wie schön. Eigentlich wollte ich zum Fest Kaviar mitbringen, aber auf dem Flughafen wurde er mir am Zoll abgenommen. Man gab mir eine Quittung. Bei der nächsten Einreise würde ich ihn zurückbekommen. Das würde ich nachprüfen.

Die Tage über Weihnachten und Silvester mit Claudia und den Buben habe ich sehr genossen. Sie gingen viel zu schnell vorbei. Es war schön, wieder mal mit freundlichen, wohlwollenden Menschen zusammen zu sein. Sie taten der Seele gut. Nach vierzehn Tagen musste ich wieder über Wien nach Moskau. Den Kaviar bekam ich trotz Quittung nicht mehr. Er war unauffindbar. Wahrscheinlich hatten sowjetische Zöllner ihn sich schmecken lassen.

Nach gefühlten fünfzig Wochen zogen wir von Susdal nach Moskau um. Ende März sollte der Film beendet sein.

Alle waren froh, nach der langen Zeit am selben Ort endlich etwas Neues kennenzulernen. Unser Hotel war ein moderner, halbrunder Kasten mit dreißig Stockwerken, Hotel Kosmos, weit weg von der Innenstadt. Vom sechzehnten Stockwerk konnte ich auf den Platz der Kosmonauten mit seinem achtzig Meter hohen Raketendenkmal blicken. Die Zimmer waren nach westlichen Maßstäben modern eingerichtet, aber überhitzt. Hier durften nur Hotelgäste aus dem Westen wohnen. Einheimische wurden schon am Eingang von zwei uniformierten Wachtposten abgefangen und sofort verhört. Die Empfangshalle hatte die Größe einer Fußgängerzone in einer mittleren Kleinstadt, war aber meistens leer. Auf jeder Etage saßen dicke Frauen vor einem Pult und kontrollierten jeden Gast, der auf sein Zimmer ging. Hier war man noch mehr unter Beobachtung als in Susdal. Auch in unseren Zimmern waren wir sehr vorsichtig, weil wir überall versteckte Mikrofone vermuteten. Nachts standen manchmal hübsche Frauen vor der Tür und boten ihre Dienste an. Wieso kamen die so problemlos ins Hotel? Die vielen Restaurants im Hotel waren meistens leer. Die Kellner standen lustlos in Gruppen herum und weigerten sich, Gäste zu bedienen, die nicht einer Reisegruppe angehörten. »Njet« war das am häufigsten gebrauchte Wort. Falls man das Glück hatte, in einem dieser leeren Speiseräume doch bedient zu werden, bekam man eine zweiseitige Karte gereicht, mit endlos vielen Gerichten, konnte aber nur drei unterschiedliche Speisen bestellen. Meistens Chicken Kiew, ein panierter Fleischkloß, aus dem das Fett nur so spritzte. In Susdal konnte man an seinen freien Tagen wenigstens spazieren gehen, aber hier, weit entfernt vom Roten Platz, dem Zentrum der Stadt, in dieser trostlosen Leere, war man auf Taxis angewiesen. In der Innenstadt war es auch nicht besser. Es gab ja keine Cafés oder öffentlichen Restaurants. Die immer leeren Läden des berühmten Kaufhauses Gum verkauften bemalte Spanschachteln und gestickte Tischdecken. Mehr gab es nicht. Moskau war kalt und meistens grau. Dreckiger Schnee, beißender, schwarzer Rauch aus hohen Kaminschloten. Die breiten Straßen fast menschenleer. Wenige Autos, entweder Taxis oder diese schwarzen Limousinen der Nomenklatura, die mit hohem Tempo rücksichtslos über die vereisten Straßen jagten. Wenn sie auftauchten, musste man die Beine in die Hand nehmen. Wer Pech hatte, wurde beim Überqueren der Straße überfahren, ohne dass die Fahrer dieser Limousinen es für nötig hielten anzuhalten. Eine bedrückende, trostlose Atmosphäre. Ein riesiges graues Gebäude in der Innenstadt, sicher hundert Meter lang und zehn Stockwerke hoch, wurde im Volksmund »das Haus der tausend Augen« genannt, wegen seiner unzähligen dunklen, leeren Fenster, die drohend und warnend auf die Bevölkerung herabblickten. Es war der Hauptsitz des KGB. Hier in Moskau zeigte dieses repressive System sein ganzes paranoides Gesicht. Misstrauen überall. Als ich einmal am Flughafen zusammen mit einem russischen Kollegen auf den Wagen wartete, der uns zu den Mosfilm-Studios bringen sollte, wurden wir von zwei KGB-Leuten in ein Hinterzimmer geführt und dort eine ganze Stunde misstrauisch verhört. Ein Russe und ein Subjekt aus dem kapitalistischen Westen mit einer Kamera – Spione, was sonst? Einmal wurde der Dolmetscher unseres österreichischen Kochs verhaftet, als er für das Filmteam zwanzig Laib Brot kaufen wollte. Man vermutete Schwarzhandel. Erst nach Stunden und vielen Telefonaten wurde er freigelassen.

Nicht alle Fahrer, die uns mit ihren Ladas zum Drehen fuhren, durften mit dem Wagen in die Innenstadt. Dafür brauchten sie eine eigene Genehmigung. Das führte manchmal zu ärgerlichen Missverständnissen. Wenn man nach dem Drehen zurück ins Hotel wollte, saßen da fünf unbeschäftigte Chauffeure herum. Sie hatten keine Genehmigung, zum Hotel Kosmos zu fahren. Ähnlich hilflos fühlte man sich, wenn man ein Taxi benutzen wollte. Am Roten Platz standen viele herum. Aber nicht jeder Taxifahrer hatte Lust zu fahren. Mürrisch drehten sie die Fensterscheiben herunter, an die man mehrfach geklopft hatte, fragten gelangweilt nach dem Ziel, um dann ohne Erklärung mit einem deutlichen, definitiven »Njet« die Scheiben wieder hochzudrehen. Manchmal hatte man auch Glück, und ein Fahrer fuhr zum angegebenen Ziel, aber dann musste man ihn mit Dollar bezahlen oder ihm in den sogenannten Berjoska-Geschäften, in denen nur Ausländer einkaufen durften, eine Stange amerikanischer Zigaretten besorgen.

Die Dreharbeiten im Studio von Mosfilm verliefen routiniert. Der Regisseur hatte mit seinem Tempo die verlorenen Wochen aufgeholt, und alle waren sicher, dass der Film Ende März fertig würde und wir alle pünktlich nach Hause fliegen könnten. Dazwischen hatte ich aber die Möglichkeit, noch mal für eine Woche heimzufahren. Meine Familie fehlte mir, und ich freute mich sehr auf sie. Ich hatte nur noch ein paar Szenen mit Maximilian Schell zu drehen. Nur noch zwei Tage, dann war ich wieder zu Hause. Es sollte anders kommen.

Zunächst hieß es nur, Maximilian Schell sei krank und könne nicht drehen. Kein Grund zur Aufregung, in Russland bekam man schnell mal Grippe. Dann wurden eben andere Szenen vorgezogen. Aber man ließ mich nicht weg. Dann eben übermorgen. Kein Problem. Es waren ja nur ein paar kurze Szenen. Tage später war Schell immer noch krank und ich immer noch in Moskau. Was war los? Schulterzucken von allen. Seine russische Partnerin Natalja Andreitschenko kümmerte sich angeblich Tag und Nacht um ihn. Aber er war doch krank? Oder nicht? Schulterzucken und wissender Gesichtsausdruck von den verantwortlichen Produzenten. Wie auch immer, ich durfte nicht weg. Jeden Tag konnte Schell ja wieder zu drehen beginnen. Also bleiben und warten. »Wann kommst du?«, fragte meine Frau mich immer wieder am Telefon. Doch ich wusste es nicht, ich war an Maximilian Schell gekettet, und der war angeblich krank. Ärzte kamen und gingen. Der Leibarzt von Schell wurde aus München eingeflogen, Gerüchte schwirrten herum: Er sei krank, nein, er sei nicht krank, er wolle die Produktionsfirma bestrafen. Acht Tage waren schon vergangen. Wann kann ich denn nach Hause? Wenn Schell gesund wird. Aber wann? Schulterzucken. Vielleicht morgen oder übermorgen oder nächste Woche. Was ist mit seiner russischen Kollegin Natalja? Grinsen. Schulterzucken.

Plötzlich wurde Moskau in Aufregung versetzt. Am 10. März war der Generalsekretär der KPdSU, Konstantin Tschernenko, gestorben, ein düster dreinblickender, konservativer Apparatschik. Die Flaggen hingen auf halbmast. Die Innenstadt war gesperrt, und wir mussten einen großen Umweg zu unserem Filmstudio fahren. In dieser Zeit war die Regierung der Sowjetunion sehr nervös und ordnete höchste Alarmbereitschaft an. Überall Polizisten mit misstrauischen Blicken und Straßensperren. Wollte man Selbstmord begehen, musste man nur versuchen, diese zu durchbrechen. Am 12. März war die Beerdigung, und ein im Westen völlig unbekannter Mann namens Gorbatschow sollte der neue Generalsekretär werden. Man war neugierig, was er für eine politische Linie hatte. War er für oder gegen den Westen? Man war hoffnungsvoll. Vielleicht beendete er den Kalten Krieg. Schell auf jeden Fall schickte ihm ein Glückwunschtelegramm als Peter der Große. Von Kollege zu Kollege sozusagen.

Übrigens waren nun inzwischen alle in der Produktion und auch in Hollywood in heller Aufregung. Schell weigerte sich, nach Ende seines Vertrags, also Ende März, weiterzudrehen. Er wollte im April eine Oper in Berlin inszenieren. Alle waren entsetzt. Waren wir doch nur wegen seiner zehntägigen Krankheit mit den Dreharbeiten im Rückstand. Man flehte, man bettelte, man drohte mit Konventionalstrafen in Millionenhöhe; die amerikanischen Staranwälte von NBC und von Schell tauschten Briefe aus. Doch sie kamen zu keiner Einigung. Man wollte ihn von der Oper loskaufen, man bot ihm Geld, aber Schell blieb hart. Er werde nach seinem Vertragsende nicht mehr weiterdrehen, er wolle die Oper machen. Neues Angebot. Nach der Oper in sechs Wochen, Mitte Mai? Nur noch sechs Drehtage? Schell sagte Nein.

Ich bewunderte die Stärke und Unerbittlichkeit von Schell. Dagegen war meine Widerborstigkeit geradezu kindlich. Was musste der für Nerven haben. Alle, aber wirklich alle waren gegen ihn. Keiner verstand seine Motive. Es ging ja nicht nur um Geld, sondern auch um die Machtstrukturen im Filmbusiness. Durfte man sich von einem Schauspieler erpressen lassen? Man drohte mit Millionenstrafen. Aber Schell meinte nur, so viel Geld habe er gar nicht. In den USA versteht man vieles, aber dass man auf Millionen Dollar gleichgültig reagiert, überstieg die Vorstellungskraft. Man zweifelte an seinem Verstand. Angeblich wollte er auch noch heiraten. Eine Russin! Ausgerechnet Schell, der hartnäckige Verweigerer der Ehe! Jetzt, mit fast dreiundfünfzig Jahren hatte es ihn doch erwischt. Hatte ihm die Liebe seinen Verstand vernebelt? Wie sollte es weitergehen? Meine Claudia war nach Moskau gekommen, und nur meine Buben fehlten mir noch zu meinem vollständigen Glück. In dieser verrückten, aufgeheizten, von tausend Gerüchten schwirrenden Atmosphäre war sie mit ihrem Lachen und ihrer Unbekümmertheit wie ein kühles Tuch auf die schmerzende Stirn. Endlich ein normaler Mensch. Ich hatte ein paar Tage frei, und wir wollten nach Leningrad, das heute wieder Sankt Petersburg heißt. Aber eine solche Reise war zu dieser Zeit in der Sowjetunion ein größeres Problem. Schon Tage vorher mussten wir unsere Pässe im staatlichen Reisebüro in der Hotellobby abgeben. Wir brauchten ein spezielles Visum. Keine eigene individuelle Reiseplanung war erlaubt. Auch das Hotel wurde uns vorgeschrieben. Am Bahnhof in Leningrad wurden wir von drei unfreundlichen Männern abgeholt und mit einer Limousine in einem einsamen, leeren Hotel außerhalb der Stadt an der Ostsee abgeliefert. Wir waren hungrig, aber obwohl die Speisesäle des Hotels gähnend leer waren, wurden wir von den lustlos herumstehenden Kellnern nicht bedient. »Njet gruppa«, war die ständige Antwort. Vor lauter Hunger verlor ich nach geraumer Zeit die Nerven und brüllte wie ein deutscher Feldwebel auf dem Kasernenhof die verblüfften Kellner an. Claudia wollte vor Scham in den Boden versinken und befürchtete, wir würden auf der Stelle verhaftet. Aber nein. Die Kellner wurden augenblicklich freundlich, führten uns zu einem Tisch und bedienten uns mit besonderer Aufmerksamkeit. Mein Verhalten hatte Erfolg, ist aber nicht immer empfehlenswert.

Stunden später wurden wir beim Besuch dieser prächtigen Stadt mit ihren über tausend Palästen mehr als entschädigt. Am Abend besuchten meine Frau und ich ein Klavierkonzert. Die Stadt war kaum beleuchtet. Es war Winter und bitterkalt. Der Atem des Auditoriums stieg wie Rauch nach oben. Die Besucher saßen mit Mänteln, Pelzmützen und Handschuhen in einem prunkvollen, unbeheizten Saal. Er war ausverkauft. Selbst kleine Kinder, warm mit Schals eingepackt und mit roten Wangen, lauschten ganz konzentriert auf dem Schoß ihrer Eltern der Musik. Der Pianist hatte gegen die Kälte dünne schwarze Handschuhe an, die die Finger frei ließen. Sein Name war uns nicht bekannt, aber das wollte nichts heißen. Es gab so viele wunderbare Künstler in Russland, von denen wir im Westen keine Ahnung hatten. Es war ein ganz besonderer, ein magischer Abend, der uns Zuhörern ein Gemeinschaftsgefühl, ähnlich einem Gottesdienst, vermittelte und der uns vor Augen geführt hat, wie großartig sich Kultur und Bescheidenheit verbinden. Im Bus zurück zum Hotel durch die menschenleere, verschneite Stadt fühlten wir uns wie in einen Roman von Tolstoi von vor hundert Jahren zurückversetzt.

Zurück im Hotel Kosmos in Moskau, war es wieder der ganz normale Wahnsinn. Es ging um Schell und Natalja Andreitschenko. Die Gerüchteküche brodelte, wie man so sagt. Im Filmstudio von Mosfilm standen Grüppchen herum und flüsterten sich wie Geheimagenten die neuesten Nachrichten zu. Schell weigerte sich noch immer, die durch seine Krankheit verlorenen Drehtage nachzuholen. Warum machte er das? Wollte er Larry Schiller rächen? Wie auch immer, noch zwei Tage bis zum Vertragsende. Schell blieb unnachgiebig. Am 31. März sollten alle Schauspieler und das gesamte Team nach Hause geschickt werden. Nun war ich schon so lange in Russland und hatte so viel erlebt, dass es mir sehr wichtig war, eine Erinnerung an diese Zeit mit nach Hause zu nehmen. Es sollten nicht nur die üblichen Souvenirs sein.

Ein *Spiegel*-Journalist, den ich schon von einer Begegnung in Susdal her kannte und der über unsere Dreharbeiten berichtet hatte, bat mich und meine Frau und, wenn möglich, noch andere Schauspieler, mit ihm zusammen einen Maler zu besuchen, der in der Sowjetunion nicht mehr ausstellen durfte und deshalb in finanzieller Not war. Sein Name: Boris Birger. Er war ein besonderer Freund von Heinrich Böll. Eingequetscht in einem alten Mercedes saßen Hanna Schygulla, Elke Sommer, Helmut Griem und ich, mit meiner Frau auf dem Schoß, und fuhren mit dem Journalisten zu einer Vorstadtsiedlung am Rande Moskaus. Trostlose dunkelgraue dreistöckige Mietskasernen, schon etwas marode, armselige Parkanlagen mit vereinzelten verdorrten Büschen, ein tief hängender grauer Himmel, schmutziger Schnee, verrostete Autos am Straßenrand, menschenleer – es war eine deprimierende Welt, als wir endlich nach einer Dreiviertelstunde Fahrt den Wagen parkten. Hier sollte der Maler sein Atelier haben.

Durch ein verschmutztes Treppenhaus, von dessen Wänden die braune Ölfarbe abblätterte und in dem der Geruch von Kraut und gekochten Kartoffeln hing, stiegen wir hinauf in den dritten Stock. Ein zwanzig Meter langer Gang, vollgestellt mit Fahrrädern, Abfall und Kisten. Am Ende wartete ein kleiner Mann mit Glatze und winkte uns zu, Boris Birger, der Künstler. Hier war also sein Atelier, am Ende der Welt. Das Atelier war vielleicht zwanzig Quadratmeter groß, mit schrägem Dachfenster. Der Raum voll mit Bildern. Auf einem wackligen dreibeinigen Tischchen hatte Birger für uns alle Tee und Brote vorbereitet. Rührend. Man begrüßte sich. Er sprach sehr gut Deutsch und erzählte uns von seinem Freund Heinrich Böll, der schon öfter hier an diesem Tischchen gesessen war. Nach dem üblichen Geplauder zeigte uns Birger seine Ölbilder. Wieder spürte ich diese faszinierende Mischung von Kunst und Bescheidenheit. Dieser kleine armselige Raum und dann diese Bilder, die von Freiheit, Weite und Sehnsucht handelten. Allerdings verstanden wir nicht, warum ihm verboten wurde, sie auszustellen. Für uns waren es unpolitische, konventionelle Themen. Ein Fluss in einsamer Landschaft, ein Stuhl an einem leeren Fenster, Selbstporträts. Helmut Griem und ich entschieden uns für jeweils zwei Ölgemälde. Was sollten sie kosten? Birger hielt seinen Finger vor die Lippen. Nicht sprechen. Er deutete im Atelier herum und gab uns zu verstehen, dass überall Mikrofone versteckt waren. Anscheinend wurde er abgehört. Hatte er einen Verfolgungswahn? Wer sollte ihn abhören? Wir schmunzelten. Er war doch sicher nicht gefährlich. Die Preise der jeweiligen Bilder schrieb er mit Kreide auf eine Tafel. Er kannte seinen Wert. Nun fand die ganze Verhandlung pantomimisch statt. Eine lustige Vorstellung. Sieben Menschen in einem winzigen Raum, die nur mit Gesten sprachen. Energisches Kopfschütteln: »Nein, danke!« Langsam mit dem Kopf wiegen: »Dieses Bild lieber nicht!« Daumen nach oben und lachen: »O.k. Gekauft.« Die Bilder sollten wir später vor unserer Abreise in seiner Moskauer Wohnung abholen.

Die letzten Tage der Dreharbeiten standen bevor. Claudia war wieder zu Hause bei unseren Söhnen, und ich würde auch bald nachkommen, das hatte ich versprochen. Nun musste ich noch die Bilder von Birger abholen. Wir telefonierten, sehr konspirativ. Ja, ich würde um sechzehn Uhr zum Tee kommen. Ja, ich würde die Blumen mitbringen.

Gemeint waren natürlich die Rubel für das Honorar. Dollar waren ihm zu verräterisch. Vorher musste ich noch die Dollar auf dem Schwarzmarkt in Rubel umtauschen. Das war strengstens verboten. Ein Devisendelikt. Ich dachte an das Haus mit den tausend Augen. Offiziell wurde für einen Dollar ein Rubel eingetauscht, auf dem Schwarzmarkt war der Tauschkurs jedoch eins zu drei. Mit einem russischen Dolmetscher der Produktion, von dem man wusste, dass er Devisen tauschte, hatte ich mich schon Tage vorher leise abgesprochen. Viertausend Rubel waren nicht so leicht zu besorgen, aber er schaffte es. In einer Drehpause zwinkerten wir uns zu. Beim Pinkeln im Männerklo fand dann ganz geheimnisvoll die Transaktion statt. Wie Geheimagenten in einem Spionagefilm. Nach Drehschluss fuhr ich mit dem Taxi zu der Adresse, die mir Birger angegeben hatte. Dritter Stock in einem Mietshaus. Birger öffnete die Türe nur einen Spalt. Ob man mich verfolgt habe? Nein, natürlich nicht. Zur Sicherheit schaute er noch mal vorsichtig aus dem Fenster. Dann zog er die Vorhänge zu. Jetzt erst stellte er mich seiner netten Frau und seiner zehnjährigen Tochter vor. Es gab Tee und Kuchen. Für seine Tochter hatte ich mir von Claudia über eine Kollegin eine Barbie-Puppe schicken lassen. Das kleine Mädchen war vor Glück überwältigt. Nun also zum Geschäftlichen. Birger deutete stumm auf eine Tür. Es war die Toilette. Schon wieder ein Klo. Offensichtlich der einzige Ort in ganz Moskau, wo man unbeobachtet war. Immer wieder zog er an der Wasserspülung. Sollte uns jemand vom KGB abgehört haben, wäre er ins Grübeln gekommen. Birger übergab mir die Bilder eingerollt in Zeitungspapier. Seine dringende Mahnung: Sollten am Zoll die Bilder entdeckt werden, dann dürfe ich auf keinen Fall seinen Namen nennen. Wieder diese panische

Angst. Vor Tagen diese stumme Pantomimenverhandlung in seinem Atelier, und jetzt saß ich auf einer Klobrille mitten in Moskau, und wir benahmen uns, als ob wir einen Militärputsch planen würden. Das alles wegen zweier harmloser Ölgemälde. Es zeigte mir aber auch, wie glücklich wir uns im freien Westen fühlen durften und wie dieses diktatorische, misstrauische, unterdrückende Regime, dieser Überwachungsstaat die Menschen zu ängstlichen, eingeschüchterten Bürgern machte.

Zurück im Hotel, wurde ich aber auch nervös. Wie sollte ich diese beiden Bilderrollen, jede ungefähr achtzig Zentimeter lang, durch die Sicherheitskontrolle bringen? Sie passten in keinen Koffer. Sie ans Bein binden und dann wie mit einem Holzbein durch den Zoll hinken? Keine schlechte Idee, aber zwei Rollen passten nicht ins Hosenbein, also müsste ich eine davon an mein anderes Bein schnallen, aber dann würde ich mich wie ein Roboter bewegen, das würde auffallen. Ich entschied mich für eine andere, scheinbar einfache Lösung. Mit einem Gürtel schnallte ich die beiden Rollen längs auf meinen Rücken und warf dann lässig meinen dicken, wattierten Steppmantel über die Schulter wie einen Umhang. Es war ja Winter. Das sah ganz unauffällig aus, der voluminöse Mantel verbarg die Rollen, aber diese steifen Dinger im Rücken verlangten einen sehr aufrechten Gang, und ich durfte mich auf gar keinen Fall bücken, sonst würden die beiden Rollen wie starre Rohre aus meiner Rückseite herausragen. Ich übte dieses königliche Schreiten mit durchgedrücktem Rücken und übergeworfenem Mantel mehrmals vor dem Spiegel und hoffte, dass ich damit durch den Zoll käme. Der Tag der Prüfung kam heran. Es war Ende März 1985. Die Dreharbeiten waren bis auf Weiteres verschoben, und wir wurden alle nach Hause geschickt.

Man werde sich wieder melden, wenn eine Entscheidung gefallen war. Man solle sich aber bereithalten.

Am Flughafen Scheremetjewo, an dem an jeder Ecke Polizisten und Militär misstrauisch die Reisenden beäugten, wurde ich doch sehr unruhig. Was würde mir passieren, wenn sie mich am Zoll oder an der Sicherheitskontrolle durchleuchten würden? Würde man mich verhaften? Einsperren? In das »Haus der tausend Augen« bringen? Ich fühlte mich an den Film *Midnight Express* von Alan Parker erinnert, in dem ein amerikanischer Student Haschisch durch den türkischen Zoll schmuggeln will. Der Herzschlag des Hauptdarstellers wurde bei Beginn des Films laut und immer lauter und schneller, je näher er dem Zoll kam. Als ihn der durchdringende Blick des Zöllners prüfte, dröhnte sein Herz unüberhörbar wie Paukenschläge. Mir ging es nun ähnlich. In diesem System fühlte man sich immer schuldig. Ich stand vor den prüfenden Blicken des Uniformierten, mein Herz schlug mir, jetzt verstand ich diesen Vergleich, bis zum Hals. Würde ich einer strengen Befragung des KGB standhalten, würde ich zugeben, die Bilder von einem verbotenen Maler gekauft zu haben? Ich dachte an die Arbeitslager in Sibirien. Würde ich meine Familie wiedersehen? Meine liebe Claudia, meine Buben. Der Zöllner schaute lange in meinen Pass, starrte dann mich mit regungsloser Miene an. Jetzt nur nicht die Nerven verlieren und ihn bloß nicht anlächeln oder gar zu reden beginnen. Ich starrte genauso regungslos zurück. Er starrte weiter, lange Sekunden, ein Augenduell, wie früher im Kindergarten: Wer lacht zuerst? Zwei russische Zöllneraugen starrten in zwei deutsche Schauspieleraugen Und dann? Er winkte mich durch! Ja, er winkte mich durch. Felsen der Erleichterung fielen von mir ab. Es gibt manchmal Situationen im Leben, da ist es gut, Schauspieler zu sein. Fast wäre ich aber doch noch aufgefallen durch ein kleines Missgeschick. Vor mir, kurz hinter der Sicherheitskontrolle, schob eine sehr vornehme ältere Dame im Nerzmantel mit mehreren edlen Koffern der Marke Louis Vuitton ihren Gepäckwagen zum Checkin. Der Trolly kippte um, und die Koffer lagen am Boden. Sofort eilte ich hilfsbereit hinzu. Sie lächelte entschuldigend und dankte mir für meine freundliche Hilfe. Das war etwas voreilig. Denn beim Bücken nach den Koffern merkte ich, wie meine Bilderrollen am Rücken scharf nach hinten ausschlugen und meinen Mantel deutlich auswölbten, und das vor den wachsamen Augen der Zöllner. Erschrocken richtete ich mich wieder auf und trat den Rückzug an. Mit hohen Schritten, wie ein Gockel, stolzierte ich majestätisch, mit arrogantem, durchgedrücktem Rücken, vorsichtig und ungerührt über das verstreute Gepäck hinweg. Die vornehme Dame starrte mir nach, sie war fassungslos. Was für ein Flegel. Später im Flugzeug nach Wien saß sie eine Reihe von mir entfernt Sie würdigte mich keines Blickes. Aber ich wollte es ihr auch da nicht erklären. Vielleicht verzeiht sie mir, wenn sie diese Geschichte lesen sollte.

Dreißig Jahre später hängen die Bilder in unserem Haus ganz harmlos an der Wand. Niemand würde vermuten, wie viel Nerven und Angst sie Boris Birger und mich gekostet haben.

Der Frühling mit meiner Familie war wunderbar. Es war Mitte Mai, und die Obstbäume blühten in unserem Garten. Claudia spielte auf ihrem neuen weißen Flügel, den wir zum Trost für die lange Zeit in Russland gekauft hatten. Die Buben waren fröhlich, sie bekamen ein Gartenhäuschen, es war heiß wie im Hochsommer, und die mühsamen

Tage von Moskau hatte ich fast vergessen. Da kam ein Anruf meiner Agentin Frau Baumbauer. »Sie müssen wieder zurück nach Moskau, der Vierteiler wird zu Ende gedreht.« Hatte sich Maximilian Schell doch entschlossen weiterzumachen? »Nein, er dreht nicht.« Nun war ich aber neugierig, was für eine Lösung gefunden wurde.

Am ersten Drehtag im Thronsaal in den Studios von Mosfilm warteten wir, die engsten Vertrauten von Peter dem Großen, Hanna Schygulla, Helmut Griem, Omar Sharif, Vanessa Redgrave, Lilli Palmer und ich, in Kostüm und Maske auf den neuen Zaren. Wir waren sehr gespannt. Ein vollkommen unbekannter Schauspieler aus England war nach langem Suchen ausgewählt worden. Nach einer halben Stunde trat er auf. Im Halbdunkel sah er aus wie Schell, im vollen Licht erkannte man aber doch, dass er ein völlig fremder Mann war. Man löste dieses Problem sehr geschickt durch die Beleuchtung. Deshalb sollte man sich als Zuschauer des Fernsehfilms nicht wundern, wenn Peter der Große, selbst bei wichtigen Szenen, sinnierend aus dem Fenster starrt oder, nur von schummrigem Kerzenlicht beleuchtet, seinen Untertanen Anweisungen gibt.

So absurd endete nach fast elf Monaten das große Abenteuer des Vierteilers *Peter der Große* in Russland. Der Film wurde 1986 in den USA mit dem Emmy Award für die beste Fernsehserie geehrt und in der ARD zu Weihnachten mit großem Erfolg gesendet. Keinem fiel auf, dass viele Szenen mit einem Double gedreht waren. So austauschbar sind wir Schauspieler. Den Preis nahmen die beiden Erzfeinde Marvin Chomsky und Larry Schiller gemeinsam entgegen. Aber auch Maximilian Schell war glücklich, hatte ihm doch dieses Russlandabenteuer seine spätere Ehefrau Natalja Andreitschenko beschert.

Nach diesen anstrengenden Monaten mit den Dreharbeiten zu *Peter der Große* war unser Leben auf dem Land wie eine Befreiung. Die düstere Drehzeit in Moskau mit ihren Intrigen und Eitelkeiten war zwar nicht ganz vergessen, aber der Sommer hier im Chiemgau war die reinste Erholung. Wir trafen uns mit Freunden in den Biergärten der Umgebung, wanderten mit der gesamten Familie auf die Berge und fuhren mit unserem kleinen Segelboot auf dem nahen Simssee herum. Eine Ferienidylle wie für den bayerischen Tourismusverband gemacht. Die Söhne, inzwischen zehn und acht Jahre alt, waren glücklich, dass sie endlich ihren Papa wiederhatten, und ich genoss ihre Fröhlichkeit und Unbekümmertheit. Es war herrlich.

So konnte es weitergehen. Neue Fernsehfilme wurden angeboten, aber noch war ich nicht bereit, diese unbeschwerte Zeit mit der Familie aufzugeben. Wir hatten viel nachzuholen.

Aber nach zwei Monaten Erholung kamen doch zwei Angebote, die mich neugierig machten. Eine sechsteilige Serie über den bezaubernden Circus Roncalli. Ich sollte den Zirkusdirektor spielen. Die Drehbücher waren witzig, und ich freute mich darauf, hinter die Kulissen dieses berühmten Zirkus schauen zu dürfen. Daher sagte ich zu. Die Drehorte waren Hamburg und Köln. Von dort aus konnte man leichter nach Hause fliegen als von der Sowjetunion. Dann jedoch kam noch eine Anfrage. *War and Remembrance*, eine amerikanische Serie. Ging das überhaupt zeitlich? Ja, man würde diese beiden Filme zeitlich gut verbinden können. Die Amerikaner drehten Ende Januar, *Roncalli* begann Mitte März.

War and Remembrance und *Roncalli*

»Come in«, sagte eine Männerstimme auf mein Klopfen an einer Hoteltür des Bayerischen Hofs. Man hatte mich zum Casting bestellt. Mit einem gespannten und neugierigen Gefühl, wie immer bei internationalen Castings, trat ich ein. Vor mir saßen zwei Frauen und drei Männer mit dem Rücken zu mir und starrten auf den Bildschirm eines Fernsehgeräts. Eine merkwürdige Begrüßung. War das Programm im Fernseher so wichtig? War ich so unbedeutend? Dann erkannte ich mich selbst auf dem Bildschirm. Was für eine Szene aus meinen Filmen schauten sie denn an? Erst jetzt bemerkte ich, dass eine Kamera im Zimmer auf mich gerichtet war und dass sie mich schon bei meinem Eintritt am Bildschirm beobachteten. Eigentlich eine Unverschämtheit, jemanden so unvorbereitet aufzunehmen.

Frau Baumbauer, meine Agentin, hatte mir mitgeteilt, dass die Amerikaner im Lande seien und für die riesige zwölfteilige Serie *War and Remembrance* (in Deutschland hieß die Serie *Feuersturm und Asche*) deutsche Schauspieler besetzten. Die Serie hatte sich die Mammutaufgabe gestellt, über viele Folgen den gesamten Zweiten Weltkrieg in allen Erdteilen aufzuarbeiten. Also auch den Überfall auf Pearl Harbor und die Kämpfe gegen Japan und so weiter. Die Drehzeit betrug fast vier Jahre. Die Stars waren Robert

Mitchum, Jane Seymour und Sharon Stone. Natürlich ging es in diesem Fall wieder um Auschwitz. Für andere Rollen waren wir Deutsche nicht vorgesehen. Diese Folgen sollten im Januar 1986 in Auschwitz, dann in Zagreb bei Jadran Film, wo ich schon *Sophies Entscheidung* gedreht hatte, und im April noch mal in Auschwitz gedreht werden. Der Regisseur Dan Curtis, ein typischer Amerikaner aus Los Angeles, blondiertes Haar, Goldkettchen auf der Brust und am Handgelenk, Füße auf einem Hocker, lässig die Arme hinter seinem Kopf verschränkt, beobachtete mich gleichgültig. Auch die anderen starrten mich abschätzend an: Können wir den brauchen oder nicht? Sie hatten sich mir nicht einmal vorgestellt. Solche Momente hasste ich, sie waren so würdelos. Ich kam mir immer vor wie beim Pferdekauf, und ich war das Pferd. Wollten sie mir vielleicht noch in den Mund schauen? Ich hatte gute Lust, mich umzudrehen und das Zimmer zu verlassen, aber dann wollte ich diesen arroganten Typen zeigen, dass sie nicht einen dankbaren Bittsteller vor sich hatten, sondern einen selbstbewussten Schauspieler, der sich die Rollen aussucht. Frau Baumbauer, diese großartige Agentin, hatte mich schon vorbereitet. Sie kannte das Drehbuch. »Es gibt nur eine Rolle, die interessant ist, das ist die Rolle Rudolf Höß, alle anderen kommen für Sie nicht infrage.« »Aber den Höß wollte ich doch nie mehr spielen.« »Haben Sie nicht vor einiger Zeit ein Haus gebaut mit ihrer Familie?« »Doch!« »Na also«, meinte sie.

Man gab mir ein Drehbuch und bat mich, daraus vorzulesen. Es war nicht die Rolle Rudolf Höß. Warum nicht Rudolf Höß? Man wollte nicht wieder denselben Schauspieler von *Sophies Entscheidung* für diese Rolle nehmen, das wäre fantasielos. »Gut«, sagte ich, »damit ist das Casting für mich beendet.« Ich würde nur Höß spielen. Man war baff. So ein Verhalten war für die Amerikaner überraschend. Wollte nicht jeder deutsche Schauspieler in einem amerikanischen Film spielen, träumte nicht jeder von Hollywood. Sie zuckten mit den Schultern, dann eben nicht, auch gut. So dachte ich auch.

Schließlich entschieden die Amerikaner sich doch, mir die Rolle des Rudolf Höß zu geben. Ein kleiner Triumph, dachte ich. Ich saß in einem grauen Hotel in Kattowitz. In einer Stunde würde man mich abholen nach Auschwitz, das fünfunddreißig Kilometer von hier entfernt war. Auschwitz. Gibt es ein schrecklicheres Wort?

Diesen Rudolf Höß hatte ich ja schon mal gespielt. Deshalb dachte ich, es wäre zwar keine angenehme, aber eine nicht allzu schwierige Aufgabe. Doch ich hatte mich getäuscht. Hier am Originalschauplatz war es fast unerträglich, Höß zu sein. Hätte ich nicht ablehnen sollen? Durfte man diese Figur überhaupt spielen? Als Deutscher?

In der Nähe des Todeslagers von Birkenau, unweit von Auschwitz, wo alle Wohnwagen der Schauspieler und die Garderobenwagen geparkt waren, wurden mir im Maskenmobil die Haare soldatisch kurz geschnitten. Ich fühlte mich schrecklich. Im Garderobenwagen musste ich diese arrogante, einschüchternde SS-Uniform mit Totenkopfemblem und blank geputzten Schaftstiefeln anprobieren. Sie war mir verhasst. Mit mir, im selben engen Raum, wurden die Schauspieler, die die jüdischen Gefangenen darstellten, in ihre gestreiften Sträflingsanzüge mit dem gelben Judenstern eingekleidet. Ihre Haare waren komplett abrasiert. Man begrüßte sich höflich mit Handschlag, und jeder stellte sich mit seiner Rolle vor: »Günther Halmer, ich spiele Rudolf Höß! Und Sie spielen Daniel Rosenthal?« Wieder dieses peinliche Gefühl. »Wir drehen morgen zusammen. Ja, ich bin Deutscher, Westdeutscher natürlich, und Sie? Ach ja, Sie sind Jude.« Schweigen.

Der erste Drehtag in Auschwitz stand an. Mein Kopf schmerzte, weil ich am Abend aus Angst vor dieser Rolle zu viel getrunken hatte. Wenn ich ehrlich bin, hatte ich das Drehbuch vorher gar nicht so genau gelesen, und als ich den Vertrag vor Wochen unterschrieb, war mir nicht bewusst, wie viele schmerzhafte Gewissensbisse mir diese Rolle bereiten würde. Hier spielte ich ja nicht nur den Charakter Höß in seinem Büro wie in *Sophies Entscheidung*, sondern hier wurden seine Verbrechen mit brutaler Deutlichkeit gezeigt.

Wir mussten durch dieses berüchtigte Tor mit der zynischen Überschrift »Arbeit macht frei«. Ein weltweites Symbol der Hölle. Ich durfte mir nicht vorstellen, wie viele hoffnungslose und verzweifelte Menschen durch dieses Tor schon gegangen waren und diese Zeile gelesen hatten. Nun ging ich, der zu dieser Zeit – 1943 – gerade geboren war, darunter hinweg und versuchte als deutscher Schauspieler, an dieses furchtbare Elend zu erinnern. Immer wieder wurde mir das Schizophrene dieser Situation bewusst.

Wir drehten in den Originalräumen von Höß die folgende Szene: Höß schaut aus dem Fenster und lässt sich von einem untergebenen Offizier die Wirkung von Zyklon B erklären. Unterhalb seines Fensters marschieren zeitgleich in Dreierreihen Hunderte von Sträflingen, angeführt von brüllenden Wachsoldaten mit hechelnden Schäferhunden.

Die erste Szene wurde eingerichtet. Das Zimmer war voll mit Technikern, Beleuchtern, Maske, Kameramann, Assistent, Regieassistent, Aufnahmeleiter, Toningenieur und so weiter. Jeder war beschäftigt, da bat Dan Curtis, der Regisseur, um einen Moment der Besinnung. Die Arbeiten wurden eingestellt, es wurde ruhig. Wir falteten die Hände. Dann betete Curtis laut und inbrünstig wie ein amerikanischer Prediger im Fernsehen: »Herr im Himmel, erbarme dich all der Millionen gequälter Seelen, der hier an diesem Ort Ermordeten und Geschundenen, von einem brutalen, menschenverachtenden System Gefolterten, Vergasten und führe sie in dein Reich zu ewigem Glück und Frieden. Wir bitten dich, erhöre uns.« Kurze Pause.

Wieder diese furchtbare Scham. Hier stand ich, als einziger Deutscher, im Originalbüro von Höß, mit einer Uniform, wie er sie getragen hatte, und betete knapp einundvierzig Jahre nach Kriegsende für die vielen Toten, für die er verantwortlich war. Fünfzig Meter von hier befand sich die Stelle, wo er gehängt wurde. Was für eine unwirkliche Welt. Der Regisseur betete weiter: »Großer, gütiger Gott, heute beginnen wir unsere neue Serie *War and Remembrance*. Hab Erbarmen mit uns irrenden, schwachen Menschen, gib uns Erleuchtung und Talent und mach, dass diese Serie, auf die wir all unsere Hoffnung setzen, ein großer Erfolg wird. Wir bitten dich, erhöre uns!« Wir bekreuzigten uns. Amen!

Ich setzte meine Uniformmütze mit dem Totenkopf wieder auf und begann mit dem Text meiner ersten Szene: »Tell me, how Cyclon B works.«

Die nächsten Drehtage waren für meine Psyche verheerend. Es war eisig, die dunkelgrauen Wolken hingen tief. Überall schmutziger Schnee, um den Ruß der Verbrennungsöfen nachzuahmen, und immer nur dieselben Szenen voller Grausamkeit. Höß fährt mit einem Chauffeur auf Inspektion durch Birkenau. Überall wurden verhungerte Leichen von Sträflingen auf Lastwagen geladen oder auf übervollen Schubkarren zu den Verbrennungsöfen gefahren.

Die Hölle. Mir war schlecht. Schuldgefühle. Ich hätte die Rolle nicht annehmen sollen. In der Mittagspause saßen wir in Birkenau in Baracken, die originalgetreu auf den Grundmauern der früheren Gefangenenbaracken von den Filmarchitekten aufgebaut wurden. Es sah exakt aus wie 1943, in meinem Geburtsjahr.

Gemeinsam mit meinen jüdischen und polnischen Kollegen, sie in gestreiften Sträflingsanzügen, ich in meiner SS-Uniform, saßen wir an langen Tischen beim Essen. Chaim Topol, ein berühmter israelischer Schauspieler (er spielte unter anderem den Milchmann Tewje in *Anatevka*, jeder kennt das fröhliche Lied: »Wenn ich einmal reich wär«), hatte in Auschwitz seine ganze Familie verloren. Nun saß er dem deutschen Schauspieler gegenüber, der das Monster Höß darstellte. Er gehörte zum Volk der Opfer und ich zum Volk der Mörder. Wir sprachen kaum miteinander. Trotzdem behielt man die Form und fragte höflich: »Soll ich Ihnen noch eine Tasse Kaffee vom Tresen mitbringen, oder ein Stück Kuchen?« Wenn ich mich recht erinnere, wollte er keinen Kaffee. Weil er keinen mochte oder weil ich ein Deutscher war? Ständige Zweifel bei mir. Diese unsägliche, furchtbare Atmosphäre von Todesangst und Unterdrückung, Erniedrigung und Brutalität war in diesen Baracken noch überall zu spüren und machte alle im Team ernst und depressiv. Wir spürten den Hauch des Todes und der Verzweiflung in der Luft. Nein, ich hätte die Rolle nicht annehmen sollen. Aber bald durfte ich nach Hause, Gott sei Dank.

Erst Anfang März ging es für mich in Zagreb weiter. Da saß ich dann am 7. März 1986 wieder im Hotel Intercontinental. Die Amerikaner drehten hier gerne ihre Kriegsfilme, weil die Dreharbeiten viel billiger waren als in Deutschland. Jadran Film hatte diese Marktlücke entdeckt und sich auf die Nazizeit mit Kostümen, Bauwerken, Panzern und Möbeln aus jener Zeit spezialisiert. Ich sollte nur zwei Tage in Zagreb bleiben.

Hier im Hotel Intercontinental war alles so vertraut, als wäre *Sophies Entscheidung* erst gestern gedreht worden. Ich hatte dasselbe Zimmer wie 1981 mit demselben Ausblick auf die Stadt. Und die Rolle war auch dieselbe. Sogar der Produzent von Jadran Film war derselbe, Branko Lustig. Diesmal musste er mir nicht mehr seine Nummer vom Konzentrationslager auf seinem Unterarm zeigen, ich kannte sie. Nach fünf Jahren war ich wieder im Hotel Intercontinental als Rudolf Höß. Die Zeit schien stehen geblieben zu sein.

Am nächsten Morgen stand ich in meiner verhassten Uniform im Obstgarten, um mich herum Hunderte von nackten Menschen, Frauen und Männer, mit geschorenen Köpfen.

Die Filmlampen und die Kamera wurden eingerichtet. Der Regisseur erklärte noch mal allen, was sie zu tun hatten. Die Maskenbildner schminkten ein weiteres Mal die Schauspieler und die Komparsen, der Toningenieur versteckte ein kleines Mikrofon hinter meiner Uniformjacke und bat mich, zum Test ein paar Worte zu sagen. Es war die übliche Unruhe vor dem Drehbeginn.

Die Szene: Lagerkommandant Rudolf Höß erklärt devot und eilfertig dem Reichsführer SS Himmler vor einem fünfzig Meter langen und zwei Meter tiefen Graben die Probleme der Massengräber. Das Grundwasser würde auf Dauer durch die vielen Leichen vergiftet, das schade der Gesundheit der Bevölkerung, und er schlage deshalb eine andere, effektivere Art vor. Verbrennen! Himmler leiht ihm interessiert mit geneigtem Kopf sein Ohr. Höß ist aufgewühlt vor Glück. Man würde seine Anregungen und seinen unermüdlichen Eifer in Berlin wohlwollend zur Kenntnis nehmen, davon war er überzeugt. Nach Feierabend wollte er deshalb mit seiner Frau eine Flasche Wein öffnen.

Während dieser Einstellung sollten Häftlinge mit gestreiften Sträflingsanzügen auf Schienen Loren, gefüllt mit verhungerten Leichen, vorbeischieben und die dürren Körper in das Massengrab kippen, das schon voll mit nackten Opfern war. Gleichzeitig schaufelten andere Häftlinge weißen Kalk (im Film natürlich ungefährliches Pulver) auf die Toten.

Der Regieassistent rief: »Fertig machen zum Drehen!« Die nackten Komparsen stiegen ganz vorsichtig hinab in den Graben, sie verschwanden sozusagen unter der Erde, die Schauspieler räusperten sich, memorierten noch mal den Text, die Maske puderte noch mal die Gesichter, und der Regisseur rief: »Action!« Beim ersten Versuch sah der Kameramann die Leichen im Grab nicht deutlich. Abbruch. Der Regieassistent: »Das Ganze noch mal. Die Leichen im Grab bitte während des Drehens nicht atmen, man sieht das!« Beim zweiten Versuch schaute ein Komparse in die Kamera. Das geht gar nicht. »Hallo, Sie! Ja, Sie! Nicht noch mal in die Kamera schauen! Schauen Sie nicht in die Kamera, verdammt noch mal! Zurück! Alles auf Anfang! Konzentration! Die Herrschaften im Grab nicht flüstern! Man hört alles! Action!« Wieder musste ich diesen speichelleckerischen Untertanen imitieren. Wieder diese unsäglichen Sätze sprechen. Endlich nach einer halben Stunde war diese Einstellung fertig. Die Kamera wurde an eine andere Stelle gebracht und neu aufgebaut. Wir hatten eine kleine Pause. Ich öffnete meinen unbequemen Uniformkragen, schob die Mütze locker nach hinten und zündete mir eine Zigarette an. Und dann, ich traute meinen Augen kaum: Was für ein unwirklicher, unglaublicher Anblick. Aus den Gräbern stiegen langsam, fast wie in Zeitlupe, Hunderte von nackten, weiß gepuderten, kahlköpfigen, mageren Gestalten, dehnten sich, reckten sich oder machten Gymnastik. Anschließend entspannten sie sich unter den blühenden Obstbäumen von der unbequemen Haltung im Massengrab. So stellte ich mir das Ende der Welt und die Wiederauferstehung der Leiber vor. Ein überirdischer Moment, ein Hauch von Ewigkeit.

Ein etwa zwanzigjähriger Junge kam auf mich zu. »Hast du eine Zigarette für mich?«

»Ja, klar.« Wir rauchten schweigend unter einem blühenden Apfelbaum. Ich in der SS-Uniform, er nackt, mit kahl rasiertem Kopf und wie in Mehl gewälzt vom weißen Puder. Nach ein paar Zügen fragte ich: »Wo kommst du her?« »Aus Wien.« Ich war erstaunt. »Du kommst von Wien nach Zagreb, nur um hier Komparserie zu machen?« »Ja, wir sind eine ganze Gruppe, wir sind mit dem Bus nach Zagreb gekommen.« »Aber wieso so weit, braucht ihr so dringend Geld?« »Wir sind alles Juden, die diese Komparserie zum Andenken an unsere in Auschwitz umgekommenen Großeltern machen.« »Aha, verstehe!« Langes Schweigen. Was sollte ich sagen? Scham. Wieder diese furchtbare Scham.

»Wir drehen wieder!«, rief der Regieassistent. »Die Damen und Herren der Komparserie bitte wieder ihre Plätze in den Gräbern einnehmen.«

»Danke für die Zigarette«, sagte der junge Mann, »ich muss wieder.«

»Gerne«, antwortete ich, knöpfte meine Uniform zu und rückte die Mütze gerade.

»Action!«, rief der Regisseur. Mein erster Satz als Rudolf Höß: The big problem, Herr Reichsführer, is the enormous amount of bodies poison the groundwater! – Das größte Problem, Herr Reichsführer, ist, dass das Grundwasser durch die enorme Zahl von Leichen verseucht wird.

Gleich im Anschluss an diese Szenen begannen in Hamburg die Dreharbeiten zu *Roncalli*. Der Kontrast hätte nicht größer sein können. Wir drehten die ersten Wochen im Winterquartier des Zirkus. Ich war froh, mich wenigstens für eine Zeit nicht mehr mit dem Charakter von Höß beschäftigen zu müssen und stattdessen in dieser Zauberwelt, die nach Tieren und Sägespänen roch, spielen zu dürfen. Clowns, Zauberer, Jongleure, Hochseilartisten, es war so befreiend, mit diesem bunten Völkchen die Mittagspausen zu verbringen, zu lachen. Nur mein militärischer Kurzhaarschnitt machte Probleme. Doch auch das wurde gelöst. Man knüpfte mir eine Langhaarperücke. In diesem Zirkuszauber, fröhlich wie tausend bunte Luftballons, verdrängte ich langsam diese schockierenden Bilder von Birkenau und Auschwitz, aber ich wusste, dass ich Ende April noch einmal für ein paar Tage nach Polen musste. Zurück in den armseligen Charakter des Rudolf Höß, zurück in diese bleischwere, beklemmende deutsche Vergangenheit.

Als ich in Auschwitz ankam, war zu der ohnehin schon äußerst beklemmenden Atmosphäre dieses Ortes noch eine tiefe Sorge hinzugekommen. Denn zwischenzeitlich hatte sich die Reaktorkatastrophe von Tschernobyl ereignet. Keiner fühlte sich wohl. Die Angst vor der Radioaktivität saß allen in den Knochen. Man war total verunsichert. Die Sonne lockte mit warmen Temperaturen in die Natur, aber vielleicht war alles kontaminiert, verpestet, und erst in zehn bis dreißig Jahren würde man die tödlichen Auswirkungen spüren.

Und wieder stand eine sehr bedrückende Szene auf dem Drehplan. Mehrere Lastwagen, die Ladeflächen vollgepfercht mit verhafteten Juden in Zivilkleidung, fuhren, in schwarzen Qualm gehüllt, durch das Lager von Birkenau und hielten vor einer langen, grau gestrichenen Baracke. Soldaten trieben die Häftlinge mit lauten Befehlen, Gewehrkolbenschlägen und geifernden Schäferhunden an der kurzen Leine wie Vieh von den Ladeflächen. Rudolf Höß stand zusammen mit einer Delegation von SS-Offizieren am Eingang und kontrollierte die korrekte Ausführung dieser sogenannten Abladung. Er duldete keine unnötige Brutalität. Darauf legte er Wert. Die Häftlinge sollten bis zu ihrem Tod natürlich streng, aber human behandelt werden.

Der Drehbuchautor hatte sich eine besonders mitleiderregende, zutiefst traurige und ans Herz gehende Szene ausgedacht. Eine junge Mutter mit ihrer verängstigten vierjährigen Tochter auf dem Arm wird vom Wagen gestoßen und geht mit gesenktem Kopf, gedemütigt, mit den anderen Gefangenen zu dieser Baracke. Ein deutscher Schäferhund sollte dieses weinende Kind auf dem Arm seiner Mutter wütend und zähnefletschend attackieren. Das kleine Mädchen schreit voller Todesangst und ist nicht mehr zu beruhigen. Da pflückt ihm die Mutter, um es abzulenken, im Vorbeigehen einen weißen Blütenzweig von einem Apfelbaum, und mit diesen Blüten in der Hand wird das kleine, unschuldige Mädchen zusammen mit seiner Mutter in die Gaskammer geschickt. Allein beim Beschreiben dieser Szene musste ich öfter anhalten und eine Pause einlegen.

Dan Curtis hatte den Ehrgeiz, speziell diese tragische Szene besonders realistisch und herzergreifend ins Bild zu setzen. Es sollte ein emotionaler Höhepunkt der Serie werden. Immer wieder wurden die Kameraeinstellungen geändert, und immer wieder hetzte er den zähnefletschenden, hysterisch bellenden Schäferhund ganz nahe zu dem in echter Todesangst schreienden Mädchen auf dem Arm seiner Mutter. Er wollte die Panik in seinem kleinen Gesicht und seine schreckgeweiteten Augen in Großaufnahme zeigen. Immer wieder das gefährliche Knurren und Zähnefletschen des Polizeihundes, immer wieder das gequälte, panische Aufschreien des Mädchens. Nie war dem Regisseur das schrille Weinen, die furchtbare Angst des Kindes dramatisch genug. Noch einmal der Kameraschwenk von den fletschenden Hundezähnen zu dem in maßlosem Entsetzen verzerrten Kindergesicht. Und noch einmal:»Once again!«

Keiner der Anwesenden, ob Schauspieler oder Teammitglied, konnte die Situation noch länger mit ansehen, alle blickten kopfschüttelnd und angewidert weg, aber keiner erhob Einspruch. Waren wir alle zu feige? Wie damals die deutschen Passanten, wenn SA-Schläger Juden auf der Straße drangsalierten. Aber was sollte uns passieren?»Once again!«, rief der Regisseur.

»Aufhören, stop it!«, hörte ich jemanden schreien. Das war ich. Ich, Günther Maria Halmer, in SS-Uniform, der Darsteller des Lagerkommandanten Rudolf Höß, verlangte in Auschwitz-Birkenau von einem amerikanischen, jüdischen Regisseur, nicht so fanatisch zu sein und dieses Kind nicht länger zu quälen. Fast war ich selbst über mich erschrocken. Alle starrten mich an.»Sorry, but this is too much for me, I must go!«, sagte ich und ging vom Drehort. Mir reichte es, ich hatte genug. Noch einen weiteren Tag musste ich Rudolf Höß ertragen, zum Glück war es nur eine lange Rede vor einer Kompanie von deutschen Soldaten, dann durfte ich nach Hamburg zu meinem Dreh als Roncalli.

Jahre später wurde mir wieder eine Rolle als Nazi in dem Film *Schindlers Liste* angeboten. Das Drehbuch wollte ich gar nicht lesen, ich wusste, was die Amerikaner von den deutschen Schauspielern erwarteten. Ich lehnte ab. Den guten Deutschen Schindler spielte Liam Neeson, ein britischer Schauspieler. Danach habe ich nie mehr in einer Hollywood-Produktion mitgespielt. Solche Rollen lehnte ich ab, und andere wurden mir nicht angeboten.

Wieder deutsches Fernsehen

Eine Woche später war ich zurück in Hamburg bei meinen Kollegen vom Circus Roncalli. Wieder diese enorme Diskrepanz. Hier die lustigen Clownskostüme, die roten Nasen mit Pumuckl-Frisuren, dort die einschüchternden Uniformen der SS, hier der Magier im Glitzerhemd und mit rotem Turban, dort die dürren Elendsgestalten in gestreiften Sträflingskleidern und mit gelbem Judenstern auf der Brust. Hier war Freude, Fröhlichkeit und gute Laune, da in Todesangst verzerrte Gesichter, laute Befehle, Hundegebell und Gaskammern. Hier war unbefangenes Kinderlachen gewünscht, dort wurde ein kleines Mädchen von einem geifernden Schäferhund immer wieder in Todesangst getrieben. Es war nicht einfach, zur Tagesordnung überzugehen. Im Gegensatz zu den Tagen vorher, an denen ich froh war, bei den lustigen Zirkusleuten auf andere Gedanken zu kommen, hatten sich die unerträglichen Szenen und die Rolle von Höß auf mein Gemüt gelegt. Diese TV-Serie hier erschien mir plötzlich so profan, so albern, so unwichtig. Was waren die bunten Zirkuswagen mit der Aufschrift »Roncalli« gegen die Viehwagen mit Juden an der Rampe in Auschwitz? All diese schrecklichen Filmszenen bekam ich nicht aus dem Kopf. Mit meinem ständigen Reden über Gaskammern und Massengräbern ging ich den

Kollegen auf die Nerven. Sogar der Weißclown Eddie Constantine, als Lemmy Caution das Idol meiner Jugend, musste sich meine Auschwitz-Geschichten anhören. Das störte die Arbeit. Man wollte gute Stimmung haben und komische Szenen drehen. Das verstand ich. Aber jedes Mal, wenn ich vor dem Spiegel die Langhaarperücke von Roncalli abnahm, tauchte mein militärischer Kurzhaarschnitt auf, und das unerbittliche Gesicht von Rudolf Höß starrte mich an. Beide Gesichter waren deutsch. Diese Überlegungen taten meinem Spiel nicht gut. Roncalli gehört nicht zu meinen besten Rollen.

Aber es gibt natürlich auch schöne Erinnerungen. Selbst jetzt, nach so langer Zeit, denke ich gerne an manche Rollen zurück, die zwar beim Publikum nicht nachhaltig in Erinnerung geblieben sind, mir aber viel bedeutet haben. Zum Beispiel 1987 meine Rolle als *Tatort*-Kommissar Sigi Riedmüller beim Bayerischen Fernsehen. Man hatte mir die Hauptrolle des Mörders angeboten, aber ich wollte der Nachfolger von Helmut Fischer als Kommissar werden. Man gab mir die Rolle. Zwei Folgen im Jahr sollte ich drehen. Die Zeiten damals waren nicht zu vergleichen mit heute. Man hatte sehr viel Zeit. Wenn man sich zehnmal versprochen oder den Text vergessen hatte, kein Problem, drehen wir halt noch mal. Einunddreißig Drehtage für neunzig Minuten waren üblich, die Regisseure heute müssen sich mit bestenfalls dreiundzwanzig Drehtagen zufriedengeben. Michael Kehlmann, der Vater von Daniel Kehlmann, dem Autor von *Die Vermessung der Welt*, war der Drehbuchautor und der Regisseur. Die Zuschauerquoten des *Tatort* waren gigantisch, nur zu vergleichen mit den Quoten der Fußballnationalmannschaft. Vierundzwanzig Millionen Zuschauer und eine Einschaltquote von vierundfünfzig Prozent. Trotz dieses Erfolgs weigerte ich mich, weiter den bayerischen *Tatort*-Kommissar zu spielen. Es gab unterschiedliche Meinungen über die Qualität des nächsten Drehbuchs, und die sture Widerborstigkeit in mir entschied sich, die Rolle abzulehnen. Damals waren allerdings die Popularität und das Honorar eines *Tatort*-Kommissars mit heutigen Verhältnissen nicht zu vergleichen. Vielleicht wäre dann meine Widerborstigkeit weniger heftig gewesen. Meine häufigen Diskussionen am Drehort waren natürlich auch zu Hause immer wieder ein Thema, und eines Tages schenkte mir mein elfjähriger Sohn Daniel das Buch *Wie man Freunde gewinnt*. Mit rührender Kinderschrift stand in der Widmung: Das sollst Du lernen!!

Das Schöne, aber auch Gruselige an dem Beruf des Schauspielers ist, dass wir immer wieder Aufgaben gestellt bekommen, die unsere Vorstellungskraft und Fantasie herausfordern und uns zwingen, uns mit Situationen oder Emotionen zu befassen, die kein anderer Beruf sonst verlangt. Obwohl schon eine Weile her, erinnere ich mich immer noch mit Schaudern an eine Szene bei Dreharbeiten für einen Zweiteiler des ZDF im Dschungel von Mexiko im Dezember 1987. *Die Rebellion der Gehenkten* von B. Traven. Meine Rolle war die eines korrupten, skrupellosen Staatsbeamten, der von seinen rebellischen Untergebenen ermordet wird. Kein Problem, gestorben bin ich schon oft im Fernsehen. Nur die Art des Todes machte mir Sorgen. Ich sollte von einer Klapperschlange, die man mir an den Hals hielt, gebissen werden. Gab es denn keine andere Art, getötet zu werden? Erschossen, erwürgt, erstochen waren doch auch schöne Todesarten. Der Regisseur, Juan

Luis Buñuel, der Sohn des berühmten Luis Buñuel, schüttelte den Kopf, es musste eine Klapperschlange sein. Eine Klapperschlange, die giftigste Schlange der Welt. Ein Fachmann für exotische Tiere kam eigens vierhundert Kilometer aus Mexico City angefahren, in einem speziellen Sack die Klapperschlange. Im Inneren hörte ich ihr drohendes Rasseln. Ruhig Blut, sagte man mir, man werde die Schlange vor dem Drehen melken. Mit einem schnellen und festen Griff zog dieser Fachmann für exotische Tiere die wütend rasselnde Schlange am Genick aus dem Sack und hielt ihr ein kleines Fläschchen mit einem Gummiverschluss vor ihr aufgesperrtes Maul. Wütend fuhr sie ihre beiden Giftzähne aus und biss in den Gummi. Ungefähr zwei Zentimeter farblose Flüssigkeit war nun in dem Fläschchen. Pures Gift. Mit Tesafilm verband man der verblüfften Schlange ihr giftiges Maul. Aber diese widerliche doppelte Zunge züngelte trotzdem noch. Vier kräftige Mexikaner packten mich, und ein anderer hielt mir die wütend klappernde Schlange an den Hals. Auge in Auge mit einer tobenden Klapperschlange. Sekunden später brach ich konvulsiv zuckend zusammen und wälzte mich im Todeskampf auf dem Boden. Allein krampfartig zusammenzubrechen, minutenlang den Atem anzuhalten und nicht zu blinzeln, wenn eine Klapperschlange mit ihrer Rassel über deinen Kopf kriecht, verlangte eine schauspielerische und körperliche Disziplin, die nicht genügend gewürdigt werden kann. So was lernt man nicht auf der Schauspielschule.

Zumindest weiß ich jetzt, wie man eine Klapperschlange melkt. Vielleicht kann ich das irgendwann mal in meinem Leben brauchen. Man weiß ja nie.

Und noch ein weiteres Mal, 1990, musste ich zu Dreharbeiten nach Auschwitz. Wieder ging ich unter diesem Tor »Arbeit macht frei« durch, wieder an der Rampe des Todes, wieder diese schrecklichen Erinnerungen an *War and Remembrance*. Dieses entsetzliche Kapitel deutscher Geschichte ließ mich nicht los. Eigentlich wollte ich nie mehr zurück. Doch jetzt hatte ich eine völlig andere Rolle. Der Film hieß *Abrahams Gold*. Jörg Graser führte zusammen mit Max Färberböck Regie. Das Drehbuch, eine unglaubliche und trotzdem angeblich wahre Geschichte, schrieb Jörg Graser. Eine deutsche Geschichte.

Meine Rolle war die eines urbayerischen Bierfahrers namens Karl, ein unbekümmerter, lustiger Charakter, der die Gasthäuser im Umkreis mit Getränken beliefert, mit den Kellnerinnen flirtet und nichts anderes als immer nur Mädchen und Sex im Sinn hat. Er lebt bei seiner alten Mutter in einem kleinen, bescheidenen Bauernhaus. Sein bester Freund ist ein ehrbarer Gastwirt. Dieser will seine Enkelin, die ihm von seiner Tochter zur Pflege überlassen wurde, zu einer anständigen, tüchtigen deutschen Frau erziehen. Die Tochter dieses Wirts und die Mutter des Mädchens, eine ausgeflippte Anhängerin von Flower Power und freier Liebe, spielte Hanna Schygulla, mit der ich seit den Dreharbeiten zu *Peter der Große* befreundet war. Sie gibt eine Rebellin, die ihren spießigen Vater hasst und nur für ein paar Wochen bei ihm im Gasthof wohnen will, bevor sie weiterzieht.

Karl und sein Freund der Gastwirt fahren heimlich über die polnische Grenze nach Auschwitz und graben im Moor unweit des ehemaligen Konzentrationslagers eine morsche Kiste aus, die überquillt von Goldzähnen ermordeter Juden. Der Gastwirt hatte die Zähne in seiner Zeit als Aufseher in Auschwitz während der Kriegswirren heimlich vergraben. Nun will er sich seinen Lohn holen. Karl ist ein williger Helfer. Zu Hause entdeckt die Mutter in Karls Jacke Goldzähne. Voll böser Ahnungen übergibt sie ihm aus einer Schublade einen Karton mit Bildern, Geburtsurkunden und Akten. Es stellt sich heraus, dass Karl das Kind einer jüdischen Familie ist, die in Auschwitz ermordet wurde. Seine angebliche Mutter war nur deren Dienstmädchen und hat ihm das Leben gerettet, als sie ihn als ihren eigenen Sohn ausgab. Karl erkennt nun seine wahren Wurzeln und ist am Boden zerstört. Seine Welt hat sich völlig verkehrt. Der Gastwirt, dem er sich offenbart, ist nun sein Todfeind. Karl zeigt ihn bei der Polizei als Kriegsverbrecher an und wird vom gesamten Dorf als Nestbeschmutzer und Judenfreund beschimpft und ausgegrenzt. Die Enkelin, die ihren Großvater abgöttisch liebt, erhängt sich aus Scham auf dem Dachboden. Zusammen mit der Mutter des Mädchens verlässt Karl das Dorf. Das ist die kurze Zusammenfassung dieses, wie ich finde, großartigen Films.

Die schockierende Erkenntnis, der Sohn von in Auschwitz ermordeten Juden zu sein und nicht der Sohn der Frau, die fünfunddreißig Jahre lang seine Mutter war, darzustellen, gehörte zu den schwierigsten Aufgaben in meiner Schauspielkarriere. Wie spielt man so etwas? Man hat ja keine Beispiele, und der Fantasie sind Grenzen gesetzt. Wie reagiert man auf so eine erschütternde Nachricht? Was geht da in einem Menschen vor? Das ganze bisherige Leben ein einziger Irrtum. Seine Identität wird von einer Sekunde zur anderen auf den Kopf gestellt. Kann das ein Mensch überhaupt verkraften? Wie reagiert man? Will man sich wegen seiner Schuldgefühle selbst zerstören,

Selbstmord begehen, oder will man den alten Freund, den Aufseher, den Mörder seiner Eltern töten? Es ist wie eine griechische Tragödie. Was sollte ich da spielen? Ich hatte keine Ahnung. Wie spielt man den Verlust seiner Identität? Wie viele Tage und Nächte wird man vor sich hin starren und versuchen, diese Ungeheuerlichkeit, diesen Wahnsinn, diese Trauer, diese Schande irgendwie zu begreifen? Wird man es je begreifen? Die vertraute Umwelt ist mit einem Schlag fremd geworden. Man lebte in einem Land, zu dem man sich gerne bekannte, dessen Bräuche man schätzte, dessen Menschen einem vertraut waren, das aber von nun an das Land der Mörder deiner Eltern ist. Der alte treue Freund nun plötzlich ein sadistischer, geldgieriger Mörder von Unschuldigen. Die Eltern, die man nie kennenlernen durfte, sind Fremde auf den vergilbten Schwarz-Weiß-Fotos und doch das eigene Fleisch und Blut. Wie war die Mutter, welche Eigenschaften hatte der Vater? Ihre Angst, ihre Sorge um ihren kleinen Sohn, als sie von den Nazischergen abgeführt wurden? Wie lange mussten sie im Lager leiden? Wie furchtbar sind die Schuldgefühle, dass man vielleicht unwissentlich die Goldzähne seiner Eltern mit ausgegraben hat? Dieses plötzliche leidenschaftliche Mitgefühl für all die KZ-Opfer, die einen jungen Mann bis dahin nicht sehr berührten. Diese völlig andere Perspektive zwingt Karl zu ganz neuen, bisher unbekannten Gefühlen.

All diese Fragen gingen mir durch den Kopf. Ich wusste keine schauspielerische Lösung. Auch der Regisseur konnte mir da nicht weiterhelfen. Das war nun meine Aufgabe, war meiner Fantasie überlassen. Aber für all diese Gefühlseruptionen hatte ich wenig Darstellungsmöglichkeiten. Im Drehbuch war dafür nur eine Szene vorgesehen. Mir wurde immer deutlicher, dass all diese Gefühle in einer kurzen Szene nicht darzustellen waren. Ich entschied mich für eine radikale Lösung. Zwei Tage lang wollte ich vor dieser Szene nicht mehr schlafen. Ich wollte übernächtigt sein, erschöpft, unrasiert, zerstört, verzweifelt, wütend, das alles wollte ich mit meinem übermüdeten Aussehen erreichen. Man konnte das nicht spielen, das konnte man auch nicht mit Schminke lösen, das musste man sein. Zwei Tage lang ohne Schlaf, ich wusste nicht, wie ungeheuer anstrengend das ist. Eine Tortur. Überall, im Auto, im Gasthaus, am Tisch, selbst im Stehen schlief ich ein, an ein Bett durfte ich auf gar keinen Fall denken, obwohl ich an nichts anderes dachte. Man kann sich nicht vorstellen, wie langsam, wie endlos langsam die Zeit bei Schlaflosigkeit vergeht. Am nächsten Tag war diese Szene endlich auf dem Drehplan. Die ganze Nacht war Karl mit all diesen an Wahnsinn grenzenden Gefühlen, unterbrochen von plötzlichen Stopps, in denen er gedankenverloren in die Dunkelheit starrte, planlos mit dem Bierwagen durch den nächtlichen Nebel gefahren. Am Morgen wankte er übernächtigt in die leere Gaststube zu dem alten Wirt, um ihm seinen Hass ins Gesicht zu schreien. Ich hatte mir alles so wunderbar ausgedacht, ja, ich würde langsam, mit blassem Gesicht, mit tiefen Ringen unter den Augen, auf ihn zugehen und ihm dann meine tiefe Verachtung ins Gesicht speien. Genau so würde ich es bei der Aufnahme machen, so mein Plan. Aber ich konnte nicht, ich hatte keine Kraft mehr, ich war einfach nur todmüde. All das, was ich mir vorgenommen hatte, war weg. Ich war sehr enttäuscht. Diese so wichtige Szene hatte ich scheinbar in den Sand gesetzt. Aber dann wurde mir klar, dass das die einzig richtige, wahre Haltung war. Karl war nach all diesen Veränderungen seines Lebens nur noch müde und leer. Er hatte sein Ego verloren, es war verschwunden, total ausgelöscht. Sein bisheriges Leben war sinnlos für ihn geworden...

Dieser Film wurde 1990 beim Filmfest in Cannes in der Reihe *Un Certain Regard* gezeigt und mit dem Publikumspreis ausgezeichnet. In Deutschland nahm keiner von ihm Notiz.

Anwalt Abel und andere Rollen

In meiner langen beruflichen Laufbahn habe ich im Fernsehen sicher mehr als hundert verschiedene Menschen dargestellt. Es waren charmante Frauenverführer, herrische Chefärzte, kauzige Studienräte, eigennützige Bürgermeister, strenge Richter, geldgierige Bauherrn, zynische Pianisten, meineidige Bauern, kriminelle Anwälte, korrupte Gewerkschaftsführer, sympathische Priester und brutale Bandenchefs dabei. Es waren Choleriker, seltsame Käuze, Hypochonder, Opportunisten und Romantiker. Früher waren es junge Strizzis, wie Tscharlie oder der Pfeffer Franze in der *Polizeiinspektion 1*, dann kamen die Rollen in der Mitte des Lebens, Anwälte, Ärzte, Studienräte oder Bankdirektoren. Jetzt bietet man mir eben alte Männer mit Alzheimer, kauzige Alte und komische Opas an. Kein Problem, spiegeln sie doch den Verlauf des Lebens wider.

In dem ZDF-Film *Familienfest* von 2016 spielte ich Hannes Westhoff, einen berühmten Pianisten, zu dessen siebzigsten Geburtstag seine Exfrau und seine drei Söhne gekommen sind. Großartige Kolleginnen und Kollegen und ein großer Regisseur, Lars Kraume, machten die Dreharbeiten zu einem Vergnügen. Hannes Westhoff hält nicht viel von seinen Söhnen, er hält sie für Versager und zeigt es ihnen.

Beim Geburtstagsfest kommt es zum Eklat. Spontan habe ich bei dieser Rolle sofort an mein früheres Verhältnis zu meinem Vater gedacht. Hielt er mich nicht auch für einen Versager, hat er mir nicht auch mit zynischen Kommentaren gezeigt. wie sehr er mich verachtete? Doch, natürlich, und ich denke unwillkürlich an mich selbst, an meine Rolle als Vater. Wie war ich und bin ich als Vater? Ehrlicherweise müssten diese Fragen meine Söhne beantworten, aber auch so kann ich behaupten, dass ich meine Rolle als Vater vollkommen anders gelebt habe. Durch meinen Beruf war ich ja oft Wochen oder sogar Monate nicht zu Hause, und schon deshalb lag die Hauptverantwortung der Erziehung bei meiner Frau. Meine Aufgabe sah ich darin, zur Stelle zu sein, wenn sie mich brauchten, und sie durften sich vollkommen frei entscheiden, den Beruf zu ergreifen, der ihnen zusagte. Das war mir aus eigener Erfahrung sehr wichtig.

Viele der Rollen, die ich gespielt habe, haben mein Leben bereichert und sind Teil meiner Lebenserfahrung geworden. Meine privaten Gespräche mit Richtern bei Dreharbeiten oder die Erfahrung mit Ärzten, als ich einen Chirurgen spielte. Sehr viele Rollen sind mir nicht mehr in Erinnerung, aber an einige kann ich mich sehr gut erinnern. Manche dieser Rollen haben mich lange begleitet, wie zum Beispiel der unorthodoxe Anwalt Jean Abel. Fast dreizehn Jahre lang durfte ich diesen mir so sympathischen Anwalt spielen.

Von 1988 bis 2001 stellte ich den Anwalt Abel für das ZDF dar. Anwalt Jean Abel, den der Autor und Rechtsanwalt Fred Breinersdorfer so brillant geschrieben hat, dass ich mich nach zwanzig Folgen in meiner Robe wie ein echter, mit allen Wassern gewaschener Anwalt fühlte, und ich glaube, ich hätte jeden Mörder vor Gericht verteidigen und wegen Mangels an Beweisen freibekommen. Diese Rolle liebte ich aus zwei Gründen. Zum einen konnte ich nun endlich meinem Vater beweisen, dass sein Sohn trotz seiner Unkenrufe Anwalt geworden war, und zum anderen, weil mir dieser eigenwillige, unorthodoxe Charakter sehr gefiel. Die vielen langen Plädoyers, gespickt mit komplizierten Paragrafen, lernte ich gerne und mühelos auswendig. Sein Kampf gegen Ungerechtigkeit, gegen eitle, selbstgefällige Modeanwälte, sture Richter und verlogene Zeugen, als ein Robin Hood der Jurisprudenz, ein Tscharlie des Rechtswesens, entsprach meiner Lebenseinstellung. Seine realistische Sekretärin Baby Jane, gespielt von der großartigen Andrea L'Arronge, unterstützte den in Gelddingen etwas chaotischen Rechtsanwalt Abel dabei. Abel und Jane waren ein tolles Team.

Ob mein Vater stolz auf mich war oder nicht, kann ich nicht beurteilen. Jedenfalls hat er sich nie zu meinen Rollen geäußert, aber sicher war ihm Anwalt Abel viel sympathischer als das Schlitzohr Tscharlie von den *Münchner Geschichten*. Der erinnerte ihn doch zu sehr an meine schwierige, renitente Jugend. Allerdings hatte Abel keinen Doktortitel. Ein kleiner Wermutstropfen für ihn. Aber diesen Titel hat nun mein ältester Sohn Daniel, er wurde Anwalt. So schließt sich der Kreis. Mein Vater wollte mich mit allen Mitteln zu einem Anwalt erziehen und bekam einen Tscharlie. Tscharlies Sohn aber wurde ganz ohne mein Zutun ein Doktor der Jurisprudenz.

Es kommt, wie es kommt.

In meiner Rolle als Verteidiger drehten wir oft in Haftanstalten, meistens in Landsberg. Bald waren mir die Insassen mit den längeren Laufzeiten vertraut wie Nachbarn. Sie zeigten mir ihre manchmal erstaunlich gemütlichen Zellen, manche sogar mit Wellensittich im Käfig (»zwei hinter Gittern«). Für manche hatte ich Sympathien und Verständnis, wie für alle Außenseiter der Gesellschaft. Lange Gespräche mit Strafgefangenen, die mehr Zeit im Gefängnis als in Freiheit verbracht hatten, haben mich allerdings erschüttert. Hätte mir das auch passieren können? Nein, ich glaube nicht. Aber manche krummen Lebensläufe haben mich schon stutzig gemacht. Dann dachte ich an meine eigene schwierige Jugend. Glück gehabt.

Im Sommer 1989 drehte ich in Westberlin in einer Koproduktion mit dem englischen Fernsehen ein Remake der berühmten Serie *Simon Templar*. Es war politisch eine aufregende Zeit. In Prag stürmten die DDR-Flüchtlinge die deutsche Botschaft, dann wurde ihnen in der berühmten Ansprache des Bundesaußenministers Hans-Dietrich Genscher erlaubt auszureisen. Im Ostfernsehen hörte ich Eduard von Schnitzler im *Schwarzen Kanal* toben. Wir mussten fast täglich an der Berliner Mauer drehen, sie war unser Hauptmotiv. Ständig wurden wir von jungen Vopos von der Mauer herab bei den Dreharbeiten fotografiert. Am Checkpoint Charly war die Hölle los. Große Feldstecher starrten zu uns herüber. Militärfahrzeuge tauchten auf, mit vorgehaltener Hand wurden Befehle in die Ohren von strammen Uniformierten geflüstert. Die Grenzposten machten aus den Wachtürmen mit langen Teleobjektiven Bilder von uns, telefonierten hektisch, und eine Fernsehkamera auf einem Drahtseil zehn Meter über uns schwenkte hektisch hin und her und lieferte Livebilder vielleicht direkt zu Erich Mielke ins Stasibüro. Man hatte das Gefühl, die DDR-Militärs erwarteten einen westlichen Angriff. Für mich, der ich nur die bayerisch-österreichische Grenze kannte, war das alles nur groteskes Theater.

Es war ein heißer Sommer, und Claudia war mit den Buben zu Besuch. Wir wollten ihnen Berlin und die geteilte Stadt vorführen. Mit einem Sightseeingbus fuhren wir durch die Stadt. Am Ende der Straße des 17. Juni, beim Tiergarten, war eine kleine Tribüne aufgebaut, von der man über die Mauer zum Brandenburger Tor schauen konnte. Man sah nur eine trostlos leere Straße, Unter den Linden, und Grenzpolizisten, die mit Feldstechern zu uns herüberschauten. Gespenstisch, wie ein riesiges Gefängnis. Mir war klar, dass wir die Wiedervereinigung niemals erleben werden. Zu groß war die Kluft zwischen West und Ost.

Im Oktober 1989, der Film war noch gar nicht zu Ende bearbeitet, war er sinnlos geworden: Es gab keine Mauer mehr. Der Film wurde nie gezeigt. Jetzt leben unsere beiden Söhne in Berlin, der eine als Anwalt mit seinem Büro im Osten der Stadt, der andere ist Künstler und hat sein Atelier nahe der früheren Mauer.

Noch eine Rolle, die mir tief im Gedächtnis geblieben ist, spielte ich 2002 in dem Film: *Mörderherz*. Ich verkörperte einen schwer herzkranken Mann, dem in einer Berliner Klinik ein Spenderherz eingepflanzt wurde. Durch einen Bericht im Fernsehen glaubt er, dass es das Herz eines jungen Mörders war, der kurz zuvor auf seiner Flucht mit dem Motorrad tödlich verunglückte. Nun quälen ihn schreckliche Zweifel, dass seine Seele, die man ja oft im Herzen vermutet, von diesem Mörderherz kontaminiert wird. Um diese Herzkrankheit richtig zu spielen, machte ich Studien im Berliner Herzzentrum, sprach mit den Ärzten und unterhielt mich mit Patienten, die auf ein Spenderherz warteten.

Es war mir vollkommen neu, dass das künstliche Herz eine dreißig mal vierzig Zentimeter große Pumpe war, an die die Kranken mit Schläuchen angeschlossen waren und die sie in kleinen Rollwagen mit Batterien vor sich herschoben. Vielleicht hat sich die Chirurgie inzwischen weiterentwickelt, doch zu dieser Zeit war das so. Viele der Kranken schoben sozusagen ihr Herz, das leise vor sich hin brummte, wie im Kinderwagen durch die Krankenhausgänge.

Die meisten Herzspezialisten, mit denen ich sprach, waren der Ansicht, das Herz sei nichts anderes als eine Pumpe. Die Geschichten vom liebenden oder gar vom gebrochenen Herzen sei romantischer Kitsch. Auch an die Seele glaubten die meisten nicht. »Ich habe noch nie eine beim Operieren wegfliegen sehen«, sagte ein Chefarzt zu mir. Dem widersprachen aber viele Geschichten in medizinischen Magazinen. Diese beschrieben, dass sich Menschen nach so einer Transplantation vollkommen verändert hätten.

Wer auch immer recht hat – für mich war diese persönliche Erfahrung, dass todkranke, verzweifelte Menschen in den Krankenhäusern wie in einem Wartesaal sitzen und darauf hoffen, dass irgendwo in Europa ein Mensch sein Leben verliert, damit sie ihres weiterleben können, erschütternd. Solche Erlebnisse haben mich tief berührt und wurden ein weiterer Teil meiner inzwischen langen Lebenserfahrung.

Ein Rückblick

So wie der Geschmack, der Charakter und das Besondere eines Weines davon abhängen, wie tief die Wurzeln seines Rebstocks in das Erdreich dringen, welche Mineralien sie dabei aufnehmen und wie viel Sonne die Trauben bekommen haben, so stelle ich mir vor, hängt die Persönlichkeit, das Wesen von Menschen davon ab, wie viel Erfahrung sie in ihrem Leben gemacht haben und welche unterschiedlichen Erlebnisse sie geprägt haben. Immer wieder habe ich mir beim Beobachten von Menschen am Bahnhof oder am Flughafen die Frage gestellt, wieso man, ohne sein Verhalten zu beurteilen, schon am Gesichtsausdruck den Vielreisenden oder den gelegentlichen Urlauber erkennt. Wieso kann man im Gesicht eines Mädchens oder eines Jungens ablesen, ob sie oder er noch unschuldig oder schon sexuelle Erfahrungen gesammelt hat? Was ist das Geheimnis? Man kann das nicht spielen, das muss man erlebt haben. Der damalige Leiter der Falckenberg-Schule, Gerd Brüdern, riet uns Schülern, wenn wir manchmal Probleme mit Liebesszenen hatten: »Geht mit eurem Freund oder eurer Freundin auf eine Alm und kommt nach sechs Tagen wieder.« Man braucht Erfahrungen. Alles, Gutes und Schlechtes, spiegelt sich in der Seele, also auch in den Augen wider. Woran erkenne ich nur am Gesichtsausdruck einen durchtriebenen Menschen und woran einen Grundehrlichen? Fragen, die ich mir schon seit meiner frühen Jugend stelle. Warum findet man manche Schauspieler besser, interessanter als andere? Es ist offensichtlich nichts anderes als die Persönlichkeit, die interessiert. Wahrscheinlich war das der Grund, warum ich auf der Falckenberg-Schule trotz mittelmäßigen Vorsprechens bei der Prüfung aufgenommen wurde. Erst sehr viel später habe ich dieses für mich unerklärliche Wunder begriffen. Meine Erfahrungen im Bergwerk in Kanada und mein ganzes Vorleben drückten sich wahrscheinlich in meiner Persönlichkeit aus. Viele, die lediglich die Schule durchlaufen und dann Abitur gemacht hatten, die noch nichts erlebt hatten, wurden nicht angenommen. Zwei Bewerber, mit denen ich in einer Klasse im Gymnasium in Rosenheim gewesen war und die auf mich, den Klassenclown, herabschauten, wurden abgelehnt.

Nun, mit über siebzig Jahren, kann ich sehr entspannt auf all die vielen falschen Wege und Irrtümer meines Lebens zurückblicken und sie beurteilen. Auch meine Widerborstigkeit und meine Sturheit, die sicher viel zerstört und Menschen vor den Kopf gestoßen haben, muss ich als Teil meines Wesens akzeptieren. Die Jahre haben mich gelassener gemacht. Im Alter macht es mir großen Spaß, zusammen mit jungen Leuten zu drehen und am Drehort als der Älteste so respektiert zu werden, wie wir jungen Schauspieler vor fünfundvierzig Jahren Therese Giehse respektierten. Vor kurzer Zeit wurden die *Münchner Geschichten* im Fernsehen wiederholt. Ich war verblüfft, wie wenig ich mich jetzt mit diesem jungen Tscharlie identifizieren konnte. Es war, als ob man als Erwachsener seine Kinderfotos im Album betrachtet. Er war ein anderer Mensch. Aber sein Verhalten, seine Logik und seinen Kampf gegen Autoritäten kann ich heute noch genauso nachvollziehen und verstehen wie damals vor über vierzig Jahren. Einmal Tscharlie, immer Tscharlie… Das lässt mich an den berühmten Satz von Heraklit denken, dass man nicht zweimal in denselben Fluss steigen kann, weil es immer neues Wasser ist, das vorbeifließt. Genauso denke ich über die Jugend und das Alter. Der alte Mensch hat mit dem jungen nichts gemein. Der Weg zur Reife eines Menschen ist ganz sicher mit Niederlagen, Fehlern, Selbstzweifeln, Unzulänglichkeiten und Enttäuschungen gepflastert. Manchmal sogar mit Leid und Verzweiflung. Selbstverständlich auch mit Freude, Glück und Liebe. Und ich bin sicher, alle diese so verschiedenen Seelenzustände sind zur Entwicklung einer Persönlichkeit absolut notwendig. Natürlich sollte man moralisch und charakterlich so weit gefestigt sein, um nicht bei all diesen Schwierigkeiten und Schwankungen des Lebens zu verzweifeln und sich in Alkohol oder Drogen zu stürzen.

Besonders uns Schauspielern, die wir ja nicht nur unser Talent, sondern auch unsere Stimme, unsere Ausstrahlung, unser Aussehen, unser Wesen, unser Lächeln, also vollkommen uns selbst in unsere Rollen einbringen, fällt es schwer, Ablehnung oder Kritik zu verarbeiten. Es ist also nicht nur Eitelkeit, wie man uns Schauspielern gerne unterstellt, wenn wir unsere Wirkung auf andere ständig bestätigt sehen wollen, es ist oft purer Selbsterhaltungstrieb. Ein Maler kann seine Arbeit mit Abstand betrachten, ebenso ein Handwerker oder ein Autor. Wir Schauspieler dagegen sind auf Gedeih und Verderb an uns selbst gebunden. Es ist nicht schön, seine Makel im Fernsehen zu erkennen und sie präsentiert zu sehen.

Jeder, der solche bitteren Stunden kennt und sich einsam und verlassen fühlt, braucht Hilfe. Dafür sind echte Freunde da. Aber auch die Religion und der Glaube. Oder die Familie. Bei mir war es sicher meine Familie, die mich geerdet hat. Eine große Stütze und der Mittelpunkt meines Lebens war und ist meine Frau Claudia. Ihre Herzensbildung, ihre Weitsicht und ihre Vernunft haben mich im Laufe unserer Ehe etwas milder werden lassen. Meistens hat sie mit ihrer positiven Beurteilung von Menschen und Ereignissen recht. Zwei Dinge habe ich im Leben richtig gemacht: Ich habe den richtigen Beruf und die richtige Frau gefunden. Wir haben zwei Söhne, die in demselben Gymnasium, in dem ich so schmählich versagt habe, ein glänzendes Abitur abgelegt haben. Daniel, der Ältere, ist ein erfolgreicher Anwalt in Berlin, und Dominik ist ein Künstler, dessen Arbeiten bereits in Berlin, Los Angeles und New York ausgestellt wurden. Für dieses Geschenk danke ich dem Schicksal.

Seit meiner Jugend war ich ständig auf der Suche nach mir selbst, nach Erfüllung und nach dem, was für mich das richtige Leben ist. Erst im Alter bin ich bei mir angekommen. Immer zweifelte ich an den Ratschlägen der Erwachsenen. Sie waren doch immer nur Ermahnungen zu gehorchen und ein Untertan zu sein. Wenn mein Vater die Worte »dein Chef« oder »mein Chef« aussprach, war ich schon empört. Was heißt hier Chef? Niemals wollte ich von jemandem gelobt oder getadelt werden. Schon gar nicht von einem Chef.

Zumindest die Älteren werden wissen, dass man früher mit so einer Haltung in Deutschland, noch dazu in einer Kleinstadt, wo man schon im Kindergarten und im Religionsunterricht zum Gehorsam und zum Sichfügen erzogen wurde, keine große Karriere machen konnte. Man musste angepasst sein, als Individualist bekam man Probleme. Vielleicht ist es seit den 1968ern besser geworden. Ich weiß es nicht.

Auf jeden Fall war ich dadurch ein Außenseiter in unserer Gesellschaft und oft ein Ärgernis für die Vorgesetzten. Eigentlich blieb ich das mein ganzes Leben.

»Glücklich wird der Mensch, wenn er sich unter Einsatz seiner Vernunft aktiv darum bemüht, mit Tugend und Tüchtigkeit seinen natürlichen Anlagen und Eigenschaften entsprechend zu leben«, sagt Aristoteles.

Ich gebe zu, mit Vernunft habe ich mich nicht darum bemüht, eher mit Widerborstigkeit. Zum Ziel bin ich dennoch gekommen.

Schlusswort

Man hatte mich gefragt, ob ich denn meine vielen Erfahrungen in einem Buch weitergeben wolle und anderen Ratschläge für ein richtiges Leben geben könne. Das lehne ich aus Überzeugung ab. Jedes Leben ist individuell und unterscheidet sich von allen anderen. Jeder Mensch hat ein anderes Aussehen, eine andere Persönlichkeit, andere Begabungen, eine andere Intelligenz, eine andere Willenskraft, eine andere Mentalität und andere Erlebnisse. Selbst gleichzeitige Erfahrungen werden unterschiedlich wahrgenommen. Alles, was ich in diesem Buch erzähle, ist wahr, aber ich beschreibe es aus meiner subjektiven Sicht. Andere haben diese Dinge vielleicht anders erlebt. Nicht mal meinen eigenen Söhnen könnte ich Ratschläge zu ihrem Leben geben. Meine Erlebnisse sind andere als die meiner Eltern und die meiner Söhne andere als die ihrer Eltern. Jedes Leben wird anders gelebt und anders empfunden.

Sicher ist es vernünftig, die Straßenverkehrsordnung zu beachten, sich an die Gesetze und an die Zehn Gebote oder andere ethische Grundsätze zu halten, alles andere jedoch ist individuell verschieden. Jeder muss sein eigenes Ich erspüren und danach leben. Erkenne dich selbst!

Erlauben Sie mir aber dennoch, dass ich Ihnen meinen

Leitspruch verrate, der von keinem Geringeren als Johann Wolfgang von Goethe stammt:

> Gut verloren – etwas verloren!
> Mußt rasch dich besinnen
> Und Neues gewinnen.
>
> Ehre verloren – viel verloren!
> Mußt Ruhm gewinnen,
> Da werden die Leute sich anders besinnen.
>
> Mut verloren – alles verloren!
> Da wäre es besser: nicht geboren.

Oder wie Tscharlie sagt:

> Wer sich nix traut,
> wird nix im Leben!

Namensregister

Alfred (Kanada) 142–153, 161
Allen, Woody 41
Almendros, Néstor 294
Andreitschenko, Natalja 320, 323, 330
Arendt, Hannah 287
Aristoteles 265
Attenborough, Richard 274, 281 ff.
Baal, Karin 195
Bach, Johann Sebastian 312
Bardot, Brigitte 98
Baumbauer, Erna 233 f., 241, 257, 273, 300, 330, 332 f.
Baumgartner, Karl 313
Bayrhammer, Gustl 193, 217
Beckenbauer, Franz 132
Belmondo, Jean-Paul 48, 54
Benrath, Martin 173, 186
Bergen, Candice 286

Berger, Senta 246
Bettl (taube) 25 ff.
Bettler (Wien) 247–256
Bhagwan Shree Rajneesh 285
Biermann, Wolf 201
Birger, Boris 324–327, 329
Blech, Hans Christian 179
Bleibtreu, Monica 193
Böll, Heinrich 324 f.
Bourke-White, Margaret 286
Boysen, Rolf 173
Brando, Marlon 118, 172, 187, 259, 314
Brecht, Bertolt 172, 251
Breinersdorfer, Fred 355
Brenner, Hans 193, 217
Breschnew, Leonid 92
Brocket, Lord 268
Broszat, Martin 287
Brüdern, Gerd 183 f., 187, 190, 361

Buchholz, Horst 40, 80, 101, 103
Bum Bum, Charly *siehe* Baumgartner, Karl
Buñuel, Juan Luis 347 f.
Buñuel, Luis 348

Callas, Maria 99
Cardin, Pierre 296
Chabrol, Claude 296
Chanel, Coco 99
Chomsky, Marvin J. 306 f., 310, 313–316, 330
Chruschtschow, Nikita Sergejewitsch 72, 92
Churchill, Winston 99
Connery, Sean 260
Constantine, Eddie 40, 346
Cooper, Gary 172, 221
Curtis, Dan 333, 335 f., 342
Curtis, Tony 40

De Rossi, Giannetto 302
Dean, James 49, 172
Delon, Alain 51, 296
Dietl, Helmut 211–221, 224, 227–231, 234, 243
Dietrich, Marlene 259 f.
Döberl (Bankfilialleiter) 50–53, 70
Domino, Fats 57

Dorn, Dieter 196
Drexel, Ruth 193, 217

Eastwood, Clint 221 f., 311
Elisabeth II., Königin 266, 282
Everding, August 173, 191, 201, 208

Färberböck, Max 349
Farrow, Mia 41
Fassbinder, Rainer Werner 243
Felmy, Hansjörg 94
Fischer, Helmut 193, 216, 243, 346
Fischer, O. W. (Otto Wilhelm) 40, 80, 244
Fitz, Veronika 228
Fleißer, Marieluise 193
Flynn, Errol 40
Ford, Mick 260, 263 f., 267, 271
Frisch, Max 172, 176
Fröbe, Gert 80
Froboess, Conny 38
Fuchsberger, Joachim 179

Gabin, Jean 40
Gable, Clark 40
Gallauner, Barbara 217
Gandhi, Indira 280, 283

Gandhi, Mohandas Karamchand (Mahatma) 273 ff., 281, 283 f., 286
Geiger, Franz 228
Genscher, Hans-Dietrich 236, 357
Georgine (Tante) 30 ff., 173
Gerhardt, Claudia *siehe* Halmer, Claudia
Giehse, Therese 273, 186, 193, 197, 214, 219 f., 362
Gier, Herr (stellv. Intendant) 208
Glowna, Vadim 202
Goebbels, Joseph 19
Goethe, Johann Wolfgang von 31, 368
Gorbatschow, Michail 320 f.
Graf, Robert 94, 179
Graser, Jörg 349
Greg (Kanada) 137–142
Griem, Helmut 186, 300 f., 303, 324 f., 330
Guinness, Alec 259
Günter (Freund) 9, 179 f.

H., Herr 26 f.
Halmer (Mutter) 18 ff., 22, 24 f., 28 ff., 40, 55, 60, 91 f., 96, 165, 168, 178, 181, 185, 204, 224
Halmer (Vater) 9, 17 ff., 21, 28 f., 33 ff., 37 ff., 41 f., 44, 48, 50, 52 ff., 58–61, 72, 76 f., 90 ff., 96, 103, 141, 157, 160, 166–169, 171, 180 f., 185, 204, 224 f., 355 f., 364
Halmer, Claudia 168, 198–201, 209, 211, 224–227, 230, 232–235, 238–241, 255, 258, 271, 273 f., 296, 309, 316, 322–327, 329, 355, 358, 364
Halmer, Daniel Philipp 232, 234 f., 238 f., 271, 347, 356, 358
Halmer, Dominik Emanuel 240, 358
Harrison, Rex 260
Hart, Kitty 289 f.
Häusermann, Ernst 244, 246
Heising, Ulrich 192
Hemingway, Ernest 99, 168
Henrichs, Helmut 193
Heraklit von Ephesos 363
Hitler, Adolf 19
Holden, William 235
Hörbiger, Paul 244
Horowitz, Vladimir 313
Horten, Jonny 146
Horváth, Ödön von 244 f., 257

Höß, Rudolf 287f., 290f., 296, 333–338, 341, 345f.

Jacqueline (Paris) 103
Jesserer, Gertraud 244
John (Klempner/Dichter) 205f.
Johnson, Lyndon B. 91f.
Juhnke, Harald 79
Jürgens, Curd 246

Kalben, Frau von (Stimmbildnerin) 184
Kallenbach, Dr. Hermann 273, 275, 296
Kappen, Norbert 202f.
Karl (Onkel) 20f.
Kästner, Erich 243
Kathleen (Paris/New York) 103, 180
Kehlmann, Daniel 346
Kehlmann, Michael 346
Kemp, Jeremy 315
Kennedy, John F. 71, 91
Kingsley, Ben 282, 284, 296
Kinski, Klaus 170
Kipphardt, Heinar 201f.
Kleist, Heinrich von 221
Kline, Kevin 295f.
Knigge, Adolph 266
Kortner, Fritz 173, 186

Kraume, Lars 354
Kraus, Peter 58
Krebs, Diether 199
Kroetz, Franz Xaver 216

L'Arronge, Andrea 356
Lancaster, Burt 40, 172
Laughton, Charles 259
Lausen, Frau 215
Lemmon, Jack 201
Léotard, Phillipe 268–271
Lietzau, Hans 173
Little Richard 57
Lohmeyer, Gerd 228
Lohner, Helmuth 179, 195, 246
Löwitsch, Klaus 186
Lühr, Peter 173, 186, 203
Lustig, Branko 290, 338

MacLaine, Shirley 102
Macmillan, Harold 271
Mandela, Nelson 92
Mann, Heinrich 293
Manteuffel, Felix von 210
May, Michaela 216
McQueen, Steve 40
Mielke, Erich 357
Mitchum, Robert 332f.
Molière 221
Monroe, Marilyn 259, 302
Moser, Hans 244

Mosheim, Grete 186
Mozart, Wolfgang Amadeus 243
Mueller-Stahl, Armin 95
Müller, Hans-Reinhard 194, 228 f.
Müller, Wolfgang 199

N., Frau 27
Neeson, Liam 344
Nero, Franco 235 f.
Nicklisch, Maria 173, 186
Nietzsche, Friedrich 95
Niklas, Jan 300 f.
Noelte, Rudolf 173

Obermayr, Karl 217
Ohnesorg, Benno 195
Olivier, Sir Laurence 301

Pahlavi, Mohammad Reza 195
Pakula, Alan 287–296
Palmer, Lilli 301, 330
Parker, Alan 328
Pasetti, Peter 186
Patrick (Kanada) 136 f.
Paulus, Friedrich 29
Peck, Gregory 259, 311
Peter der Große 298, 300 f.
Pluhar, Erika 243 f.
Polanski, Roman 296

Presley, Elvis 40, 42, 53 f., 57 f., 60, 161, 182
Pulver, Liselotte 94, 179

Qualtinger, Helmut 211
Quinn, Freddy 53

Redgrave, Vanessa 301, 330
Renar, Charly 211
Romsey, Norton, Lord 267
Rousseau, Jean-Jacques 156
Rubinstein, Artur 312 f.
Rühmann, Heinz 80, 179

Sachs, Gunter 78
Schah von Persien *siehe* Pahlavi, Mohammad Reza
Schell, Maximilian 300 f., 303, 307, 310, 313–316, 319–323, 330
Schenk, Otto 246
Schiller, Friedrich 31, 191
Schiller, Larry (Lawrence) 298–302, 305–308, 316, 323, 330
Schley, Karl-Maria 217
Schneider, Hansjörg 210
Schneider, Romy 101, 103, 244, 246
Schnitzler, Eduard von 357
Scholl, Hans 20
Scholl, Sophie 20

Schreiber, Manfred 235 f.
Schröder, Bernd 228
Schröder, Gerhard 78 f.
Schubert, Heinz 184 f.
Schweikart, Hans 173
Schygulla, Hanna 301, 303, 310, 324, 330, 349
Seberg, Jean 54
Sedlmayr, Walter 193, 217
Seiltgen, Ernst 196
Seymour, Jane 333
Shakespeare, William 32, 175
Sharif, Omar 301, 310 ff., 330
Singer, Maria 228
Sommer, Elke 324
Sperr, Martin 191
Spitzer, André 235 f., 238
Stein, Peter 191 f.
Stone, Sharon 333
Storaro, Vittorio 301, 313
Straßner, Fritz 217
Strauß, Johann 244
Streep, Meryl 288, 292–296
Sturzenegger, Yvonne 210 f.
Styron, William 288

Tappert, Horst 179
Thatcher, Margaret 259
Therese (Nachbarin) 26 f.
Tolstoi, Peter 301
Topol, Chaim 337

Traven, B. 347
Tschechow, Anton 241
Tschernenko, Konstantin 320
Turowsky (Sprechtechnikerin) 184

Valentin, Barbara 218, 224
Valentin, Karl 114
Verhoeven, Paul 202
Vesely, Herbert 228
Vierock, Frithjof 216
Vogel, Hans-Jochen 201
Vogel, Peter 241 ff.
Vogel, Rudolf 241, 243
Vögler, Hendrik 199

Wayne, John 40, 172, 221 ff.
Weiss, Peter 192
Weiß, Heinz 309 f.
Weitershausen, Gila von 242
Werner, Oskar 217, 244
Wessely, Paula 244
Wicki, Bernhard 211
Wilder, Billy 102
Wilhelm, Kurt 213
Wise, Herbert 257, 261, 265 f.

Zecher, Fritz 245 f.

Sachregister

Abrahams Gold (Kinofilm) 349–353
Acapulco 161, 165
Aladdin und die Wunderlampe (W. Müller) 199
Alliance Française, Paris 98, 100 ff.
Der alte Mann und das Meer (E. Hemingway) 168
Amerika 43 f., 47
Anatevka (Kinofilm) 337
Andorra (M. Frisch) 172 f., 176
Anwalt Abel (TV-Serie) 355 f.
APO 194
Apocalypse Now (Kinofilm) 314
Aschaffenburger Zellstoffwerke (Raubling) 28
Auf den Tag genau (TV-Film) 95
Auschwitz 11, 287, 289 f., 333–336, 340 f., 343, 346, 349
Außer Atem (Kinofilm) 54
Australien 30 f.

Bad Wiessee 80
Bankangestellter/-kaufmann 50–54, 78, 105
Bayerischer Rundfunk 213, 215
Bayerisches Fernsehen 224, 234, 346
Bayerisches Staatstheater, München 184, 193, 216
Die Bekenntnisse des Hochstaplers Felix Krull (Kinofilm) 80
Berlin (West) 357 f.
Berliner Mauer 357 f.
Checkpoint Charly 357
Birkenau 334, 337, 341 ff.
Black-Power-Bewegung 180

Buddenbrooks (Kinofilm) 94, 179
Bundeswehr 59f., 63–77, 129
Die Bürgschaft (F. Schiller) 31
Cassiar Asbestos Mine 119f., 123, 125–133, 138, 141f., 144, 148, 152, 154f., 158, 175, 258
Completion Guarantee 300f.
Crusher Operator 131, 146f.
Cuvilliés-Theater 234

Denn sie wissen nicht, was sie tun (Kinofilm) 49, 172
Doktor Schiwago (Kinofilm) 311
Dracula (Kinofilm) 40
Der Dra-Dra (W. Biermann) 201f.
Dreigroschenoper (B. Brecht) 251
Der dritte Mann (Kinofilm) 246
Dryer 131, 145

Ego-Vortrag 10ff.
Die 21 Stunden von München (TV-Film) 234–238
Empfangsvolontär 93ff., 129

Endstation Sehnsucht (Kinofilm) 187
England 258–271
Brocket Hall 262–268
Erding 70–76
Fliegerhorst 70–76
Der Erlkönig (J.W. v. Goethe) 31
Erzählung eines Unbekannten (Fernsehspiel) 241 ff.

Falckenberg-Schule 9, 15, 22, 169, 181, 183–191, 193f., 210, 213, 361f.
Das falsche Gewicht (Kinofilm) 212
Familienfest (TV-Film) 354f.
Faust (J.W. v. Goethe) 31
Die Faust im Nacken (Kinofilm) 118, 172
Feuersturm und Asche siehe War and Remembrance
Die Feuerzangenbowle (Kinofilm) 179
Für eine Handvoll Dollar (Kinofilm) 222

Gandhi (Kinofilm) 275, 281–286, 296
Die Gaunerstreiche des Scapin (Molière) 234f.
Das Geheimnis des schwarzen

Dschungels (TV-Mehrteiler) 286
Die Gentlemen bitten zur Kasse (Fernsehspiel) 179
Die Glocke (F. Schiller) 31
Gold aus heißer Kehle (Kinofilm) 58
Goldfüchse (Fernsehspiel, K. Wilhelm) 213, 216
Gruß und Kuß vom Tegernsee (Kinofilm) 79

Die Halbstarken (Kinofilm) 40
Hamburg 341, 343, 345
Hamlet (W. Shakespeare) 172
Der Handschuh (F. Schiller) 31
Holocaust (TV-Serie) 292, 306
Hotel- und Gaststättenzeitung 93
Hotelfachschule 80–84, 98
Hotelkaufmannslehre 84–91

In der Sache J. Robert Oppenheimer (H. Kipphardt) 201
Indien 272–286
  Bombay 273
  Delhi 272 f., 280, 284
  Neu-Delhi 276, 280
  Poona 273, 285

Jadran Film 290 f., 333, 337 f.
Jagdszenen aus Niederbayern (M. Sperr) 191 ff.
Julius Caesar (W. Shakespeare) 172, 175

Kabale und Liebe (F. Schiller) 31 f.
Kalter Krieg 298, 321
Kampf am roten Fluss (Kinofilm) 222 f.
Kanada 22, 106, 109 ff., 113–160, 166, 174, 179, 186, 297, 362
  Cassiar 121, 123 ff., 127, 134 ff., 139, 144 f., 148 ff., 152, 154, 157–161, 166, 168, 170, 196
  Edmonton 116–119, 144
  Montreal 109 ff., 113 ff., 121
  Watson Lake 119 ff., 139 f., 161
Der Kaufmann von Venedig (W. Shakespeare) 172
KGB 316, 318, 326, 328
Konstanz 93 ff., 103
  Inselhotel 93 ff., 99
Kramer gegen Kramer (Kinofilm) 288

Die Kraniche des Ibykus
(F. Schiller) 31
Kubakrise 72

Landsberg a. Lech 60, 62–69
Fliegerhorst 60 ff.
Lass ma's bleiben (Fünf Einakter) 228 ff.
Leben des Galilei (B. Brecht) 172, 176
Leningrad 322 f.
Lindau 84–91
Casino 85 ff.

Das Mädchen Irma La Douce (Kinofilm) 102
Maria Stuart (F. Schiller) 31
Martin Luther & Thomas Münzer oder Die Einführung der Buchhaltung (D. Forte) 202 f.
Menschen im Hotel (Kinofilm) 80
Midnight Express (Kinofilm) 328
Minenarbeiter 129–161
Mirjam und der Lord vom Rummelplatz (TV-Serie) 238
Monpti (Kinofilm) 101
Mörderherz (TV-Film) 358 f.

Mosfilm-Studios 318 f., 323, 330
Moskau 306 f., 316–331
»Haus der tausend Augen« 318, 328
Hotel Kosmos 317, 319, 323
Kaufhaus Gum 318
Roter Platz 317, 319
München 9, 20, 22, 28, 31, 97, 161, 199 f., 202, 212, 227, 260, 296 f.
Au 227
Giesing 150, 161
Hotel Vier Jahreszeiten 150, 217, 287, 298 f.
Reitschule am Englischen Garten 260
Münchner Geschichten (TV-Serie) 25, 212, 214–220, 224–227, 230 ff., 238, 244, 258, 274, 356, 362
Dreiviertelreife 220 f., 231
Der lange Weg nach Sacramento 221 ff., 226
Ois anders 231
Münchner Kammerspiele 25, 179, 185 f., 191 ff., 195–198, 201–208, 210, 213 f., 228, 245

Café Die Kulisse 179, 203, 213, 298
Werkraumtheater 210f.

NBC 300f., 321
New York 180
Notstandsgesetze 194f., 202

08/15 (Kinofilm) 63, 179

Oberhausen (Nordrhein-Westfalen) 196ff., 200f.
Oiler 131
Österreich 306
  Burgenland 300, 304
  Neusiedler See 302ff., 306
  Wien siehe Wien

Paris 97–105, 295
  Maxim's 296
Peter der Große (TV-Vierteiler) 301–305, 313–316, 330f., 349
Pforzheim 200, 211, 234f., 238f.
Pioniere in Ingolstadt (M. Fleißer) 193, 216
Polizeiinspektion 1 (Krimiserie) 354
Prager Frühling 195

Die Räuber (F. Schiller) 31, 191f.
Die Rebellion der Gehenkten (TV-Zweiteiler) 347f.
Residenztheater München 25, 193, 196f., 234
Richard III. (W. Shakespeare) 172
Der Ring des Polykrates (F. Schiller) 31
Roncalli (TV-Serie) 331f., 341, 343, 345f.
Roots (TV-Serie) 306
Rosenheim 15, 20–28, 31, 39ff., 49, 58, 61, 77, 79, 91, 96, 98, 105, 111, 117, 142, 166, 170, 172, 204, 232, 260, 297, 362
Arbeitsamt 78f.
Café Papagei 57, 117, 177, 181
Capitol 39
Filmpalast 39, 79
Kaiserlichtspiele 39, 102
Kammerlichtspiele 39
Prinzregentenkino 39
Roxy 39
Zentralpalast 39
Russland 298, 300f., 306–329

Leningrad *siehe* Leningrad
Moskau *siehe* Moskau
Sankt Petersburg *siehe* Leningrad
Susdal 307–317, 324

Sankt Petersburg *siehe* Leningrad
Schauspieler(ei) 160, 167 ff., 175, 178, 181, 186 f., 194, 363 f.
Schauspielschule Bochum 198
Schindlers Liste (Kinofilm) 344
Schußfahrt vom Mount Everest (Dokumentarfilm,) 301
Der schwarze Kanal (DDR-Sendung) 357
Schwarze Komödie (P. Shaffer) 195
Der Seewolf (TV-Vierteiler) 257
Das Sennentuntschi (Theaterstück) 210, 215
Simon Templar (TV-Serie) 257
Simssee bei Rosenheim 45 f.
Sophies Entscheidung (Kinofilm) 287 f., 292–296, 298, 333, 335, 338

Sowjetunion 72, 298, 306, 322, 324
Sprechübungen 188 ff., 196
Südwestfunk Baden-Baden 241

Tatort (Krimiserie) 346 f.
Der Taucher (F. Schiller) 31
Tegernsee 80, 82 ff.
Tele München 257
The Purple Rose of Cairo (Kinofilm) 41
Theater in der Josefstadt, Wien 244 ff., 249, 255, 257
Theater Oberhausen 197 ff.
Theater Pforzheim 200
Tödliches Geheimnis – Die Abenteuer des Caleb Williams (TV-Vierteiler) 258, 261, 263, 265 ff., 269
Das Traumschiff (TV-Serie) 309
Tschernobyl 341
TSV 1860 München 150 ff., 161

Über die allmähliche Verfertigung der Gedanken beim Reden (H. v. Kleist) 221
Die Unbekannte aus der Seine (Ö. v. Horváth) 244, 257

Und ewig lockt das Weib (Kinofilm) 98

Die Vermessung der Welt (D. Kehlmann) 346
Viet Nam Diskurs (P. Weiss) 192
Vietnamkrieg 195

War and Remembrance (TV-Serie) 331–340, 342 f., 349
Warten auf Godot (S. Beckett) 172
Was ihr wollt (W. Shakespeare) 32
Washington 180
Wien 244–255, 257, 260 f., 300, 306, 340
 Café Maria Treu 255
 Kloster Neuburg 260

Wilhelm Tell (F. v. Schiller) 31 f.
Das Wirtshaus im Spessart (Kinofilm) 179
Wir Wunderkinder (Kinofilm) 94

Youth Camp *siehe* Zeltlager

Zagreb 287–295, 333, 337, 340
 Hotel Intercontinental 287 ff., 294 f., 337 f.
Der Zauberlehrling (J. W. v. Goethe) 31
Zeltlager 45 ff., 69
Zweiter Weltkrieg 19 f., 261, 309 f., 332
12 Uhr mittags (Kinofilm) 172

Bildnachweis

Bischoff, Björn: 26, 28
BR; in Lizenz der BRmedia Service GmbH: 13, 17, 18, 19, 20
Deutsches Theatermuseum München, Archiv Hildegard Steinmetz: 14, 15
Filmverlag Fernsehjuwelen | www.fernsehjuwelen.de: 25
Getty Images: 22, 23 (Peter Bischoff)
Jacobi, Margit: 7
Picture Alliance: 30
Privatarchiv Günther Maria Halmer: 1, 2, 3, 4, 5, 6, 9, 10, 31
Sohr, Manfred: 24
Sony Pictures Home Entertainment: 21
Strub, Christine: 8
Studiocanal: 27
Tele München Gruppe: 29

Der Autor konnte nicht alle Inhaber der Rechte an den abgedruckten Fotografien ermitteln. Sollten in Einzelfällen Ansprüche bestehen, so bittet er um Nachsicht und gegebenenfalls Mitteilung an den Verlag.